山西省社科联重点课题研究项目SSKLZDKT2012079资助成果

科技创新
绩效评价理论与实证研究：
基于山西省的经验数据

彭佑元◎著

The Theory of Science and Technology Innovation Performance Evaluation and Empirical Research: Based on the Empirical Data of Shanxi Province

经济管理出版社
ECONOMY & MANAGEMENT PUBLISHING HOUSE

图书在版编目（CIP）数据

科技创新绩效评价理论与实证研究：基于山西省的经验数据/彭佑元著. —北京：经济管理出版社，2017.6
ISBN 978-7-5096-5127-8

Ⅰ. ①科… Ⅱ. ①彭… Ⅲ. ①技术革新—研究—山西 Ⅳ. ①F124.3

中国版本图书馆 CIP 数据核字（2017）第 117389 号

组稿编辑：申桂萍
责任编辑：梁植睿
责任印制：黄章平
责任校对：赵天宇

出版发行：经济管理出版社
（北京市海淀区北蜂窝 8 号中雅大厦 A 座 11 层 100038）
网　　址：www. E-mp. com. cn
电　　话：（010）51915602
印　　刷：北京玺诚印务有限公司
经　　销：新华书店
开　　本：720mm×1000mm/16
印　　张：14.75
字　　数：248 千字
版　　次：2017 年 6 月第 1 版　2017 年 6 月第 1 次印刷
书　　号：ISBN 978-7-5096-5127-8
定　　价：68.00 元

前　言

随着新技术革命的孕育兴起，区域经济增长方式正在发生变化，科技创新已成为区域经济增长的主引擎。区域创新系统的科技创新将推动区域产业结构升级、促进区域人才集中、形成区域竞争优势以及实现区域经济跨越式发展，是促进区域经济发展的重要手段和途径。因此，区域科技创新成效成为区域之间竞争关注的焦点。科技创新绩效是衡量区域科技创新成效的标尺，客观地对区域科技创新绩效进行评价是区域创新系统建设的重要环节。通过区域科技创新绩效评价，不仅可以进一步优化区域科技资源的配置，而且也为区域科技创新资源的投入提供导向。可见，区域科技创新绩效评价对区域发展有重要意义。本书主要对山西省科技创新绩效进行评价，分析其存在的问题并提出政策建议。

首先，本书在对区域创新系统及区域科技创新绩效评价研究梳理的基础上，强调了区域科技创新绩效评价研究的必要性，同时阐述了区域科技创新系统的基本概念和基本理论，从而奠定了本书的理论基础。其次，本书对山西省科技创新系统现状及影响科技创新绩效的关键因素进行了分析，结合区域科技创新系统的内涵和创新过程，根据指标体系建立的指导思想、原则和研究内容及参考现有的研究成果，建立山西省科技创新系统绩效评价指标体系，并基于评价指标体系构建两阶段 DEA 模型。为了客观有效地评价山西省科技创新系统绩效，本书选取山西省 11 个地级市以及全国 30 个省（直辖市、自治区）作为参照和量度，运用 DEA 方法进行评价，得出各阶段效率值、规模收益、投入指标的影子价格、松弛变量。本书对评价结果进行比较后，分析非 DEA 有效区域创新绩效较低的原因。同时运用 Tobit 方法，找到影响山西省科技创新绩效的因素。最后，依据研究结果提出可行性建议。

本书通过研究得出：①山西省科技创新科研产出水平与成果转化效率在全国排名相对靠后，需要提高科技创新的投入与管理水平。同时，对山西省各市的研究表明，山西省存在科技创新规模报酬递减，这要求山西省加强科研基础设施建设，促进科研项目与成果多样化与全面化发展。②山西省对科技创新的投入与管理尚未取得同步发展，可以通过增加政府对于科学技术的支出以及改善科研教育环境来提升其科技创新绩效。在科技创新人力资本方面，要加强人才的培养和引进。同时根据研究结果，研究指出山西省区域科技创新的改进方向，这对山西省区域创新体系建设有着重要意义。

目 录

第一章 绪 论

第一节 新技术革新孕育兴起与经济增长方式转变

在 2014 年国际工程科技大会上，习近平同志全面、系统地阐述了人类历史上的三次产业革命进程及其历史规律，并富有前瞻性地揭示了“信息技术、生物技术、新能源技术、新材料技术等交叉融合正在引发新一轮科技革命和产业变革”的大趋势。未来几十年，新一轮科技革命和产业变革将同人类社会发展形成历史性交汇，科技进步与创新将成为推动人类社会发展的重要引擎。信息技术将成为率先渗透到经济社会生活各领域的先导技术，世界也正在进入以信息产业为主导的新经济发展时期。生物学相关技术的创新将创造新的经济增长点，基因技术、蛋白质工程、空间利用、海洋开发以及新能源、新材料发展将产生一系列重大创新成果，将拓展生产和发展空间，提高人类生活水平和质量。绿色科技创新将成为科技为社会服务的基本方向，是人类建设美丽地球的重要手段。能源技术发展创新将为解决能源问题提供主要途径。

依靠高投入推动我国经济三十多年的持续高速增长正面临着资源和环境的约束而难以为继，转变经济增长方式是我国经济持续增长的根本路径，而转变经济增长方式的关键在于技术创新。在新科技革命的条件下，我国不断在加强对科技的扶植和资金投入，经济增长不再主要依靠扩大资本和劳动等生产要素的投入来实现，而会依靠生产要素的优化组合，通过技术创新与进步，提高劳动者素质，提高资金、设备、原材料的利用率而实现。同时新技术革命将造成第一产业、第二产业在国民经济中的比重下降，第三产业的比重上升。新技术革命的孕育发展不仅将促使经济由粗放型增长方式为主向集约型增长方式为主转变，也将促进社会经济结构和社会生活结构的变化。

一、科技创新成为区域经济增长的主引擎

科学技术历来是生产力发展中最活跃、最能推动生产力革命的要素，科学技术创新对于经济增长的贡献率在逐年上升，已经成为世界主要国家经济增长、调整产业结构、催生新产业的主要因素。区域创新系统的科技创新将在推动区域产业结构升级、促进区域人才集中、形成区域竞争优势以及实现区域经济跨越式发展等方面起到明显推动，是促进区域经济发展的重要手段和途径。

（一）科技创新助推新兴产业发展

当今世界，新科技革命正在孕育兴起，新技术突破加速带动全球产业变革，也改变着全球技术要素和市场要素配置方式，将给产业形态、产业结构、产业组织方式带来深刻影响，同时也将对世界经济结构和竞争格局产生重大影响。综合来看，现在世界科技发展有四大趋势：一是移动互联网、智能终端、大数据、云计算、高端芯片等新一代信息技术发展将带动众多产业变革和创新；二是围绕新能源、气候变化、空间、海洋开发的技术创新更加密集；三是绿色经济、低碳技术等新兴产业蓬勃兴起；四是生命科学、生物技术带动形成庞大的健康、现代农业、生物能源、生物制造、环保等产业。随着信息、生物、能源、材料以及海洋、空间等应用科学领域不断发展，带动了关键技术交叉融合、群体跃进，变革突破的能量正在不断积累。面对新的技术变革，世界主要国家纷纷加快发展新兴产业，加速推进数字技术同制造业的结合，推进“再工业化”，力图抢占未来科技和产业发展制高点。新科技革命的迅猛发展，使得科技知识创新、传播、应用的规模和速度变得前所未有，科学研究、技术创新、产业升级一体化发展态势更加明显。首先，区域创新系统通过新工艺、新产品、新材料、新能源的发明、扩散、应用与产业化，打破创新系统原有平衡，扩大创新活动空间与范围，使得原有产业部门与产业分解形成新兴产业部门和新产业。其次，创新系统还会利用创新资源配置方式不断改进产业间投入产出联系，使得区域内上下游产业间过程和产品创新加速，促进区域内产业间联合与创新扩散。最后，创新系统利用技术创新扩散使区域内传统产业不断更新换代，从而推动传统产业改造，实现区域产业结构的优化。我国深刻把握新技术变革与产业发展大趋势，实施创新战略推动产

业体系向更高级演进，依靠科技创新助推战略性新兴产业发展，有力地推动经济发展进入创新驱动、内生增长的轨道。

（二）科技创新促进经济增长方式转变

科技进步是国民经济健康发展的有效推力，创新是企业赖以生存和发展的重要保障，增强自主创新能力是调整产业结构、转变经济发展方式的中心环节。科技创新是提高我国国民经济增长水平的重要因素。以提高科学技术水平和实施科技创新为手段，将加快实现我国经济增长方式的转变。纵观人类社会发展史，每一次经济社会的突飞猛进都是毫无例外地归结于科学技术的重大突破。我国的科技创新也无一例外地推动了经济的极大发展，实现了经济增长方式的历史性巨变。可见，科技创新既是经济持续增长的动力，又是经济增长方式转变的根本途径。新中国成立 60 多年特别是改革开放以来，我国科学技术迅猛发展，成为经济社会发展的强大动力。进入 21 世纪以来，我国经济社会发展站到了一个新的起点上，呈现出新的阶段性特征。随着经济规模不断扩大，经济发展的“瓶颈”制约在加大，特别是耕地、淡水、能源资源和环境约束强化。经济发展主要依靠投资出口拉动，依靠第二产业带动，依靠增加物质资源消耗和低成本土地、劳动力投入的方式已难以为继。加快转变经济发展方式、推进经济结构战略性调整，已成为一个十分重大而紧迫的任务。随着新技术革命的到来，科技进步和创新将成为转变经济发展方式的重要支撑。科技创新水平的提升有利于提高劳动者素质，加快形成少投入、多产出、少排放、多利用的生产方式和消费模式，促进我国经济尽快走上内生增长轨道。

二、区域经济增长是科技创新的保障

科技创新和经济增长之间存在协整，且二者存在长期均衡关系。[①] 科技创新是促进经济持续增长的基本动力，也是实现转变经济增长方式的核心。反之，区域经济水平又会影响和推动区域内的科技创新的发展。

（一）区域经济增长为科技创新提供资金保障

科学技术创新艰巨而漫长，从研发到产业化的整个过程充满不确定性，需要

① 温小霓，李俊霞. 科技创新与经济增长之间的关系研究［J］. 西安电子科技大学学报（社会科学版），2015（6）：58-67.

大量的资金支持。区域经济高速、稳定发展为区域创新提供充裕的物质、资金、人才等重要创新资源，通过创新资源配置方式使创新资源得到最优效率使用。首先，创新资金筹措渠道的优化增加创新资金投入总量。其次，创新投入成本约束和创新收益激励将使区域企业把创新投入转向创新研究、成果转化以及技术服务等方面，实现创新成果商品化和产业化，优化创新资金投入结构。最后，区域经济高速增长使得创新资源的潜在收益大大提高，引导创新资源合理流动，增强了区域创新资源保障。随着经济发展水平的提高，政府财政收入不断增加，政府有更多资金用于投资教育和科技，为科技创新提供源源不断的财政支持。同时，经济水平的提高，也使得居民收入不断增加，促进了消费水平的提高。大量消费需求在区域内产生，并且区域内的消费能力也得到提高，使企业的利润增加，为企业进行科技创新提供了资金保障，此外，为了确保企业在市场上的优势地位，企业必须不断创新。

（二）区域经济增长为科技创新提供人才保障

人才资源是科技进步与创新的核心资源，科技人才决定着区域的技术创新能力。从科技人才的一般性和专业性进行区分，可以从高级知识型人才和科技活动人才两方面加以衡量。高级知识型人才是拥有较为高水平的知识文化，但不直接从事科技活动的人才，而科技活动人才是直接进行科技创新活动并参与新产品开发的人才。区域内经济的快速发展，可以有效促进基础设施的建设，增加就业岗位，从而引进大量的高级知识型人才与科技活动人才以及大额投资，为科技创新的不断发展提供人力资源保障。

三、科技创新绩效是衡量区域创新成效的标尺

科技创新绩效是检验区域创新主体在科技创新活动中的表现，可以从两方面加以衡量：一是科技创新产出；二是科技创新资源配置的有效性，即科技创新活动中投入产出的效率。

（一）科技创新绩效是检验科技创新资源优化配置的标准

进入 21 世纪以来，科技资源作为科学技术的基本要素，已经成为国家战略资源。科技资源的拥有量及其配置和利用的优化程度，将对一个国家的科技创新活动、国民经济发展、民生改善等产生广泛而深远的影响。科技资源优化配置就是按照科技与经济一体化的发展要求，以最大限度地利用科技资源为目标，通过

不断改善科技资源的配置规模、配置结构和运行方式，提高科技创新活动的产出效率及经济效益，为实现国家目标而进行的科技资源集聚和结构性分配。整合有限的科技资源，优化资源配置，对提升科技资源利用效率、促进科技创新、推动经济发展等都具有重要而深刻的现实意义。如何探索建立一种科技资源统筹优化配置的有效机制，最大限度地减少科技资源投入的重复浪费，缓解科研机构之间的不良竞争，促进科技资源开放共享，提高科技资源使用效率，大幅度提升科技核心竞争力，成为事关我国“创新型国家”建设全局的重要战略任务。科技创新绩效评价是检验科技资源配置是否优化的依据，通过科技创新绩效评价可以反映科技资源的布局是否与国家战略目标相符、配置领域是否公平、配置规模是否适当、配置结构是否合理、配置方式是否优化等。

（二）科技创新绩效是科技资源投入的向导

发达国家的经验证明，科技进步与创新对经济发展的促进作用越来越明显，是经济发展的不竭动力。经济增长的重点在于技术变革与创新，而技术的持续创新需要科技资源投入的保障。科技资源是科技活动的物质基础，是创造科技成果、推动整个经济和社会发展各种要素的集合。[①] 科技资源的投入关系着区域科技创新能力与知识竞争力，实现科技战略目标离不开科技资源的投入，增加科技资源投入是增强科技创新、提高科技进步水平的重要措施。科技创新绩效评价通过对区域创新系统科技创新运行情况的考察，从规模到质量来检验其在资源配置上是否物尽其用，是否达到了应有的效率。通过对科技创新绩效评价，分析找出问题出现在何处，以求进一步改进，从而为科技资源的有效投入提供向导。

第二节　研究的目的与意义

进入 21 世纪以来，山西省经济发展综合水平一直都在稳定增长，其中山西省 GDP 在过去的 5 年中平均增长 13%，比全国生产总值增长水平略高，另外财政总收入在 5 年中增加了近 3 倍，虽然从数字上来看山西省整体经济发展形势是

---

① 杨艳萍. 区域科技资源配置能力的综合评价［J］. 统计与决策，2007（6）：68–70.

令人满意的，但是从经济发展结构上看，山西省经济增长方式依然属于粗放型增长，主要依靠煤炭产业，生产总值增长主要来自能源的消耗，其他产业如文化产业、服务产业发展依然落后，产业结构升级缓慢，煤炭资源的不可再生、环境的严重污染已经成为保证经济持续增长中不可忽视的问题。

2010 年 12 月 1 日，国务院批准山西为国家资源型经济转型综合配套改革试验区，这为山西深入推进节能减排和生态环境保护，大力加强区域创新体系建设，有效破解影响山西全面协调可持续发展的深层次矛盾和问题，实现山西这个老工业基地和能源基地的全面创新、全面转型和又好又快发展提供了一个机会。

面对这样的机遇，山西省坚持以科学发展观为指导，紧紧围绕转型跨越发展、办好“两件大事”、再造一个新山西的战略部署，深入实施科技兴省和人才强省战略，把产业创新、技术创新作为转型跨越的基础工程，加快建立以企业为主体、以市场为导向，产学研相结合的技术创新体系，积极推动科技创新重大举措的落实，为山西省经济社会又好又快发展提供了强大的技术保障。2015 年是山西省科技管理体制改革之年，科技创新取得了重大突破。山西省 R&D（研发与试验发展）经费投入 152.19 亿元，基本保持了 2014 年的投入水平；山西科技创新城完成投资 40 亿元；有效发明专利拥有量比 2014 年增长了 29%，达到 8104 件；高新技术企业数量比 2014 年增长 39.4%，总数达 725 家，两年翻了近一番；山西省科技进步水平综合指数排全国第 17 位，上升 2 位，增幅达全国第一。这些数据有力地说明了山西省在科技创新方面的巨大变化和可喜成就。

然而，总量数据并不能反映山西省科技创新的具体情况。区域创新体系更应重视区域创新绩效。伴随着经济的全球化不断推进，世界的经济区域化不断发展。在新的形势下，区域取代国家成为分工的基本单位，要想在国际竞争中获得优势，区域创新系统的创新能力才是重中之重，区域创新能力反映着系统创新绩效的高低。创新绩效是创新资源的配置效率，是将创新投入转化为创新产出的效率，是考察区域创新体系运行状况的重要指标。[①] 科学评价创新绩效，找出系统中存在的诸多问题，可提出改进措施，为提升区域科技创新能力及水平提供借鉴。因此，对山西省的科技创新绩效进行科学评价具有一定的必要性。

① 高阳，胡明铭，徐姝. 中部区域创新系统与创新绩效评价研究［J］. 湖南商学院学报，2006，13（2）：44-46，49.

本书以山西省科技创新绩效为研究对象，通过分析山西省科技创新的现状，总结分析了出现的现状与影响因素之间的内在关联，构建了科技创新绩效的评价指标体系，拟采用DEA方法对其科技创新绩效进行评价，同时运用Tobit方法对影响山西省科技创新绩效的因素进行实证研究。希望通过本书的研究对山西省科技创新绩效及其影响因素有更深入的认识，对解除影响科技创新的障碍、有效提升山西省的科技创新水平有重要借鉴意义。

（1）有利于贯彻和落实科学发展观，形成强有力的目标导向。科学发展观内涵丰富，要将其落到实处，转化为山西省发展科技创新工作的指导思想和实际行动，科学的科技创新绩效评价指标体系构建是非常有必要的，科技创新绩效评价指标体系是考核科技创新资源有效配置的依据。然而构建科技创新绩效评价指标体系离不开科学发展观的有效指导，本书在构建科技创新评价指标体系的过程中，将科学发展观的原则要求变成可以量化科技创新绩效的原则要求，将科学发展观的理念渗透到了科技创新绩效评价体系中。鉴于此，对山西省科技创新绩效进行科学的评估与考核，可以强化政府部门对科技创新的绩效意识，形成正确的决策导向和工作导向，将为树立和落实科学发展观提供有力的支撑。

（2）有利于全面客观地了解山西省科技创新的现状及变化，为山西省各级政府科技工作提供指导。区域科技创新绩效的分析是基于比较经济学的方法论上，通过构建区域科技创新绩效评价指标体系，应用统计学的手段将山西省的科技创新绩效与全国各省市进行比较分析，同时将山西省各地市的科技创新绩效进行对比，以全面、系统、客观地描述山西省科技创新绩效的发展变化。因此，本书通过建立能概括影响区域科技创新绩效主要因素的评价指标体系，在掌握全国各省市及山西省各地市这些因素相关数据的基础上，按预先设计的框架与程序来开展，保证研究有较好的全面性和系统性，提高了研究工作的客观性。全面评估山西省与全国各省市科技创新绩效的差异，并对山西省不同地市的科技创新绩效进行了评价比较，进而为山西省各级政府决策实施提供依据。

（3）有利于构建科学的创新机制，有效提升山西省科技创新能力。区域科技创新是区域经济迅速发展的有效支撑，是区域经济增长和竞争的决定性因素。区域科技创新绩效的高低是衡量一个区域科技创新实力的重要尺度。一个区域通过提升科技创新能力，参与区域竞争，创造竞争优势，就有可能在某些方面超越其他区域，并以此为突破点带动区域经济的发展，使相对落后的区域经济赶超先进区域经济成为可能。目前，区域经济发展的直接目标是提升区域经济竞争力，而区域经济竞争力的关键在于区域科技创新，通过全面、多层次深入分析山西省科技创新绩效，探寻省市两级政府及大中型工业企业在创新环境、创新投入及创新绩效等方面存在的问题，使区域经济发展的决策者在构建科技创新机制、确定区域经济发展战略时更具有针对性和可操作性。

（4）有利于山西省科技创新系统建设，对山西省创新政策的出台提供借鉴。山西省正处于经济转型的攻坚时期，面临转变发展方式、改革科技体制、发展循环经济等艰巨挑战，必须通过提升科技创新能力才能为山西省转型发展提供强有力的科技支撑，推进山西省的转型跨越发展。对山西省的科技创新绩效展开评价，可以有效推动建立以企业为主体的技术创新体系，不断提高研究开发效率，缩短科技成果转化和产业化的时间。同时山西省科技创新的支持政策不断出台，可见科技创新绩效的受关注程度之高。对科技创新绩效进行评价可以发现现有山西省的科技创新体系的缺陷以及优势，以使山西省关于科技创新的相关政策可以有的放矢，并使得山西省可以不断完善创新体系，形成具有竞争力的技术平台，发挥其在技术创新中的重要作用。

（5）有利于地方政府创新推动经济工作模式。在推动地方经济工作过程中，地方政府的工作模式带有较为浓厚的计划体制色彩，注重大项目，直接支持大企业等，这种模式不适于区域创新水平提升下的经济发展要求。许多地方为了保护区域产业，缺乏依靠科技创新获取核心竞争力来赢得市场的理念。本书通过分析山西省及其省辖市的科技创新绩效的发展变化，可以有效地帮助地方政府寻找新的、面向创新管理的政府工作方式。在区域经济发展过程中，政府的作用至关重要。在科技创新成为区域经济发展的关键因素的背景下，山西省各地方政府必须转变思路，通过完善地方科技创新体系建设，创造适宜企业创新发展的优越环境来推动经济工作。我国经济发达地区的成功经验说明，要推动企业进行科技创新，使其成为创新主体，必须完善创新环境，增加创新投入，才能使一个地区的科技创新水平得到全面提升，从而推动区域经济快速、可持续健康发展。

总之，贯彻落实科学发展观，实现全面建设小康社会的宏伟目标、开创中国特色社会主义事业新局面，需要大力发展我国科技事业。目前，科技创新已经成为实现经济快速健康成长的关键因素，在推动发展科技创新事业的过程中，山西省应积极应对市场带来的新机遇与新挑战，从科技创新的角度，更新政府管理理念，创新政府管理体制，转换政策取向，形成符合我国国情的、适应科技创新发展的新型绩效评价的理论、方法与措施。唯有全面、客观地了解科技创新的现状，准确恰当地选取相关指标，科学合理地采用测度方法，才能对其科技创新绩效进行准确的测量与评价，并进一步对现有政策与方法的改善提供可靠而坚实的理论依据与基础，以达到不断增强山西省科技创新实力的目的，从而使山西省社会经济各方面均获得较强的竞争实力，科技创新之路呈现出可持续的良性循环发展态势，快速实现山西省的经济转型发展。

第三节 国内外研究现状

在全球化程度日益加深的同时，世界经济发展呈现出强区域化的特征，新的世界分工不再以国家为主，而是按照区域竞争力来进行，因而区域创新能力日益成为地区经济获取国际竞争优势的决定性因素，区域科技创新绩效也成为日益关注的焦点。国内外学者在区域创新系统领域已经开展了大量的研究工作，并取得了丰富的研究成果。

在对国内外相关研究文献的调研基础上，本章从区域创新系统的界定及区域科技创新绩效两个方面对国内外区域创新系统的研究进行了回顾与评述，以期为我国区域创新系统理论研究及实践提供指导和借鉴。

一、国外研究现状

（一）区域创新系统研究现状

区域创新系统（Regional Innovation Systems，RIS）是对创新理论和区域发展理论的综合与发展，最早由英国卡迪夫大学 Cooke 教授于 1992 年提出[①]。在此之前，文献中虽有“区域创新政策”、“创新环境”、“区域技术政策”、“区域创新潜力”、“创新网络”等提法，但没有明确提出“区域创新系统”的概念。经过大量

① Cooke P.. Regional Innovation Systems: Competitive Regulation in the New Europe [J]. Geoforum, 1992 (23): 365-382.

的研究分析，Cooke 等（1996）在《区域创新系统：全球化背景下区域政府管理的作用》一书中，对区域创新系统进行了明确的定义，认为区域创新系统主要是由在地理上相互分工与关联的生产企业、研究机构和高等教育机构等构成的区域性组织体系，且这种体系支持并产生创新。[①] 对于区域创新系统的界定，Cooke 对于区域创新系统的定义有三个着重点：一是根植性，这包含了区域内创新主体产生和扩散知识及经济产品的过程，而这一过程是在某一特定社会背景下进行并完成的，这是区域创新系统为什么不等同于“缩小版”国家创新系统的根本原因。二是交互分工与学习，是指知识成果是在区域创新系统各个行为主体之间通过复杂的协同与交互作用之下，才得以形成的一种区域性社会资本。三是制度环境，区域创新系统作为一个具有地域特色的复合体，其行为准则、价值观以及由此产生的规章制度与政策法规都会各具异质性。同时，学者们开始纷纷对此展开研究。

Nelson（1996）认为，区域创新体系不仅是一个投入—产出函数的技术体系，更是一种应对投入—产出技术体系的制度安排，是创新主体之间互动与合作关系的综合。[②] 他强调了创新主体在区域创新系统中的中心地位，揭示了注重区域创新系统过程性的重要性。

Storper（1997）认为，所谓的“创新环境”是能够促使创新的区域性规则、制度和惯例形成的系统，同时，各个创新主体之间的互动也形成了一个较为复杂的网络关系，不断推动着创新过程。[③]

Dosi（1998）提出，区域创新系统是一种地域经济现象，其主要是专业化产业集聚区、地区性的中小企业集聚网络和产业集聚等功能的不断完善。[④]

Autio（1998）则从功能性角度对区域创新系统进行分析，认为功能性区域创新系统内存在两个关键的子系统：一是知识运用和开发子系统，客户和供应商围绕生产企业组成纵向网络，合作者和竞争者则构成生产企业的横向网络，知识在这个以生产企业为中心的纵横交错的网络系统中得到运用和融合。二是知识产生和扩散子系统，知识主要在公共组织如研究机构和教育机构中产生，通过技术转

---

① Cooke P., Hans Joachim Brazyk H. J. and Heidenreich M.. Regional Innovation Systems: The Governance in the Globalized World [M]. London: UCL Press, 1996.

② Nelson R.. Regional Invention System: Technical Innovation and Dimensions [J]. Research Policy, 1996 (13): 47-49.

③ Storper M.. The Regional World [M]. New York: Guilford Press, 1997: 16-17.

④ Dosi G et al.. Technical Change and Economic Theory [M]. London: Printer, 1998.

移机构、劳动中介机构以及支持创新的其他区域机构得到扩散和传播。这两个子系统之间通过知识、资源和人力资本等要素流动来相互作用。①

Kirat T.和 Lung Y.（1999）研究了区域及创新形成的社会环境和制度体系，认为现代区域发展理论更多地分析了外部创新环境和主体之间互相作用的突出效果，同时，邻近的空间距离和恰当的聚集模式将有助于加深主体之间的联系程度，进一步推动技术创新和扩散以及资源的积累，进而实现创新能力的提升。与此不同的是，前人对区域科学的研究，即着重于空间距离邻近的关联作用，如空间集聚效应的良好影响和本地化展现出来的优势，同时也注重技术创造和扩散环节中应该适应具有地域特色的社会习俗或规则。②

Cooke 和 Schienstock（2000）经过大量研究后又对其原定义作了进一步的说明，认为区域创新系统是一定地理区域范围内的、经常密切联系的区域企业的创新投入相互作用所形成的创新网络和制度安排。③

Asheim 和 Isaksen（2002）也作了进一步的研究，认为区域创新系统是由支撑机构围绕的区域集群，指出区域创新系统主要由两类主体以及它们之间的互动构成：第一类主体是区域主导产业集群中的企业，同时包括其支撑产业；第二类主体是制度基础结构。④

David Doloreux（2005）将区域创新系统理论进行了概括性的总结，指出其包含两方面的内容：一是由企业、高等院校和科研机构紧密联系、共同构成的支撑性“知识基础设施”。二是区域内各主体间的互动形成了地方性网络结构，可以通过某种制度安排来支持这些关系。这一概念强调了创新网络和制度。⑤

区域创新系统涉及知识创新、技术创新、服务创新、市场创新、制度创新、政策创新、环境支持、投融资等多种创新子系统、环境变量和动力，使其结构、

---

① Autio E.. Evaluation of RTD in Regional Systems of Innovation [J]. European Planning Studies，1998，6 (2)：131-140.

② Kirat T.，Lung Y.. Innovation and Proximity：Territories as Loci of Collective Learning Processes [J]. Eunopean Urban and Regional Studies，1999，6 (1)：27-38.

③ Cooke P. and Schienstock G.. Structural Competitiveness and Learning Region [J]. Enterprise and Innovation Management Studies，2000，1 (3)：265-280.

④ B.T. Asheim，A. Isaksen. Regional Innovation Systems：The Integration of Local “Sticky” and Global “Ubiquitous” Knowledge [J]. The Journal of Technology Transfer，2002，27 (1)：77-86.

⑤ David Doloreux，Saeed Parto. Regional Innovation Systems：Current Discourse and Unresolved Issues [J]. Technology in Society，2005 (27)：133-134.

环节、机制都十分复杂，因而是一类典型的复杂系统。区域创新系统支持并产生创新，它是国家创新体系在区域层次上的发展和延伸，是国家创新体系的有机组成部分，也是国家创新体系动力的重要源泉。区域创新系统概念的不断流行不仅是由于传统区域发展模型和政策的局限性，以及世界范围内的许多区域成功企业（产业）集群所出现的结果，而是在一个快速的全球化经济中进行激烈国际竞争的产物。在 Cooke 对“区域创新系统”概念进行系统阐述后，各种理论研究成果层出不穷，可谓“百花齐放”。尽管从单个学者的研究成果来看，条理清晰、内涵丰富，但对不同学者研究成果进行比较时，我们就会发现在理论视角、分析框架、研究思路方面都缺乏统一的范式，从而导致对区域创新系统的定义繁多，对区域创新系统内涵的认识和理解也不统一。这给区域创新系统的构建实践造成了诸多困惑，反映出该领域研究仍处于摸索阶段，尚需在整合现有成果基础上，形成面向应用的普遍认可的可操作性强的研究成果。

（二）区域创新绩效评价研究现状

国外很多学者在区域创新绩效评价方面都展开过研究，主要是从区域科技创新评价指标与评价方法两方面进行，但还没有较为统一的专门的理论和方法。Arundel 和 Kabla（1998）认为，专利数是测量创新绩效的最适指标之一，并特别适用于测量高技术企业的创新绩效。[①] Brouwer 和 Kleiniknecht（1999）发现专利数与新产品产值占销售总额的比重之间存在一定的相关程度，后者也是度量创新绩效常用的指标之一。[②] Maria（2000）在比较不同评价方法差异的时候，发现其中的共同点是都着重于创新过程中的相互作用，因此他将参与性评价方法（Participatory Evaluation）引入创新系统。[③] Cooke 和 Clifton（2002）认为用新产品数这一指标可以很好地度量创新绩效。[④] Hagedoon 和 Cloodt（2003）以四个高技术产业中的近 1200 个国际企业作为样本，通过 R&D、申请的专利数、引用的

① A. Arundel, J. Kabla. What Percentage of Innovation are Patented Experimental Estimates in European Firms [J]. Research Policy, 1998 (27): 127-142.

② E. Brouwer, A. Kleiniknecht. Innovative Output and a Firm's Propensity to Patents: An Exploration of CIS Micro Data [J]. Research Policy, 1999 (28): 615-624.

③ A. Maria. The Evaluation of Regional Innovation and Cluster Policies: Looking for New Approaches [R]. Conference Paper on "Decentralization and Evaluation", Lausanne, 2000 (23): 13-26.

④ P. Cooke, N. Clifton. Social Capital, and Small and Medium Enterprise Performance in the United Kingdom, Entrepreneurship in the Modern Space-economy: Evolutionary and Policy Perspectives [R]. Tinbergen Institute, Keizersgracht 482, Amsterdam, 2002.

专利数和新产品发布数四项指标来评价创新绩效。[①] Mauro 和 Paulo（2000）在构建区域创新系统绩效评价体系时将政府的作用也考虑在内，他认为产业政策系统、创新环境系统以及产业环境系统共同构成了评价体系。[②] Iammarino（2004）在大量分析学者对区域创新系统的研究报告后发现：区域创新的专业化模式以及新技术的性能，在很大程度上受到区域空间因素的影响，这两点也是构建区域创新系统绩效评价体系的重点。[③] Michael（2002）认为创新活动是一个动态循环的过程，将 R&D 同时作为输入和输出指标（其中 R&D 输出变量是输入标量的资本形式），运用知识生产函数法分析比较了欧洲 11 个地区区域创新系统绩效。[④] Cooke（2007）也对区域创新绩效进行了研究，将区域创新绩效评价体系分为三个部分：创新系统、知识系统与学习系统。[⑤] Faggian 和 McCann（2009）将人力资本流动引入创新系统绩效评价体系中，认为区域创新系统绩效受到区域间移民和大学毕业生的影响。[⑥] Mikel Buesa 和 Joost Heijs（2006）基于对西班牙的研发系统广泛的多元数据，使用因子分析、聚类分析，分析了影响区域创新能力的四个主要因素，并利用专利衡量了西班牙地区的创新能力。[⑦] Nasierowski 和 Axcelus（2003）运用 DEA 方法的二阶段 IMO 模式研究了世界竞争力报告中 45 个国家（地区）的创新绩效评价问题，克服了仅使用 DEA 模型进行评价的弊端。[⑧] Baument（2005）运用因子分析法建立了一个新的区域创新绩效评价体系。[⑨] 还有

① J. Hagedoon, M. Cloodt. Measuring Innovative Performance: Is There an Advantage in Using Multiple Indicators? [J]. Research Policy, 2003 (32): 1365-1379.

② Mauro S., Paulo O.. An Analysis of the Supple and Demand of Specialized Technical Services in the Landline Region Envisaging the Strengthening of the Technological Competencies and the Structuring of a Regional Innovation System [R]. International Conference on Technology and Innovation, 2000.

③ Iammarino S.. On the Definition of Regional System of Innovation (RSI): An Application to the Italian Case [R]. Conference on "Regionalization of Innovation Policy", Berlin (Germany), 2004.

④ Michael F.. Measuring the Quality of Regional Innovation Systems: A Knowledge Production Function Approach [J]. International Regional Science Review, 2002 (25): 86-101.

⑤ Cooke P.. Regional Innovation Systems, Asymmetric Knowledge and the Legacies of Learning [R]. The Learning Region: Foundations, State of the Art, Future, 2007.

⑥ Faggian A., McCann P.. Human Capital, Graduate Migration and Innovation in British Regions [M]. Cambridge Journal of Economics, 2009.

⑦ Mikel Buesa, Joost Heijs. Regional Systems of Innovation and the Knowledge Production Function: The Spanish Case [J]. Tech Innovation, 2006 (26): 463-472.

⑧ Nasierowski W., Axcelus F. J.. On the Efficiency of National Innovation System [J]. Socioeconomic Planning Sciences, 2003 (37): 215-314.

⑨ Baument Pellitero M. Analyzing Regional Innovation Systems Through a Multi-perspective Econometric Approach: The Spanish Case [J]. Economic Research, 2005 (10): 7-9.

学者将专利数作为一个评价指标来测评区域的创新能力，并且结合聚类分析法与因子分析法，找出了影响区域创新能力的因素。

多数学者对区域创新系统创新绩效的评价体系及评价方法进行了研究，也有诸多研究机构及组织对此进行不断的深入研究。经济合作与发展组织（Organization for Economic Co-operation and Development，OECD）注重 R&D 投入对经济增长的贡献和对知识经济的测度。自 1963 年《弗拉斯卡蒂手册》出版以来，OECD 为开发出能够测度科技投入活动与产出的指标体系做出了不懈的努力。科技指标从当初的 R&D 资源指标逐步发展为包括科技与经济结合的创作以及从专利和技术国际收支反映科技产出的指标体系。

美国费城科学信息研究所（ISI）在 2001 年 5 月推出“ISI 基本科学指标数据库”，用文献计量学来评价科技活动的绩效。其中 SCI 文献是重要内容，其评价方法一是用论文引用量排序，二是论文引用次数，三是引文分析，用各学科论文被引量的世界平均水平、热点数来反映科研的绩效。英国是开展定量科研绩效评价最早的国家之一，英国苏塞克斯大学科学政策研究所目前仍是国家科学计量学研究的一个重要机构，目前以 SCI 文献为基础建立了自己评价的数据库。[①]

国外开展的科技创新绩效评价主要是对 R&D 活动的绩效评价，对 R&D 活动绩效主要是采用科技活动的产出量来进行评价，即用每年产生的论文、专利、专著数等来评价一个国家、一所大学、一个科研机构的科技效益。虽然随着研究的深入，学者们将人力资本、政府投入等多个指标纳入区域科技创新绩效评价体系，但尚未形成完善的区域科技创新绩效评价指标体系，仍需进一步深入研究。另外，区域科技创新绩效评价指标体系虽然是科学评价科技创新绩效的依据，评价方法的科学性也是非常重要的。国外的评价方法有其合理性和科学性，它客观地反映了被评价对象的科技创新能力和水平，却难以看出科技对经济发展和诸多方面社会效益产生的直接作用。同时对评价方法并未进行一定的创新，限制了对区域科技创新绩效评价的进一步研究。

① 王泽华. 科技创新的关键环节：科技投入绩效评价方法研究［J］. 云南行政学院学报，2007（2）：39-42.

二、国内研究现状

（一）国内区域创新系统研究现状

国内对区域创新系统的研究起步较晚，发展较快。区域创新系统概念于 20 世纪 90 年代末引入我国，国内学者分别从区域创新系统概念和结构构成等方面展开了研究。朱乔、盛昭翰（1993）提出创新系统是将创新投入转化为创新产出的社会经济系统。[①] 冯之浚在《国家创新系统的理论与政策》（1999）一书中认为，地方政府、企业、高校、科研机构以及中介服务平台等都是区域创新系统的组成部分。[②] 黄鲁成（2000）认为，区域创新系统是指在特定的经济区域内，各种与创新相联系的主体要素、非主体要素以及协调各要素之间关系的制度和政策网络。[③] 胡志坚、苏靖（1999）提出了区域创新系统的概念，阐述了区域创新系统理论的提出与发展，指出了区域创新系统的不同形态和理论内涵。[④] 王缉慈（2001）认为，区域创新系统是指区域网络各个结点（企业、大学、研究机构、政府等）在协同作用中结网而创新，并融入到区域创新环境中而组成的系统。即区域创新系统是区域创新网络与区域创新环境有效叠加而成的系统，区域创新系统具有开放性、本地化、动态性和系统性等特点。[⑤] 刘曙光、田丽琴（2001）从地域、主体、联系、环境及功能角度给出了一个比较全面的概念，呈现了创新单元及主体的活动过程，认为区域创新系统的概念至少应包括：①具有一定的地域空间范围和开放的边界；②以生产企业、研究与开发机构、高等院校、地方政府机构和服务机构为创新主要单元；③不同创新单元之间通过关联，构成创新系统的组织结构和空间结构；④创新单元通过创新组织和空间结构自身组织及其与环境的相互作用而实现创新功能，并对区域社会、经济、生态产生影响；⑤通过与环境的作用和系统自组织作用维持创新的运行和实现创新的持续发展。[⑥] 王焕祥、孙斐（2009）提出，区域创新系统是一个动态、历史的概念，虽然局限在一定的空间范围内，但应具有开放性的特征，而且需要以大学、科研机构、企业等

---

① 朱乔，盛昭翰. 数据包络分析模型与规模收益分析 [J]. 系统工程学报，1993（2）：54-60.

② 冯之浚. 国家创新系统的理论与政策 [M]. 北京：经济科学出版社，1999：32-35.

③ 黄鲁成. 关于区域创新系统研究内容的探讨 [J]. 科研管理，2000（2）：43-48.

④ 胡志坚，苏靖. 区域创新系统理论的提出与发展 [J]. 中国科技论坛，1999（6）：20-23.

⑤ 王缉慈. 创新的空间——企业集群与区域发展 [M]. 北京：北京大学出版社，2001（5）：107-110.

⑥ 刘曙光，田丽琴. 区域创新发展的模式与国际案例研究 [J]. 世界地理研究，2001（1）：20-23，19.

为创新主体，鼓励它们之间相互学习、相互作用，实现互动，创新环境对区域社会、经济、生态产生影响，并实现创新系统的稳定持续发展。① 任胜刚、关涛（2006）认为区域创新系统是由特定区域内相互联系、共同协作的创新主体构成的，在一定的制度、政策等运行环境中，以促进创新，推动区域经济社会发展为目标所形成的空间组织结构体系。② 邹再进（2006）认为，区域创新系统是指在特定的行政区域内，各创新主体彼此密切联系，依靠各种创新资源，借助各种创新条件，利用各种创新手段，建立起来的有利于推动知识创新、技术创新、知识传播和知识运用的开放的、复杂的社会经济网络系统。③ 杨开忠（2006）则认为，区域创新系统是一组个人和机构交互作用而形成的，有益于知识产生、使用和传播的系统，并提出了区域创新系统的五个基本特点：与地区的机构和社会文化背景密切相关；相对于国家创新系统的概念来说，各机构的相互作用和交流更加密切；企业创新主体地位更加突出；更高的开放度和相对专门化。④

综观国内外的研究，学者们对区域创新系统的研究角度各不相同，虽然都认为区域创新系统是一个系统，但有的学者认为它是网络系统，有的学者认为它是“网络制度”系统，有的学者认为它是“网络制度条件”系统，有的学者认为它是以主体为中心的过程系统，这是本书所必须首先要解决的问题。具体如表 1-1 所示。

表 1-1 区域创新系统的研究角度

研究角度	主要研究者	主要观点
网络系统	Cooke（1990）	区域创新系统是网络系统的概念，主要强调创新主体及其相互作用，而且在不断讨论创新主体构成的过程中奠定了后续研究的基础
	胡志坚、苏靖（1999）	
	吴慈生、赵曙明（2005）	
“网络 + 制度”系统	Nelson（1993）	强调了政府、制度或政策在区域创新系统中的作用，揭示了政府、制度及政策创新的必要性
	Naulaers 和 Reid（1995）	
	吴贵生（2002）	
	柳卸林（2003）	

① 王焕祥，孙斐. 区域创新系统的动力机制分析［J］. 中国科技论坛，2009（1）：36-40.
② 任胜刚，关涛. 区域创新系统内涵、研究框架探讨［J］. 软科学，2006（4）：90-94.
③ 邹再进. 对区域创新系统内涵的再认识［J］. 云南财贸大学学报（社会科学版），2006（3）：77-78.
④ 杨开忠. 构建特色区域创新体系的三种途径［J］. 人民论坛，2006（4）：17-19.

续表

研究角度	主要研究者	主要观点
“网络+制度+条件”系统	黄鲁成（2000）	强调了资源、环境在区域创新系统中的作用，揭示了区域资源、区域环境创新的重要性
	罗守贵、甄峰（2000）	
	王缉慈（2001）	
以主体为中心的过程系统	Nelson（1996）	强调了创新主体在区域创新系统中的中心地位，揭示了注重区域创新系统过程的重要性
	官建成、刘顺忠（2003）	
	任胜刚、关涛（2006）	

将表 1–1 中的代表性文献归纳起来，代表了关于区域创新系统内涵与架构研究中的三个重要方面：①强调创新主体的重要作用。这类创新主体涵盖了企业、个人、机构和政府等方方面面。②其中一类文献是将区域创新系统按照系统集成的观点分解成若干子系统。③强调组织、网络和环境的重要作用。在此三方面中现有文献都存在一些不足：①关于创新主体的理解。一方面，主体过多，往往会陷入没有主体的困境，这在我国以往的许多政策实施中已得到了验证；另一方面，区域创新系统最根本的是要基于微观主体的视角，其目的不仅是单纯提升创新能力，而是要在生产中实现创新价值。因此，在区域创新系统中，首先应该强调企业的核心主体地位，这也符合熊彼特最初所提出的创新理论。②关于子系统的划分。一旦将区域创新系统划分为几个子系统，那么各子系统间必然存在交叉与重叠，这既不能很好地刻画区域创新系统作为一个整体所产生的额外贡献，也未能凸显企业在区域创新系统中的核心地位。③关于网络环境的作用。区域创新系统促进创新的根本原因在于其网络效应。但在未能明确区域边界时，就无法明确究竟在谈论什么样的效应，更无法确定这种效应的大小。

由于研究区域创新系统的国内外学者都具有不同的学术背景，研究视角也不尽一致，目前对于区域创新系统的定义及内涵还没有获得一致认同。但是，他们基本上都认为区域创新系统的基本内涵应包括以下几个方面，分析认为区域创新系统的概念至少应包括以下基本内容：①既具有明显的地理边界，又具有开放性；②高校、研发机构、企业和政府之间具有自发积极的互动活动并构成创新网络；③区域创新网络中各节点由于受共同的制度、文化、规范等创新环境的影响，能够分享和互换隐性知识，这一活动具有明显的地域性；④区域的社会、经济和生态影响区域创新网络，同时也受创新网络的影响，它们既有各自独特的演化特征又相互作用，实现区域的持续创新和稳定发展。

（二）国内区域科技创新绩效评价研究现状

我国学者从不同切入点考虑区域创新系统，这导致了区域创新系统绩效评价的划分依据存在不同。我国首个构建评价体系的是学者复海钧（2001），他认为评价体系应包括五个方面：区位条件、创新能力、经济实力、社会贡献以及国际化程度[①]，这也为后来的学者构建相关体系提供了借鉴。

区域创新系统是一个整体，系统内部各个主体是相互联系、相互影响的，而部分学者在构建绩效评价体系时往往会忽视“系统”这一事实，片面地追求“区域”和“创新”，朱海就（2004）在构建评价体系时就指出这一点，他认为整个创新系统内部各主体行为和特征是相互影响的，一个主体对其他主体产生作用，经过反馈来调节自身行为。基于这一点，他将评价体系分为三部分：网络创新能力、企业创新能力以及创新环境。[②] 官建成、何颖（2005）为了更加准确地衡量区域创新系统绩效，他们将系统的创新过程分为技术产出和经济产出两个阶段，两个阶段都选择投入、输出指标，综合两个阶段的表现作为整体评价系统的绩效水平。由于在技术产出阶段偏重于技术的有效性，投入指标主要是研发费用、FDI 和技术引进费，输出指标是与专利有关的一些变量。经济产出阶段的投入变量是技术产出阶段的输出变量，而经济产出阶段的输出变量则是一些衡量技术转化为经济效益的指标，如新产品销售收入、人均 GDP 等。官建成、何颖的评价体系有两点优势：一是将大部分学者忽视的且能够影响系统绩效的变量，如 FDI 纳入评价体系中；二是体现了创新行为的动态性，解决了技术转化为经济效益过程中的时滞问题。[③] 杨志江（2007）认为区域创新系统绩效包含两方面内涵：一方面是创新投入相对于创新技术或知识产出的比值，比值越大代表绩效越低；反之则代表绩效越高；另一方面是科技成果转化过程中相对于社会经济发展的效益，即科技成果转化率。[④]

罗亚非、李敦响（2006）运用数据包络分析法（DEA）评价中部六省以及北

---

① 复海钧. 中国高新区发展之路［M］. 北京：中信出版社，2001.

② 朱海就. 区域创新能力评估的指标体系研究［J］. 科研管理，2004（3）：30-35.

③ 官建成，何颖. 基于 DEA 方法的区域创新系统的评价［J］. 科学学研究，2005（2）：265-272.

④ 杨志江. 区域创新绩效评价研究方法及其应用研究［D］. 桂林：广西师范大学硕士学位论文，2007.

京、上海、广东三地区域创新系统绩效时，投入指标包括研发人员当量和经费、科技活动人员和科技经费内部支出，四个输出指标是专利授权数、新产品销售收入、地区技术市场成交合同金额以及国外SCI、EI和IETP收录的科技论文数量。[①]范慧慧（2009）以科技投入与产出建立绩效评价指标体系，根据模糊评价矩阵构造用于确定各评价指标权重的判断矩阵的新思路，将修正判断矩阵的一致性和计算层次分析法中各要素权重的模糊综合评价新模型应用到科技投入绩效评价中，并以南京市为例进行了实证研究。[②]孙红兵、向刚（2011）运用DEA方法对30个省会城市与直辖市进行创新绩效的评价分析，再通过差额变量分析对非DEA有效的城市提出调整方案。[③]胡凯（2012）通过收集2000~2009年我国31个地区的科技创新投入、产出数据，运用DEA方法分析了各地区科技创新绩效，总结了我国科技创新绩效的总体趋势及阶段性变化情况，分析了我国科技创新绩效的区域特点，发现东部地区科技创新绩效显著高于中西部地区。[④]刘嘉宁（2013）运用DEA技术效应评价模型对成渝经济区新兴产业科技创新绩效进行了评估，并对成渝经济区科技创新绩效的收敛性进行了分析。结果表明成渝经济区新兴产业科技创新绩效整体呈现下滑趋势，且其科技创新绩效具有一定的稳态性。[⑤]梁瑞敏、彭佑元（2014）在划分区域科技创新子过程基础上构建山西省区域科技创新效率模型及指标体系，运用二阶段网络DEA方法测算山西省2001~2012年科技创新效率值，并对四种分布类型加以分析。实证结果得出优化科技管理模式、提高科技成果转化效率、培育市场导向下的科研体制是山西省提升区域科技创新效率的有效途径。[⑥]

综观国内外学者对区域创新系统的研究，主要包含两方面内容：区域创新系统理论研究（包括区域创新系统的概念、功能、特征、分类、结构、演化等）和

① 罗亚非，李敦响. 我国中部六省和京、沪、粤区域技术创新绩效比较研究［J］. 科技进步与对策，2006（1）：18-21.

② 范慧慧. 基于层次模糊综合评判的南京市科技投入绩效实证研究［J］. 科技管理研究，2009（4）：79-81.

③ 孙红兵，向刚. 基于DEA的城市创新系统创新效率评价分析［J］. 科技进步与对策，2011，28（12）：130-135.

④ 胡凯. 我国区域科技创新绩效分析——基于2000~2009年的面板数据［J］. 科技进步与对策，2012（12）：31-36.

⑤ 刘嘉宁. 成渝经济区新兴产业科技创新绩效理论及实证研究［J］. 软科学，2013（9）：24-27.

⑥ 梁瑞敏，彭佑元. 基于网络DEA的山西省区域科技创新绩效评价研究［J］. 科技管理研究，2014（18）：112-116.

区域创新系统建设研究（包括建设模式、运行机制、创新系统评价、障碍分析、政策研究等）。虽然领域内的学者和专家对区域创新系统、创新绩效的研究越来越重视，但总体上讲其研究工作尚处于探索阶段，还未形成比较系统、严密的理论。在研究区域选择上，现有文献多以省级行政单位和发达地区为对象研究区域创新绩效，对某省内各地区创新绩效的关注不够。从评价方法来看，由于区域创新系统理论来源于对特定区域的实证研究，不同学者关注的重点不同，对区域创新系统创新绩效的评价方法也不同。在评价指标体系方面，研究者能在把握创新绩效基本内涵的前提下，根据所选择的研究范围、拟定的研究目的和应用的研究方法不同，以及数据的可得性，采用了相应的评价指标体系。但是没有形成一套行之有效的评价指标，评价体系仍然是创新绩效评价的薄弱环节。在影响因素方面，针对点深面窄的研究现状，应当在深入研究个别影响因素的同时着力加强对区域创新绩效影响因素的系统化研究。

第四节　研究思路与方法

一、研究思路

当前在国内外对区域科技创新绩效的研究中，讨论的热点聚焦在对区域科技成果的产出和对科技成果转化能力进行的测度与评价之上，提出的评价指标体系不尽相同，在此基础上运用各种分析方法进行了相应的评价，所得出的结论侧重点也各不相同，但鉴于山西地理、人文、经济发展环境的特殊性，未有一种评价指标体系能够在兼顾特色的同时客观地对山西省区域科技创新绩效进行有效的评价。此外，区域科技创新绩效的实现是一个从科技资源投入到产生各类效益的复杂过程，需要将成果的产出与转化二者相互结合才能对区域科技创新绩效进行较为深入的研究。除此之外，科技创新绩效往往会受到除了投入、产出指标外的环境因素的影响，对区域科技创新所进行的绩效评价应当更具备综合性，力求反映区域科技创新活动的真实水平。

目前，国内外学者对区域科技创新效率的研究十分广泛，从各个侧面获得的理论或是实证成果十分丰富。通过区域科技创新系统相关文献的研究，本书详细地分析了区域创新系统绩效的评价体系、评价测度指标以及评价方法，对区域创新系统绩效的相关理论有了全面的认识。同时，本书结合山西省科技创新的特点及现状，并且深入研究其他理论对区域创新系统的思想支撑和逻辑支持作用，探索合乎我国经济发展水平以及社会具体状况的区域创新系统建设思路、发展模式、绩效评价方法，分阶段对我国不同省、自治区、直辖市的区域创新系统进行绩效评价，通过横向比较山西省区域科技创新绩效，并对山西省各地市的区域科技创新绩效进行了评价。另外，本书运用 Tobit 实证分析了山西省科技创新绩效的重要影响因素，发现山西省区域创新系统建设过程中存在的问题，为完善山西省区域创新系统体系建设提供更加务实有效的政府决策。本书的技术路线如图 1-1 所示。

二、研究方法

（一）文献资料查阅法

文献资料查阅法是本书最基本也是使用最多的研究方法，将贯穿整个研究过程。本书一方面将通过对相关文献资料的收集、整理和分析，运用创新及科技创新理论、国家创新系统理论、区域创新理论和城市创新理论等相关理论，对我国区域创新系统的基本概念和研究范畴进行重新界定，并通过配置体制与机制的机理分析，构建起区域科技创新绩效研究的理论分析框架。另一方面将通过文献查阅，研究了解国内外在本领域的研究现状和发展动态，比较区域科技创新绩效评价的评价指标与评价方法，然后通过重点剖析区域创新系统的内涵、构成、特征及运行机制，对区域科技创新系统的创新活动过程等进行深入分析。在此基础上，通过对山西省区域科技创新绩效及影响因素进行实证研究，归纳总结了山西省区域创新系统存在的问题，提出了改进措施。

（二）数学模型法

本书中现状分析与实证分析部分数据量庞大，拟根据历年《中国科技统计年鉴》及《山西省科技统计年鉴》等相关统计数据，建立相关数学模型进行定量分析。具体包括：一是利用相关统计数据和集中度测算指数，对山西省科技财力资源和人力资源配置的总量特征、区域特征及部门特征进行实证分析，剖析山西省科技资源的空间布局和区域布局现状。二是利用相关统计数据，以 2010~2015 年

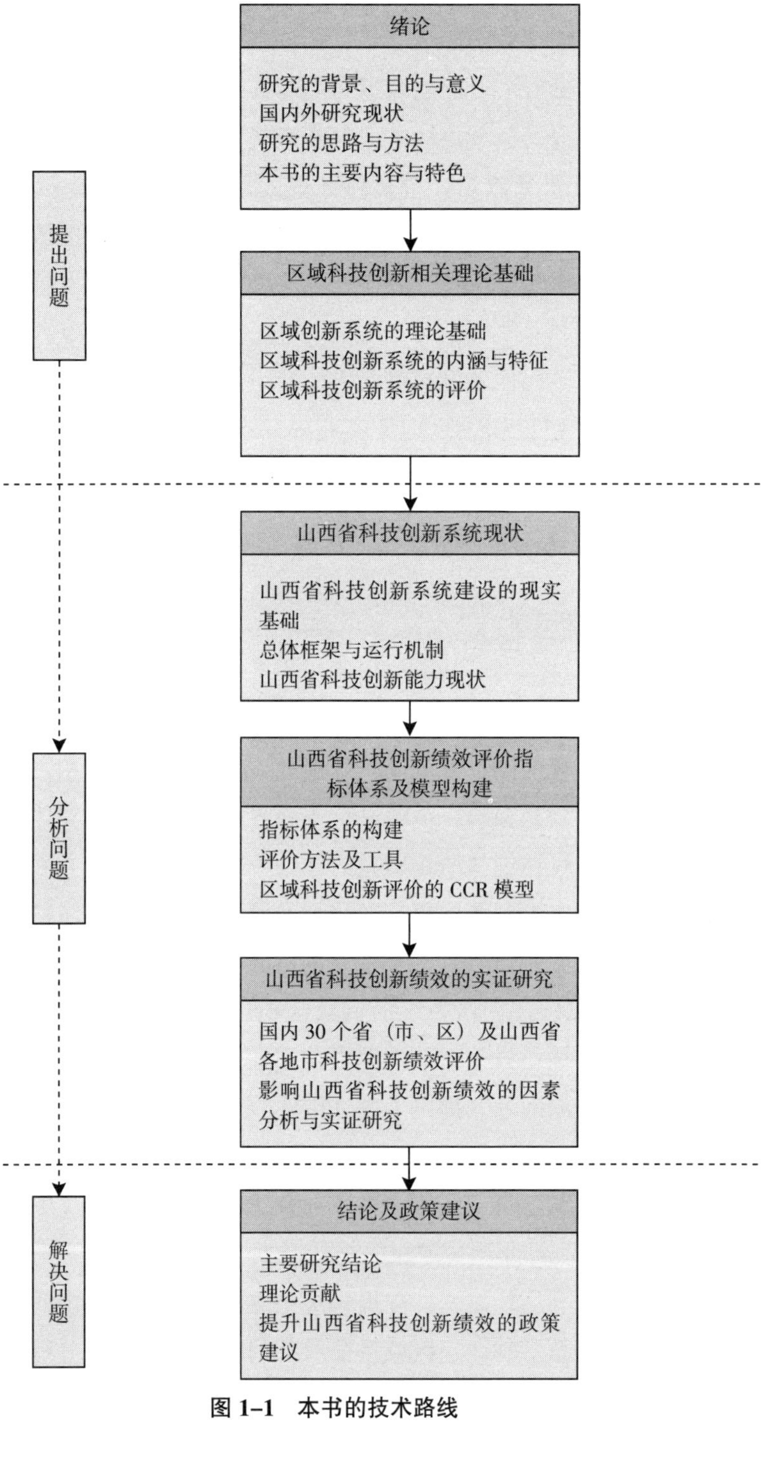
绪论
研究的背景、目的与意义
国内外研究现状
研究的思路与方法
本书的主要内容与特色
提出问题
区域科技创新相关理论基础
区域创新系统的理论基础
区域科技创新系统的内涵与特征
区域科技创新系统的评价
山西省科技创新系统现状
山西省科技创新系统建设的现实基础
总体框架与运行机制
山西省科技创新能力现状
分析问题
山西省科技创新绩效评价指标体系及模型构建
指标体系的构建
评价方法及工具
区域科技创新评价的 CCR 模型
山西省科技创新绩效的实证研究
国内 30 个省（市、区）及山西省各地市科技创新绩效评价
影响山西省科技创新绩效的因素分析与实证研究
解决问题
结论及政策建议
主要研究结论
理论贡献
提升山西省科技创新绩效的政策建议

图 1-1　本书的技术路线

的科技财力资源投入和科技人力资源投入等相关数据，对山西省近 5 年来的科技资源的配置绩效和创新能力进行了分析。三是通过建立 DEA 模型，运用数据包络分析方法中的 CCR 指数对全国 30 个省（市、区）及山西省 11 个地市的科技创新绩效进行测算评估，并采用 Tobit 方法分析了影响山西省科技创新绩效的因素。通过多层次、多角度地对山西省科技创新绩效及其影响因素进行深度剖析，使研究内容能够更为直观地反映客观事实，力求从整体性、系统性、可操作性等多方面对问题的研究有所突破。

（三）理论与实证分析相结合的分析方法

通过区域创新系统构成和运行机制的分析，探讨了区域创新系统的主体，以及各类主体在消化吸收再创新和协同创新、原始创新、集成创新中发挥作用的机制对于创新系统的重要作用。在此基础上，采用数据包络分析方法及 Tobit 分析方法，对全国各区域及山西省各地市的区域创新系统科技创新绩效和影响因素进行了分析和验证，归纳总结了山西省科技创新绩效的制约因素，从而提出了针对山西省科技创新绩效的改进措施，以期优化山西省的科技资源配置，提升山西省的科技创新绩效。

（四）定量与定性分析相结合的分析方法

本书从山西省的经济地理位置、区位特征、经济发展状况等方面定性分析了科技创新系统建设的现实基础；从山西省科技创新系统建设的总体框架与运行机制分析了山西省科技创新系统；并从纵向与横向两方面对山西省科技创新能力进行了对比分析；同时运用 DEA 方法及 Tobit 方法探讨了我国各区域及山西省各地市的区域创新系统和科技创新绩效，发现区域创新系统生产新技术的能力和对新技术的吸收能力对区域科技创新绩效均有一定的影响。新技术的研发和转化与一般商品不同，存在规模收益递减规律，必须在一定程度上推动基础研究的发展。

第五节 本书主要内容与特色

一、本书结构与主要观点

本书以山西省区域科技创新绩效为研究对象，通过对山西省创新绩效进行评价，分析山西省科技创新系统的创新障碍并提出创新政策建议，以优化资源配置，提高山西省科技创新系统的绩效。本书在对区域创新系统相关基础理论进行深入研究的基础上，分析了山西省区域创新系统现状，并运用 DEA 方法对山西省科技创新系统的创新绩效进行评价，同时运用 Tobit 模型对影响山西省科技创新绩效的因素进行了实证研究，通过分析发现山西省科技创新系统存在的问题，并有针对性地提出了一些建议，以期改善山西省的科技创新环境，提高山西省的科技创新能力，提升其科技创新水平。以下是本书的具体结构：

第一章：绪论。本章简单阐述了本书的研究背景，对科技创新推动区域经济增长、区域经济为科技创新提供保障以及科技创新绩效是衡量区域创新成效的标尺进行了详细的介绍，由此提出了本书的研究主题——科技创新绩效评价理论与实证研究：基于山西省的经验数据，并进一步指出了对山西省科技创新绩效进行评价的目的与意义。同时，在对国内外区域科技创新系统的研究现状进行分析的基础上厘清研究的思路和形成研究框架。在此基础上，阐述了本书的主要研究内容、研究方法、技术路线及结构安排等。

第二章：区域科技创新相关理论基础。首先，对区域创新系统的理论基础进行了概述，包括创新与科技创新理论、国家创新系统理论、区域科技创新系统理论及城市科技创新理论。其次，对区域创新系统的内涵、构成、子系统的功能、特征、运行机制等进行了详细梳理。最后，在区域科技创新能力评价及区域科技创新绩效评价分别进行论述之后，厘清了区域科技创新能力评价与区域科技创新绩效评价的关系，强调了区域科技创新绩效评价的重要性。

第三章：山西省科技创新系统现状。本书从山西省的经济地理位置、区位特征、经济发展状况等方面分析了科技创新系统建设的现实基础；并通过山西省科技创新系统建设的总体框架与运行机制分析了山西省科技创新系统；同时从纵向与横向两方面对山西省科技创新能力进行了对比分析，为山西省区域创新系统科技创新绩效评价的展开提供了依据。

第四章：山西省科技创新绩效评价指标体系及模型构建。在分析影响区域科技创新系统绩效的因素和参考相关研究成果的基础上，结合区域科技创新系统的内涵及创新过程和山西省科技创新系统的现状，按照指标建立的原则，有针对性地构建了山西省科技创新系统绩效评价指标体系。然后介绍了评价方法和评价工具的选择，建立了区域科技创新系统绩效评价的两阶段 DEA 模型，并对模型的应用和实现作了分析。

第五章：山西省科技创新系统创新绩效评价。运用第四章构建的评价指标体系和模型，从两个角度对山西省科技创新系统绩效进行了评价。为了深入挖掘山西省科技创新系统内部存在的具体问题，采用山西省 11 个主要城市的数据进行具体评价；为了横向比较，确定山西省科技创新系统绩效与全国其他省（市、区）相比存在的差距，本书采用全国 30 个省（市、区）的数据进行评价。

第六章：影响山西省科技创新绩效的因素分析。本书在第五章的基础上，运用 Tobit 模型对影响山西省科技创新绩效的因素进行了实证研究，厘清了影响山西省科技创新绩效的因素，并总结了限制山西省科技创新发展的因素，以期提出改进措施，从而提高山西省的科技创新能力，提升山西省的科技创新水平。

第七章：结论与政策建议。本章归纳了实证分析结果，总结了山西省科技创新系统存在的创新障碍，有针对性地提出创新政策建议。分别从创新主体、科技创新资源、资源优化配置、中介服务系统、产业集群，区位资源优势、政策软环境等几个方面进行了阐述，同时，分析了本书的理论贡献。最后，在本书研究不足的基础上对未来的研究方向进行了展望。

二、本书特色与创新之处

我国幅员辽阔，但由于历史、地理、政治、文化、科技等各方面原因，各区域经济发展水平差异较大。随着知识经济的兴起和新技术的蓬勃发展，一个地区的综合竞争力往往与该地区的科技创新水平呈很强的正相关关系：科技创新水平越高，地区综合竞争力越强；科技发展越落后，其综合竞争力也就表现越差。科技创新水平高低已经成为制约区域经济增长的关键性因素。要反映一个地区的科技创新水平，就需要建立一套科学合理的科技创新评价体系。同时，科技投入是科技创新的前提条件，科技产出是科技创新的绩效体现。因此，如何科学地评价区域科技创新绩效，揭示其内在的相互作用规律，解决科技创新环节中存在的主要问题，对区域的资源优化配置、科技创新优势的获取具有重要实践意义。

本书对区域创新系统进行重新解构与研究，以期对区域创新系统绩效的影响因素以及创新能力对区域经济发展的影响程度进行更为深入的研究和探讨，了解区域创新系统的内部运行机制。本书突破目前对此问题的研究框架，以区域创新系统相关理论为基础，结合山西省的科技创新现状，构建了区域科技创新绩效的评价指标体系，重点研究区域科技创新绩效及其影响因素，归纳总结了山西省科技创新绩效的制约因素，从而提出了针对山西省科技创新绩效的改进措施，以期优化山西省的科技资源配置，提升山西省的科技创新绩效。为此，本书在以下方面做了创新性工作：

（1）客观地设计了区域科技创新绩效评价指标体系。首先，对区域创新系统研究的国内外现状进行了综述，并分析了区域科技创新绩效评价的目的与意义。其次，阐述了“创新”概念的由来，由此分析了区域创新系统的内涵，并以此为基础，研究了区域科技创新绩效评价的必要性。最后，说明了区域科技创新绩效评价指标的设计原则，在此基础上，对区域科技创新绩效评价指标体系进行设计。同时，从多角度丰富完善了区域科技创新绩效评价的投入指标体系，原有的很多研究在区域科技创新绩效评价指标中只简单地考虑人力和财力投入等少数要素，但本书还注意考察人力投入的结构和素质情况，以及财力投入的结构情况。从指标设计的角度丰富完善了现有的指标体系。

（2）本书运用 DEA 方法及 Tobit 分析方法，尝试探索影响山西省区域科技创新的绩效及其影响因素，为提升山西省科技创新能力提供理论上和实践上的政策依据，也为山西省区域科技创新绩效的考察提供了一个新的研究渠道，丰富了山西省区域科技创新绩效评价的理论和方法，对解决山西省区域创新系统科技创新存在实际问题具有重要的理论研究意义。同时，通过对山西省各地级市区域科技创新绩效进行比较分析，可以找出不同区域间创新绩效的差异，从而有针对性地提出相关政策措施以促进创新资源的有效配置，为区域科技创新绩效的提高提供理论支持和政策引导。

本章小结

当今时代，人类社会已经步入了一个科技创新不断涌现的重要时期，也步入了一个经济结构加快调整的重要时期。发轫于 20 世纪中叶的新科技革命及其带来的科学技术的重大发现发明和广泛应用，推动世界范围内生产力、生产方式、生活方式和经济社会发展观发生了前所未有的深刻变革，也引起全球生产要素流动和产业转移加快，经济格局、利益格局和安全格局发生了前所未有的重大变化。进入 21 世纪，世界新科技革命发展的势头更加迅猛，正孕育着新的重大突破。在世界新科技革命推动下，知识在经济社会发展中的作用日益突出，国民财富的增长和人类生活的改善越来越有赖于知识的积累和创新。因此，世界各国都越来越重视利用科技和创新手段来推动经济和社会的快速发展，都将推动科技全面发展上升为国家战略。科技资源的拥有量及其配置和利用的优化程度，将对一个国家的科技创新活动、国民经济发展、民生改善等产生广泛而深远的影响。提高我国的自主创新能力和经济整体素质，核心之一是加快区域创新体系建设，走出中国特色自主创新道路，推动区域经济持续健康发展。

本章从科技创新推动区域经济增长、区域经济为科技创新提供保障以及科技创新绩效是衡量区域创新成效的标尺等方面详细阐述了本书的研究背景，由此提出了本书的研究主题——科技创新绩效评价理论与实证研究：基于山西省的经验数据，并进一步指出了对山西省科技创新绩效进行评价的目的与意义。同时，在对国内外区域科技创新系统的研究现状进行分析的基础上厘清了研究的思路并形成研究框架。在此基础上，阐述了本书的主要研究内容、研究方法、技术路线及结构安排等。

新中国成立以来，我国科技事业取得了令人瞩目的巨大成就。同时，还必须认识到，同发达国家相比，我国科学技术总体水平还有较大差距，主要表现为发明专利数量少、有核心竞争力的发明专利更少且对外技术依存度高、关键技术自给率低、高层次科技人才和技术型人才严重匮乏、学术论文数量多但影响力不高、科技投入总量和强度不足。当今世界，全球化进程日益加快，在经济、科技全球化的同时，区域化的趋势十分明显，从这个意义上看，经济全球化实质上也是全球经济的区域化。因此，应对全球化的挑战，必须更加关注区域的发展。本书认为，加强面向自主创新的山西省区域创新体系建设的功能具体体现在以下四个方面：区域创新体系建设是国家创新体系建设的重要内容、区域创新体系建设是提高区域自主创新能力的根本保证、区域创新体系建设是推动区域经济持续增长的发动机、区域创新体系建设是推动产业技术升级的重要举措。

本书的研究成果为修订、完善和创新山西省激励自主创新的政策体系提供理论和实际支撑，对推进面向山西省自主创新的区域创新体系建设，提高自主创新能力，加快创新型省份及创新型国家建设，进而促进山西省经济社会全面协调可持续发展具有理论与实际意义。最后，本书阐述了研究思路与技术路线，并进一步说明了研究的主要内容和结构体系。

第二章　区域科技创新相关理论基础

第一节　区域创新系统的理论基础

作为一种客观存在的研究对象，区域创新系统理论的形成、成长、成熟、完善过程中既表现出了时间特性，还具有空间特性，同时还存在动态演进的特性。区域科技创新理论起源于创新理论，在理论上离不开其他理论的思想支撑和逻辑支持。从 20 世纪至今，区域科技创新理论经历了从创新理论到国家创新理论再到区域创新理论这一发展演变过程。

一、创新与科技创新理论

（一）创新理论

早在 1776 年，英国古典经济学家亚当·斯密在著作《国民财富的性质和原因的研究》一书中，即对技术进步及由此带来的经济增长进行过阐述。亚当·斯密指出生产力的改进主要取决于劳动力的改进以及劳动者所使用机械的改进。以上两点均可理解成技术进步。可以认为，亚当·斯密对于除资本与人力外的技术进步对于经济增长所带来的影响的关注，已可视作创新与经济增长之间关系研究探讨的雏形。而在卡尔·马克思倾尽毕生心力完成的著作《资本论》中，也对资本主义迅速崛起时期的创新活动进行了回顾，马克思对于从 16 世纪到 19 世纪中叶以蒸汽机的出现为代表的技术创新，以及从手工式作坊向机器工业化演进的制度创新的分析，可谓是开创了创新研究的先河。这说明了创新对于人类经济社会进步的潜在巨大影响已逐步被觉察、挖掘并将逐步踏入历史的舞台。

学术界最早提出“创新”概念的是美国哈佛大学经济学家熊彼特教授，他主要是从经济学的角度对创新（Innovation）做了系统的定义，即现有资源的“重新组合”，包括开发一款新产品、运用一种新的生产方法、控制或取得原材料或半成品的一种新的供应来源、开辟一个新市场、实现一种新的企业组织形式（经济学中主要关注前两类创新）。可见，创新是首次尝试把这些新的想法应用到经济活动中，促进商业化、产业化的活动和过程。熊彼特还将这种重新组织资源的活动称为“企业家职能”（由企业家履行）。熊彼特之后，创新研究逐步兴起，对创新内涵的认识过程经历了从无到有，从简单到复杂，从线性到系统性的过程（见表 2-1）。从此，系统观念和系统方法逐渐深入创新研究中，人们开始从系统、综合的角度来理解创新。

表 2-1　关于创新理论的研究

时间	研究者	观点	说明
1912 年	Joseph A. Schumpete	创新是新技术及发明在商业中的首次应用，是经济过程的一个特殊阶段	提出了“创新理论”
20 世纪 60 年代	R. E. Miles 和 J. Schmookle	讨论创新的起源，推动抑或拉动	简单的线性分析
20 世纪 70 年代	N. Rosenberg 和 Klein	创新是一个包含了许多相互作用和反馈的过程	强调联系，但仍然是线性的分析方法
20 世纪 80 年代	C.Freeman	创新是各创新主体之间相互影响和相互作用的复杂交互的系统过程	系统分析

随着研究的不断深入，对创新外延的认识也越来越深。研究者对创新外延的认识过程经历了从企业技术创新拓展到社会创新，最后是制度创新的过程（见表 2-2）。

表 2-2　创新外延的主要研究

主要研究者	主要观点	强调内容
Joseph A. Schumpete	认为创新应该包括诸多内容：一种新商品生产制造方法的采用；一种新的组织形式在企业的实现；一种新原材料供应源头的开拓；一种新产品被生产或一种产品的新特性被开发；一种新的产品市场被开辟等	其创新理论主要是指企业技术创新
Nelson 和 Rosenberg	企业技术创新不仅是技术的第一次引入或使用，还应该包括技术的扩散	其创新理论主要是指企业技术创新

续表

主要研究者	主要观点	强调内容
Peter F. Drucker	创新既包括技术，也包括技术创新，又包括社会创新，技术创新与社会创新是不相同的，在内涵上，技术创新是某种自然物在自然界中有了新的用途，并能带来新的经济价值，社会创新是在社会和经济中创造的、获得比以前更多更大的经济价值和社会价值的一种新的管理手段、管理方式或管理机构等	技术创新与社会创新
C. Freeman	认为企业自身独立完成科技创新的可能性逐步降低，此时需要研发机构、中介组织、金融机构和政府等的参与，还需要很好的制度框架和政策体系，以协助创新的实现	技术创新与制度创新
Bengt-Ake Lundvall	认为创新应该包括产品创新、生产技术创新、制度创新和组织形式创新等	综合创新

可见，创新活动在宏观层面上涉及政治、科技、经济以及环境等人类社会的方方面面，而在企业的微观层面上也遍布研究开发、组织管理、生产制造以及市场营销的整个流程。创新不仅是一个发明与发现的过程，而且是一种改进和再创造的过程；创新既包括自主创新，也包括模仿创新、引进创新和合作创新。广义的创新不仅包括科学的、技术的创新，而且包括组织的、管理的、市场的创新，它是一个贯穿于从新思想的产生到新技术、新产品的研究开发再到商业化应用的完整过程。

（二）科技创新

科技是科学技术的简称。科技创新不能简单等同于技术创新，它是技术创新的扩展，涵盖了科学创新和技术创新。科学是人类在长期认识和改造世界的历史过程中所积累起来的认识世界事物的知识体系。技术是指人类根据生产实践经验和应用科学原理而发展成的各种工艺操作方法和技能以及物化的各种生产手段和物质装备。科学与技术之间，既有区别又有联系。科学是技术的理论指导，技术是科学的理论基础，结合生产实际进行开发研究得出的新方法、新材料、新工艺、新品种、新产品等。技术是科学的实际运用，是科学和生产的中介，没有技术，科学对生产就没有实际意义。技术对科学也有巨大的反作用，在技术开发过程中所出现的新现象和提出的新问题，可以扩展科学研究的领域，技术能为科学研究提供必要的仪器设备。

科技创新的定义直接来源于“创新”的概念。一般认为，科技创新是原创性科学研究和技术创新的总称，是指创造和应用新知识和新技术、新工艺，采用新的生产方式和经营管理模式，开发新产品，提高产品质量，提供新服务的过程。科技创新的过程是在一定地域背景下，通过创造新的科学领域或新的科学方法、重新组合生产要素或生产条件来实现经济社会效益的社会实践。它的全过程经历了科技成果产出和科技成果转化为经济社会效益两个阶段。同时，科技创新是一种经济活动，科技创新必须产生经济社会效益。它与市场是息息相关的，一般来说，各种科技创新最终都必须通过市场上的成功实现表现出来，不能在市场上实现的效果或者缺乏市场价值实现，不属于科技创新。科技创新可以被分成三种类型：知识创新、技术创新和现代科技引领的管理创新。

科技创新具有较高风险。科技创新是对新技术、新产品或者新服务的一种尝试性开发，必须实现高投入，但科技创新过程中的投入产出关系是很不确定的，所以有高投入不一定能产生高回报。因此，企业争取在技术方面具有领先于竞争对手的优势，存在巨大的风险，有很大的不确定性和很多的不可控因素。即使国家对具有科技创新的企业有鼓励或给予一定物质奖励，但科技创新的资金来源还是主要依靠企业自己筹集，所以，企业的自主创新只有战胜高风险，引领技术和市场的潮流，才能实现可持续发展。

另外，科技创新有助于推动产业化。科技创新必须贴近市场，进行产业化管理。企业的发展与科技创新有着必然的联系，通过科技创新，企业可以提高效益，让新产品或服务贴近市场，接近人们的需求。这样整个产品销售就更有弹性，应变能力更强。同时，伴随着经济一体化进程的加速，世界正朝着知识经济时代迈入，在新时代中科技创新是决定一个企业竞争力和地位的有效武器，在全世界的企业中能运用科技创新占有一席之地的大企业都会牢牢把握住科技创新产业的产业化管理。该类企业或者进行产业整合，或者集中精力扩大自己的核心产业，或者进行强强联合。

同时，科技创新还需要技术管理和政府及外界的大力支持。企业要么把这些创新方法实际运用到日常管理中，要么进行技术转移，为其他企业提供技术支持，这些都需要企业内部协调一致，提升管理效率。若没有各个环节、部门之间的通力合作，科技创新管理就不能有效进行，那么企业就不能调动人员的积极性，就不能显示出科技创新的多样化。同时，企业的技术创新活动不仅在于技术的发明与创造，更重视技术成果的社会应用和商业化模式。这些都有赖于政府的宏观调控和政策支持。企业的技术创新需要外界在资金、技术、法律咨询等多方面提供指导和帮助。所以企业要加强与外界的合作，通过政府的鼓励，更好地进行科技创新。

二、国家创新系统理论

随着竞争环境的日益激烈和科学技术的持续发展，不同跨企业合作创新模式的不断涌现，合作关系也从初期的企业间合作、企业与供应商和用户的合作，发展到企业与大学、研究机构等知识创造源头组织的深度合作，出现了国家创新系统的雏形。经济学家弗里曼于 1987 年首次提出“国家创新系统”（NSI）理论，称为第三代技术创新系统理论。

国家创新系统是 20 世纪 90 年代初在西方技术经济学中兴起的一种理论，继新古典经济学派、新熊彼特学派之后，国家创新系统理论已经成为用系统方法研究创新对经济增长影响的一个重要经济理论框架。国家创新系统是指一个国家内各有关部门和机构间相互作用而形成的推动创新网络，是由经济和科技的组织机构组成的创新网络。弗里曼认为在人类经济发展的历史上，从英国到德国、美国，再到日本的技术追赶跨越和技术领先的转移，是一个国家创新系统演变的结果，不仅包括技术创新，还包括许多制度创新和组织创新。同时，将国家创新系统定义为公共部门与私营部门的各种组织所构成的网络。它们的活动和相互作用推进了新技术的开发、引进、改良与扩散，决定了一个国家的创新能力与表现。并且，他还重点强调了企业及其研发能力、政府政策、教育培训和产业机构的作用。国家创新系统的建立与完善直接关系到一个国家综合实力与竞争力的提升，关系到一个国家的前途命运与社会经济发展。在此之后，很多学者相继对国家创新系统展开了研究，主要贡献者有 Nelson、Patel 和 Pavitt 以及 Lundvall 等。他们从不同的角度展开了研究，但共同之处在于他们都强调了公私部门机构所组成的网络以及这些机构之间的相互作用。

其中，Nelson（1993）对国家创新系统的定义是相互作用和相互影响的，决定着国家范围内企业创新表现的一组机构。[①] Nelson 强调国家创新政策、教育状况

① Nelson R. R.. National System of Innovation：A Comparative Study ［M］ . Oxford：Oxford University Press，1993.

和制度环境对创新的作用，他认为现代国家的创新系统既包括各种制度因素以及技术行为因素，也包括致力于公共技术知识的大学，以及政府的基金和规划之类的机构，在制度上相当复杂，其中，企业是所有这些体系的核心，它们相互竞争也彼此合作。Nelson 以演进的角度，将技术变革的存在及其特点作为研究起点，将重点放在变革的必要性以及制度结构的适应性上，即国家创新系统要把研究开发部门、技术研究机构与大学，甚至所有那些已建立起来并用以影响技术学习、技术搜寻和探索制度的各个部分和方面都包括进来。

Patel 和 Pavitt 从国家创新系统的功能角度进行了探讨。他们认为各国的技术投资政策不同，从而造成技术差距在国家间扩大。国家创新系统“决定一个国家内技术学习方向和速度的国家制度、激励结构和竞争力”。这里的“制度”是指：①提供基础研究和有关培训的大学、公共研究机构等组织；②对创新进行投资的企业；③促进技术进步的政府部门、金融机构等组织；④提供通识教育和职业培训的公私部门。“激励”是指在基础研究、教育培训、创新投资等市场失灵方面的活动上的激励（见图 2–1）。他们特别强调了大学对一国科技研发和扩散的促进作用。

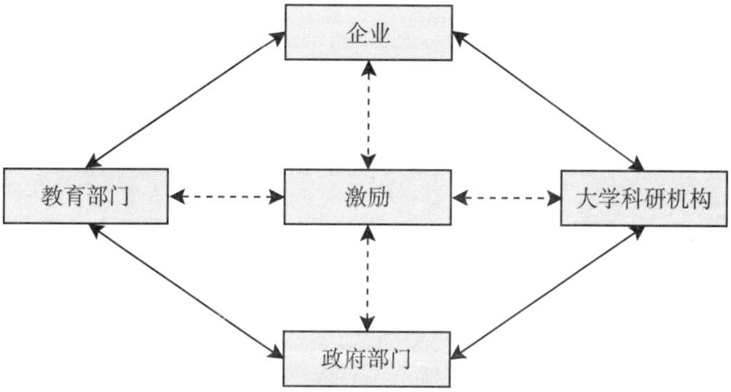

图 2–1　Patel 和 Pavitt 的国家创新系统结构

资料来源：冯之浚. 国家创新系统的理论与政策［M］. 北京：经济科学出版社，1999.

国家创新系统研究的微观学派是以丹麦经济学家 Lundvall（1992，1998）为代表，他分析了用户和生产者间相互作用的信息流动对技术创新的影响，认为国家创新系统“是由具有经济价值的新知识的生产、扩散和应用上相互作用的要素及关系所构成的”，以正反馈和再生产为特征，中心活动是学习。[①②] 狭义上，该系统包括“与研究、探索有关的制度与机构，比如研发机构、大学、公共研究机构等”。同时，他强调大学作为重要的科研机构和教育部门，是国家创新系统的一个子系统（见图 2-2）。需要指出的是，Lundvall 的研究过于抽象，经济合作与发展组织之后发展了其研究思想，把 Lundvall 提出的抽象互动具体化为公私部门之间的互动、企业间的互动和人员间的互动。

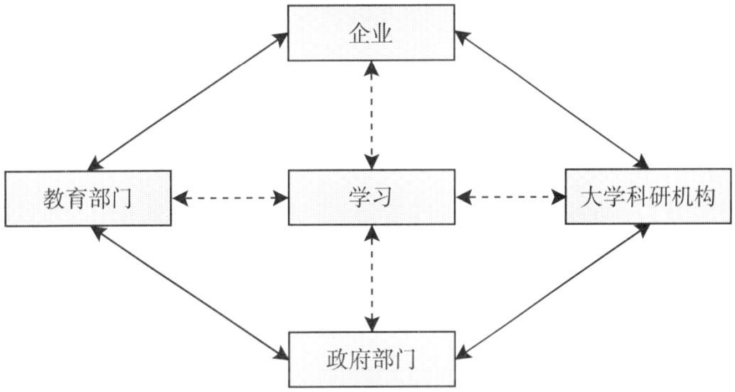

图 2-2　Lundvall 的国家创新系统结构

资料来源：柳卸林. 21 世纪的中国技术创新系统［M］. 北京：北京大学出版社，2000.

1997 年，DECD 在关于国家创新系统的研究报告中指出，“创新是系统内部各种要素间的相互作用和反馈的结果”，往往不是以完美的线性方式出现的。国家创新系统的核心运行机制是科学技术知识的循环流动，只要是有助于促进这种循环流动的因素，都可以纳入国家创新系统之内。在该系统中，对创新起着重要作用的主要有四类知识或信息的流动：①公私部门之间的互动，主要是指企业、大学及其他科研机构之间的相互作用，包含合作研究、合作出版、专利共享和更正式的联系。②企业之间的互动，主要是指研究开发合作。③人员的流动，主要是指技术人员在公私部门之间和各自内部的流动。④知识和技术的扩散，如新技术的工业化应用、通过机械设备等途径的创新扩散。国家创新系统内各要素之间

① Lundvall, B.. National Systems of Innovation: Towards a Theory of Innovation and Interactive Learning［M］. London: Printer Publishers, 1992.

② Lundvall B-A. Innovation as an Interactive Process: From Use-producer Interaction to the National System of Innovation［A］. In Dosi G. et al. (eds). Technical Change and Economic Theory［C］. Printer Publishers, 1998.

的联系或知识流动的质量决定了该国的创新绩效。此外，DECD 认为国家创新系统的核心主体是企业，企业通过获取外部知识的方式，组织生产和创新。外部知识主要源自大学、公共或私营的研究机构、其他企业等组织（见图 2-3）。在创新过程中，企业因眼光短浅而导致对技术开发的投入不足问题需要被纠正，通过强化整个创新系统内各主体间的相互联系和作用的网络，纠正技术创新中的系统失效和市场失效，是国家创新系统的主要意义所在。系统内各个主体的相互作用主要有政府通过制定产业发展战略和工作职能上的协调一致，在创新中发挥引导作用；中介机构在各创新主体间的重要桥梁作用；企业与企业之间的创新合作联系等。

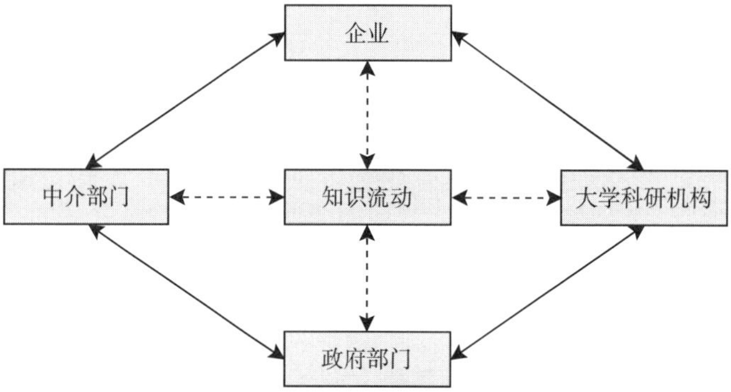

图 2-3 OECD 国家创新系统结构

资料来源：石定寰. 国家创新系统：现状与未来［M］. 北京：经济管理出版社，1999.

近年来，有关国家创新系统的研究，不但关注技术创新，更关注知识对现代经济的作用，重视知识的生产、传播和应用。1997 年，中国科学院提交了《迎接知识经济、建设国家创新系统》的报告，提出了关于中国国家创新系统的概念："国家创新系统是由与知识创新和技术创新相关的机构和组织构成的网络系统，其主要组成部分是企业（以大型企业集团和高技术企业为主）、科研机构（包括国立科研机构、地方科研机构和非营利科研机构）和高等院校等；广义的国家创新系统还包括政府部门、其他教育培训机构、中介机构和起支撑作用的基础设施等。"这表明中国创新系统是知识创新和技术创新并举的系统。

上述这些研究表明，在创新的过程中，不同行为者（如企业、大学及其他科研机构、消费者等）之间需要进行交流，并且在各个环节（如科学研究、技术开发、产品设计、批量生产和市场销售）之间进行反馈。所以，国家创新系统是由企业、大学、科研机构、政府、中介机构等组织，以及它们关于科技发展与市场化应用方面的相互联系和交往所构成的，相互联系的质量直接关系着一国的创新绩效。系统一般是由两个相互区别，但是之间又存在一定联系的要素构成的集合体，从而形成了特定的整体结构。

与知识学习、搜索、开发活动相关联的政府、社会、经济机构都应该包括在国家创新系统的主要机构中，但是这种归类方法在具体实践中是不现实的。在现实中，政府机构、教育机构、企业、大学及研究机构等才是国家创新系统的核心。

1. 技术创新的主体——企业

所谓技术创新的主体，既可以是技术创新投入的主体，又可以是技术创新行为和技术创新收益的主体。从本质上讲，技术创新是一种商业活动，因此它是一项与市场紧密联系的创新行为。企业作为追求利润最大化的“经济人”，会受到技术创新高额利润的诱惑而从事技术创新活动。为了避免技术创新成果永远处于理论阶段，需要将成果送入企业中，这样就可以实现潜在生产力向现实生产力的转化，具有现实意义。即使有些技术创新的初衷并不是针对企业而进行的，但是这些成果也必须进入到企业中实现理论向产品的转化，完成经济增长和科技知识的结合。

2. 知识创新的主体——大学和科研机构

知识一般包括科学知识和技术知识两个方面，作为一种“公共商品”，科学知识是在技术知识基础上发展起来的，其目的是提升人类本身对世界的客观认识，由于科学知识并不能马上转化为经济效益，因而没有多大的商业意义，所以对于科学知识的生产活动，一般私营企业的兴趣并不是太大。因此，在实行市场经济的国家，如美国、德国、日本等，主要是由一些公益性的研究机构，如政府实验室和大学等机构承担起科学知识的供给责任。在这些国家，政府负责科学知识研发资金投入，大学和研究机构则负责科学知识基础和应用研究。此外，虽然也有部分企业从事科学知识的研究，但是它们的目的只是把握科学知识的发展动态，以抓住随时可能出现的商业机会，而不是对科学知识进行生产。

3. 人力资源的培养机构——教育培训机构

作为培养创造性人才的教育培训主要包括三类：普通培训、职业教育以及高等教育。创造性人才必须具备四点能力：①学习的能力；②适应环境的能力；③把握新机会的能力；④“干中学”的能力。以上四种能力也和就业者的教育水平和质量成正比。一个国家科学技术的转移和扩散，需要大量高素质人才的参与；否则，科学技术难以转化为现实的生产力。另外，在知识经济时代，要通过对在岗职工再培训，培养学习型员工，提高员工开发和生产新产品的能力。

4. 国家创新系统的协调机构——政府机构

政府机构可以通过多种形式，如制订计划、政策、法规等对创新活动进行引导和干预。政府也可以为其提供良好的创新环境，鼓励企业间构建战略联盟，同时还鼓励企业、学校、科研机构结成产学研合作机构；另外，政府机构还可以对科学技术的研发和公共教育进行资金支持。虽然国家创新系统中的主体并不是政府机构，但是政府机构的行为却能够保证国家创新系统的有效运行。

三、区域科技创新理论

（一）区域的界定

英文“Region”所指的区域包含几个国家甚至次洲级地理区域和次国家层次的区域两种情况，前者如东亚、东欧、中美洲等；后者如州、县、城市地区等，根据研究内容的不同，次国家层次的区域一般又有行政区域、经济区域之分。Vesa Harmaakorpi（2004）认为具有次国家功能的区域，既可以由地理距离来定义，也可以由相关联的距离来定义。[①] 现在区域已经被看作技术经济和社会制度范例下维持经济协调的必要组成部分。目前，“区域”一词在区域经济学理论中，既可以是一种实体的概念，又可以是一个观念上的抽象空间概念，没有严格的范围和界限，一个地区、一个国家乃至几个国家均可称为一个区域。

区域的划分标准可以多种多样，如行政区域、文化区域、产业集群区域。所谓行政区域，是依据政府管辖的区域，拥有明确的地理边界；所谓文化区域，是指拥有共同的语言、习惯、风俗的区域，与行政区域不同的是文化区域并没有确定地理边界，而是一个开放的区域；所谓产业集群区域，是一种类似于文化区域的、以产业集群为标志的区域。在学术界，将行政区域作为创新系统划分依据是一种比较常规的分类方法，这种分类方法更加侧重于研究区域，而不是创新系统，这对讨论政府管辖范围内的创新政策具有重要的意义。但如果从系统性的角

---

① Vesa Harmaakorpi. Building a Competitive Regional Innovation Environment—The Regional Development Platform Method as a Tool for Regional Innovation Policy [D]. Helsinki University of Technology, 2004: 25.

度思考，这种分类方法存在三点不合理的地方：第一，与国家创新系统类似，区域创新系统中包含有多种产业集群，这与区域创新系统所要求的地理邻近性不符合。简单来讲，以省域作为区域创新系统的基本单位，就不可避免地出现政府管辖各区域的环境、条件不一致的情况，而这又与区域创新系统支撑环境同质性的要求存在一定程度的冲突。第二，创新主体间知识的学习、创新和传播是区域创新系统的重点，但是知识传播的过程会伴随着空间、地理的渐远而不断地衰减，同时还具有很强的地域根植性。第三，创新技术在扩散的过程中并不存在地理边界。通过以上分析可以知道，要想了解区域创新系统的本质问题，使用行政区域作为划分的标准是不尽恰当的，因此文化区域或者产业集群才更准确。

本书所研究的区域是对次国家层次的区域而言，以行政区界限为主。因为地方政府是创新型区域建设的主体之一和组织者，而且大部分统计数据是以行政区域为单位统计的，以行政单位为评价对象，可以更好地引起各地政府的注意并有利于上一级政府对各地的创新能力与创新绩效进行评价。因此，本书以行政区界限为主，实证分析以山西省及其所辖地市的科技创新绩效相关统计指标数据。通过对山西省多层次科技创新绩效的评价研究，客观、全面地反映山西省科技创新现状，以促进山西省及其所辖地市的科技创新工作，为地方政府和企业在进行科技创新决策时提供依据。

（二）区域科技创新相关理论

目前，三重螺旋创新理论和创新网络理论是区域科技创新理论中较有影响的两个理论，是本书分析区域科技创新绩效的理论依据。

1. 三重螺旋创新理论

螺旋创新模型由亨利·埃茨科威兹和勒特·雷德斯道夫于 1995 年提出，是一种非线性的创新模型，该模型一经提出即在国际学术界引起很大反响，被认为是继国家创新系统理论之后的创新研究中的新范式。三重螺旋创新模型以产业、大学和政府之间的互动为基础，三者之间既有创新资源在其中的横向循环，又有创新轨道和路径的纵向演进，其本质是历史进程的结果，三重螺旋创新模型将这一本质以简单的形式形象具体地表述出来。21 世纪中国区域创新系统的构建需要在正确分析自身创新历史与趋势的基础上提出创新发展战略，采用科学创新模式，三重螺旋创新模型则为此提供了一个有利的历史分析工具，从政府、大学和产业互动关系的变化路径来识别区域创新的演进规律，通过参与机构的努力提升区域创新能力，实现区域经济社会的可持续发展。

在知识经济的形成和发展中，作为创新活动源头的大学是区域创新活动的重要参与者与组织者，大学不仅为社会培养高端智力型人才和创新型人才，而且还向外界输送科研成果，升级改造现有产业，增加区域的知识积累和竞争优势，同时还直接参与区域中新公司和新产业的形成与发展，区域创新能力的提升与可持续发展正是依托大学—政府—产业三者之间的互动实现的，在这样的社会背景之下，大学、政府与产业的三重螺旋合作创新模式也呼之欲出。

随着全球经济一体化进程的加速，地区创造财富的需要日益强烈，知识创新与新技术应用在推动经济增长中的重要作用已得到共识，要在全球维持竞争力，必须促进科学研究活动对工作创造和社会财富的贡献，保证研究和商业化之间维持最优联系。政府、产业和大学间的复杂互动在三重螺旋创新模型提出之前就已经存在，“三重螺旋”只是将这种现象形象地表达出来，抓住了知识资本化过程中创新主体间的多重相互联系，不论是发达国家，还是发展中国家，都可以用这个模型来理解大学、产业和政府之间的互动关系并解释创新系统的发展变化路径。①

我国目前对创新系统的研究正在从国家层面向区域层面过渡，从我国的实际情况出发，如区域经济发展不平衡、地域辽阔等，从区域层面研究我国的创新系统将会对相关政策制定和创新实践提出更科学可行的建议，创新战略的制定也更具有可执行性。三重螺旋创新模型作为继国家创新系统理论之后提出新的创新范式，在理论上具有先进性，了解和采用这一创新范式有助于帮助我们更好地理解和研究区域创新系统的发展和变化，对于指导创新实践也具有重要意义。

区域创新的三重螺旋模型由三个空间组成，即知识空间、趋同空间和创新空间。在知识社会中利用高技术实现区域创新最关键的问题就在于这三个空间的创造，区域创新行为发生在这三个空间中，这三个空间并非彼此隔绝或独立，而是相互重叠和交叉。② 知识空间为区域的创新活动提供新知识源泉和技术开发原料，区域内必须具有一定规模和层次的大学和研究机构，才能促使区域内的知识存量达到临界值，通过知识溢出转化为现实生产力实现知识的资本化。趋同空间意味

---

① 齐善鸿，吴思. 中国创新战略演进及其趋势分析——基于三螺旋创新模型的架构[J]. 中国科技论坛，2007（7）：3-6.

② ［美］亨利·埃茨科威兹. 三重螺旋［M］. 周春彦译. 北京：东方出版社，2005.

着区域创新活动过程中各创新主体间的相互合作，在三重螺旋模型中就是大学、产业和政府形成战略共识，并将实现战略的资源组织在一起。创新空间就是开展创新活动的空间，在这一空间中依赖大学—产业—政府间的相互作用，各种混合组织被创造出来，用于填补在趋同空间识别到的区域发展缺口，实现已达成共识的战略。

按照亨利·埃茨科威兹和勒特·雷德斯道夫提出的三重螺旋创新理论，政府、产业和大学等科研机构大致有三种关系模式，一般称为“国家社会主义模式”、“自由放任模式”和“三重螺旋模式”。这三种关系模式因各主体的地位和之间关系的巨大差异而得以辨别。

（1）国家社会主义模式。在这种结构中，政府最强势，是创新活动的主导机构，大学与产业是附属。政府能够控制和协调大学与产业之间的关系。在有好的领导、明确的目标和大量资源投入的前提下会产生效果。典型地区如苏联和转型中的东欧国家，一些拉丁美洲国家，计划经济体制下的中国也属于此类。这种模式缺乏对创新的激励，伴随着官僚主义的滋生，会压制思想的碰撞和阻碍机构间的交流。这种模式的特点是政府处于绝对核心的地位，掌握了绝大部分的科技资源，通过行政命令的模式，把科技创新任务和经费分配给具体的部门。创新的重点在于满足政府当期的迫切需要和公共需求，大企业能够更加容易获得创新资源，中小企业的创新问题难以顾及。随着知识经济的到来，创新活动空前繁荣、社会稳定，这种模式的弊端就日益显现出来。国家社会主义模式如图 2–4 所示。

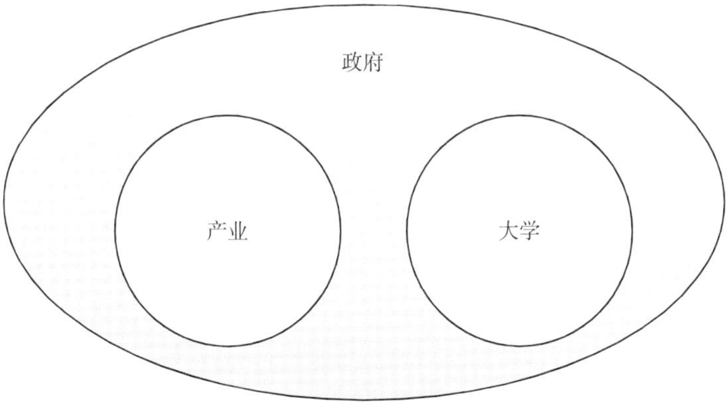

图 2–4　国家社会主义模式

（2）自由放任模式。这种模式起源于美国式的机构彼此独立、相互分离的思想。大学提供基础研究和合格人才，政府则只在“市场失灵”的情况下起作用。这种思想在美国国家研究委员会的《产官学研究圆桌系列报告》中有所体现。自由放任模式是各自分离且带有严格边界的组织，高度地限制了这些组织的联系，大学、产业和政府按照自己的演化方式独立发展，缺少机构间的互动，并且当个体在两个机构中起着双重作用时，会产生利益冲突。在这种模式中，大学、产业和政府之间有强的边界和高度确定的关系。自由放任模式如图 2–5 所示。

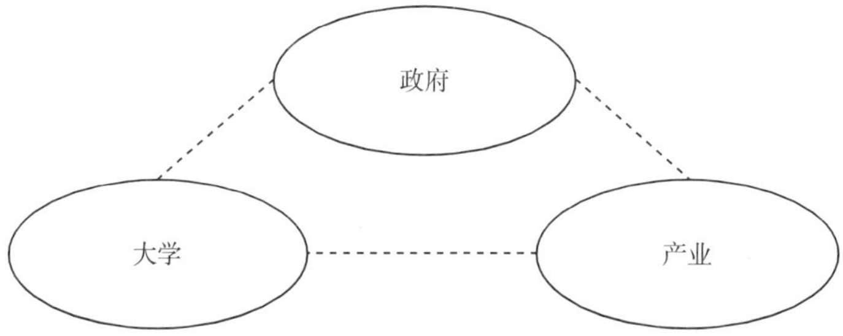

图 2–5　自由放任模式

（3）三重螺旋模式。三重螺旋模式是指以政府、产业和大学为创新主体的模式中，三者相互胶合，并在其进一步发展着的交织重叠体系下，每者可以起到其他者的作用，并在交互作用界面创立杂交混生型组织。在这种模式中，大学、产业与政府具有部分重叠的制度领域，交界面上出现混合组织，也就是说，大学、产业和政府除了完成它们的传统功能外，还承担其他角色的部分功能。如大学创造衍生产业，同时也可作为区域创新的组织者，具有政府的作用；政府帮助产业制定发展战略，资助大学和研究机构对重点项目的科技攻关；产业协助政府制定区域产业发展政策，同时也与大学和研究机构合作开展研究活动。该系统保持不完备性以趋向于灵活性流动变迁。三重螺旋模式如图 2–6 所示。

2. 创新网络理论

区域创新网络是由政府、企业、大学、科研机构和金融机构等多种主体协同创新的组织形式，是区域经济发展和建立创新型国家的重要手段。特定区域经济发展的区域创新网络会极大地带动区域经济和国民经济的发展，是推动区域产业结构升级，形成区域竞争优势，实现区域经济跨越式发展的根本途径，是加快建设创新型国家的战略选择。

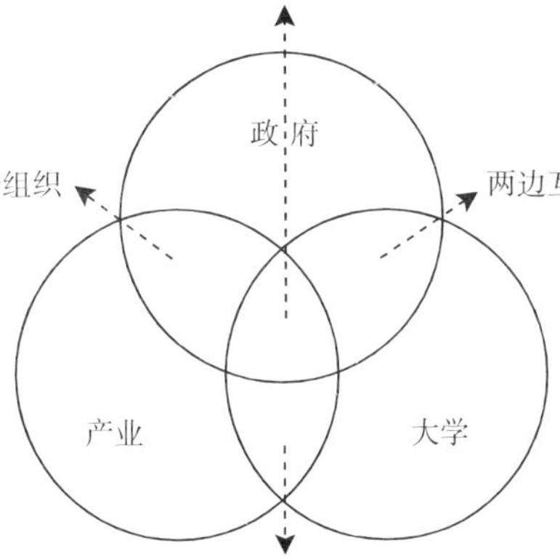

图 2-6　三重螺旋模式

创新网络的研究可以追溯到奥地利经济学家熊彼特在 1912 年出版的《经济发展理论》一书中最早提出的创新的经典概念。熊彼特注意到的主要是以生产为中心的企业内创新的要义，属于典型的“线性范式”的创新，他认为创新是经历发明—开发—设计—中试—生产—销售等简单的线性过程。之后，创新的要义进一步丰富。兰斯·戴维斯（1971）认为经济的组织形式或经营管理方式的革新是创新；[①] 彼得·德鲁克（1989）进一步认为，创新是赋予资源以新的创造财富能力的行为，包括技术创新与社会创新。[②]

随着创新实践的发展和理论研究的进步，学者们认为狭义的企业内部的创新必然受到企业外部环境多因素的影响，企业与外部环境多因素的联系和合作必然引起创新网络的“网络范式”的出现。创新网络概念最早来源于 Imai 和 Baba 提出的系统创新和跨边界网络，弗里曼（1991）认为创新网络是应付系统性创新的一种基本制度安排，网络构架的主要联结机制是企业间的创新合作关系。[③] Rothwell（1994）则提出由于研发和生产组织随着技术创新过程的不断变化而改变，以及技术创新中企业间的战略一体化和创新过程的“电子化”，创新研究正

① ［美］兰斯·戴维斯. 经济发展理论［M］. 何畏等译. 北京：经济学译丛，1971.

② ［美］彼得·德鲁克. 创新与企业家精神［M］. 蔡文燕译. 北京：企业管理出版社，1989：35-112.

③ Freeman C.. Networks of Innovators：A Synthesis of Research Issues［J］. Research Policy，1991（20）：10-15.

走向网络化时代。[①] 弗里曼（2007）指出，创新就是指新产品、新过程、新系统和新服务的首次商业化转化。[②] 赵慕兰（1997）认为，网络中创新的参与者会在协同作用的基础上导致这种创新网络的诞生。[③]

区域创新网络是指在一定空间范围内，在长期正式或非正式合作与交流的基础上，企业、大学和科研院所、政府、中介机构和金融机构等创新行为主体以平等的身份为准入原则、以集体互动学习为主要方式、以增强主体创新能力和区域创新能力为主要目标指向而结成的密切的关系网络。国内外学者在研究区域创新网络概念及其结构的同时，不同程度地研究和强调了区域创新网络具有内部协作性、根植性、开放性和稳定性及其与环境的依存性等共同特征，这些共识对于保持区域经济的竞争优势和建立创新型国家至关重要，其具体共性特征如表 2-3 所示。

表 2-3　区域创新网络的共性特征

<table>
<tr><th>研究者</th><th>观点</th><th>强调内容</th></tr>
<tr><td>Lundvall（1998）</td><td>认为区域创新网络中的创新是一个生产者与用户相互作用的过程，一国国内共同的语言、地理及文化的接近，有助于这种相互作用的过程</td><td rowspan="4">强调网络内协作交流的重要性</td></tr>
<tr><td>Jaffe（1998）</td><td>认为协作非常重要，一是高水平的协作说明了创新劳动的高水平分工和专业化；二是协作可以看作知识溢出的渠道</td></tr>
<tr><td>盖文启（2002），范叙春（2004）</td><td>区域创新网络是指一定地域范围内的各个行为主体在交互作用与协同创新的过程中建立起的各种相对稳定、能够促进创新的、正式和非正式关系的总和</td></tr>
<tr><td>汪少华、汪佳蕾（2007）</td><td>认为区域创新网络的形成是企业、政府、高校和科研机构各个参与者交互作用的结果</td></tr>
<tr><td>Harrison（1992）</td><td>认为企业在本地结成的创新网络的根植性，对于技术的扩散来说显得尤其重要</td><td rowspan="3">主张网络根植于本地才能推动创新</td></tr>
<tr><td>Gulati</td><td>研究发现网络不断开辟途径可以接纳纷繁复杂的信息资源，并提供更广泛、客观的交流机会，使隐含知识能够在区域内转化为区域外竞争对手难以复制的编码化知识优势，提高区域内企业的创新能力</td></tr>
<tr><td>盖文启（2002），王缉慈（2001）</td><td>认为这种网络系统使区域内企业获得重要的协同作用和技术产品的交叉繁殖，促进了区域经济与社会的发展</td></tr>
</table>

① Rothwell R.. The Changing Nature of the Innovation Process：Implication for SMEs [A]. In：Oaakey R. (Ed.). New Technology Based Firms in the 1990s [C]. London：Paul Chapman Publishing，1994.

② Freeman，Luc Soete. Developing Science，Technology and Innovation Indicators：What We Can Learn from the Past [J]. Research Policy，2007，38 (4)：583-589.

③ 赵慕兰. 历史的创举：历史科技工业园区研究 [M]. 北京：海潮出版社，1997：43.

续表

研究者	观点	强调内容
罗利元等（1999）	认为区域创新网络是以横向联系为主的开放的创新系统	网络本身具有一定的开放性和稳定性
王核成、宁熙（2001）	认为区域创新网络是指某一特定区域内以技术创新和制度创新为导向、以横向联络为主的开放系统	
Fiorenza 等（2010）	认为开放式区域创新体系不仅克服了企业的边界，而且克服了区域的边界，并认为创新开放性极大地影响着企业的创新能力	
高勇、钱省三（2006），许继琴（2006）	区域创新网络是指在一定区域内，以增强创新能力为主要目的的相对稳定的网络	
李远（1999）	认为区域创新网络是有弹性的体系结构，它通过正式的和选择性的链接吸收外部的能量和技能	强调区域创新网络与其环境的依存性
吴慈生、张本照（2007）	区域创新网络是指一定地域范围内，创新系统的四个要素（区域创新的执行子系统、区域创新的制度子系统、区域创新资源及相关基础设施）在交互作用过程中建立起的各种相对稳定的、能够促进创新的全部关系的总和	
常运琼（2010）	认为创新网络的主要单元通过创新自身组织结构及其与环境的相互作用，对区域社会、经济、生态产生影响，实现其创新的持续发展	

区域创新网络包括区域内正式的合作网络和非正式的关系网络。正式的合作网络主要是指区域内的企业在设计、技术开发、生产、市场营销等创造价值的活动中，选择性地与其他企业或行为主体所结成的长期稳定关系。还包括企业与大学或科研院所在共同参与技术合作、知识技术交流等活动过程中形成的研发合作网络或技术交易网络等，以及企业与中介机构或政府结成的教育、培训、公共政策扶持等网络，这些网络往往可以通过契约形式表现出来。非正式关系网络是指基于共同的社会文化背景基础上建立的人与人之间的社会网络关系，包括企业内部各阶层之间、企业主之间、企业内部员工与大学或科研院所的人员、政府官员等在非市场活动过程中所建立的公共关系网络或个人之间的人际关系网络，这些关系是在非正式的交流与接触中，在频繁交往或合作过程中基于彼此之间的信任而建立起来的，因此比较稳定。

综观众多学者的研究，区域创新网络的结点包括企业、政府、大学和科研院所、中介机构、金融机构五个方面，如图 2-7 所示。

（1）企业。企业是区域创新网络的主体。企业不仅是创新思想的需求者，更是将创新成果转化为直接生产力的实施者。根据创新的实质，只有将创新思想转

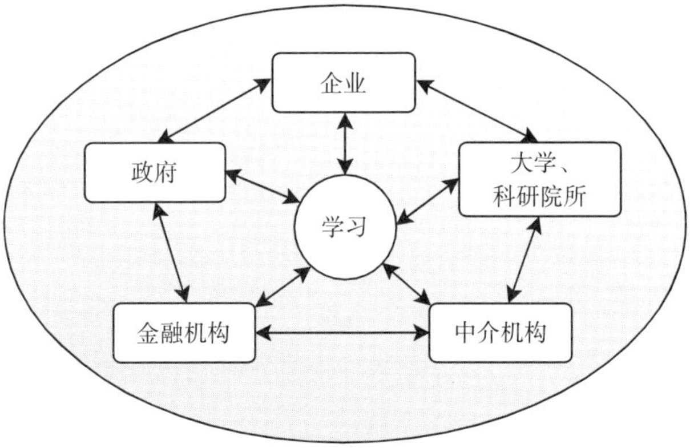

图 2-7　区域创新网络示意

资料来源：严红. 区域创新网络理论与成渝经济区创新网络建设研究［D］. 成都：西南财经大学学士学位论文，2008.

化为现实生产力，创新才能真正实现。企业的使命就是在追求利润的同时，创造出社会需要的产品。企业相对于其他行为主体来说具有资金雄厚、人才密集、设备先进等优势，在将新思想转化为现实生产力方面具有先天优势。因此，企业在创新活动中承担着将创新思想转化为现实生产力的重担，是最关键的一环，是区域创新网络最重要的单元，是区域创新网络的主要行为主体，是研究区域创新网络的出发点。

（2）政府。政府部门涉及国家政府部门和地方政府部门，在区域创新网络中最重要的是地方政府部门。政府部门不是区域创新网络的直接主体，其主要职能是积极营造区域发展的创新环境、促进创新网络的形成、有效规范市场行为、挖掘区域内潜在的创新资源、营造区域创新的氛围等，使信息、知识、技术的传递和扩散能够准确和有效地进行。从根本上说，政府影响创新活动的主要机制，是通过其影响创新资源的配置方式来改变创新的速度、方向和规模。政府一方面通过直接承担交通、通信等基础设施的建设来营造创新的硬环境。另一方面政府通过政策、计划、规划、法规等宏观措施为区域创新网络营造良好的市场、政策、信息等软环境，引导直接创新行为主体（企业、大学和科研院所等）进行创新活动。另外，政府在营造区域创新文化环境，培育有利于创新的先进文化方面也发挥着不可替代的作用。在我国西部地区，由于市场机制不健全、创新的软硬环境较差等原因，政府在区域创新网络的建设中起着更加重要的规划和指导作用，是区域创新网络建设的决定性力量。

（3）大学和科研院所。大学和科研院所不仅可以创造新知识、新思想、新技术，还可以通过教育、培训以及成果转化等方式，有效促进知识、信息、技术等的扩散或市场价值的实现。因此，大学和科研院所是区域创新网络的重要主体。区域中是否拥有高水平的大学或科研院所是决定其他创新主体能否充分发挥作用的重要因素，也是区域创新网络能否持续发展的重要条件。近年来，在较发达的创新区域，大学和科研院所的职能逐渐从单纯地侧重于生产和传播知识、研究开发新技术直接转向技术成果的转让、中试、衍生企业以及企业咨询和培训等方面，从而影响着本地产业群的结构、竞争和企业战略。正是因为大学和科研院所直接融入到本区域的发展过程中，与当地企业密切合作，才为知识在区域内的重新组合以及技术的不断扩散提供了更多的创新机会。世界各国成功的高技术产业聚集区，其成功的重要原因是与大学和科研院所为邻，这种布局方式不仅为高技术企业的发展提供源源不断的新思想、新技术和创新型人才。更重要的是，大学、科研院所通过与企业的交流与合作，能够及时了解企业的最新技术需求，从而有的放矢地进行研究；企业与大学、科研院所的交流与合作，能够及时将大学、科研院所的技术成果转化为现实生产力，从而有效地解决大学、科研院所持续研究的经费短缺问题。大学、科研院所和企业相互交流与合作，促进区域创新网络不断发展和完善。

（4）中介机构。中介机构可以分为交易平台型、转移代理型和技术孵化型三种。交易平台型主要包括交易市场、行业信息网、技术信息咨询公司等形式，是通过举办各种交易会、博览会、经济技术洽谈会等多种形式为企业服务；转移代理型主要包括专业性的行业协会、院所技术转移中心、技术开发公司等机构，主要提供一些技术评估、技术咨询、管理咨询等服务，以行业协会和生产力促进中心为代表；技术孵化型中介机构主要包括各种孵化器、大学科技园、留学人员创业园等，其功能是为新创企业提供硬件设施与政策优惠、信息交流、人才交流和管理、技术、法律咨询和融资服务等。中介机构具有人才素质高、专业化程度强、服务范围广、组织形式先进、层次类型多样等特点。由于集聚了信息、技术、投资等各方面的专家，中介机构可以为企业提供专业化服务，帮助企业获得市场机会和投资，提高企业的创新效率；可以通过灵活高效的服务加速科技成果转化为现实生产力，使科技发明尽快进入到相关的经济领域；可以有效协调和规范企业的市场行为，促进资源的有效配置，帮助政府部门和市场激活资源，在政府和市场之间起着桥梁和纽带作用。总之，中介机构是区域内科技资源转化为现实生产力的黏合剂，是区域创新网络内其他各主体交流与合作的重要平台，是区域创新网络的重要参与主体。

（5）金融机构。金融机构是区域创新网络中为创新活动提供资金支持的创新行为主体，是区域创新网络的资金保障。金融机构是区域创新网络的推进器，直接影响区域创新活动的产生与创新效率的提高。创新活动比较活跃的高技术产业具有高风险、高收益的特点，这些产业的创新活动中，单靠银行等传统金融机构不能满足创新的需要，还需要风险投资机构的介入，通过风险资本为高新技术中小企业初创期提供资金支持，等到高新技术中小企业发展壮大以后，风险资金再通过从资本市场退出，进行下一轮的风险投资。风险投资机构的介入，既可以为高新技术中小企业提供资金支持，也可以为风险资本带来盈利，是一种双赢的行为。研究表明，良好的银企关系，对于企业的成长和发展至关重要，尤其是高技术企业聚集区内，大量风险投资机构的存在，对于一些中小企业的创业与成长非常关键。

总之，区域创新网络中的各个行为主体在协同创新的过程中，各自发挥的作用不同。企业是直接参与创新活动的行为主体，经常处于区域创新网络的中心位置；政府是区域创新网络的重要主体，在营造区域创新环境和氛围、规范市场行为、挖掘创新资源等方面发挥着重要的作用；大学和科研院所通过直接创造新知识、新思想、新技术并通过教育、培训等方式促进创新资源迅速传播和转化；中介机构是区域创新网络的催化剂和润滑剂，在其他各行为主体之间起着桥梁和纽带的作用；金融机构是区域创新网络的推进器，为区域创新网络提供资金保障。

四、城市创新系统

城市是国家经济的组成部分。因此，城市创新系统必然也是国家或区域创新系统的有机组成部分。重要的大型城市的创新系统是一个国家创新资源高度集聚的地方，是国家创新系统的战略支点。但是，由于城市创新系统与国家创新系统、区域创新系统之间密切的交融性，以及城市创新活动的复杂性和城市经济学、城市社会学理论尚处于发展之中，因此，对城市创新和城市创新系统等内容的研究远不及国家创新系统和区域创新系统成熟。

（一）城市创新系统的内涵

城市创新系统是指在特定的社会经济文化背景下，各种与创新相关联的主体要素（实施创新的机构和组织）和非主体要素（创新所需要的物质条件）以及协调各要素之间关系的制度和政策所构成的网络。[①]

城市创新系统实际上是和区域创新系统相类似的一种界定，两者只在地理范围上有所不同。根据对区域的界定，区域是通过行政区划而形成的，区划的目的不同，则区划的标准和方法也不同，从这个角度上讲城市创新系统是区域创新系统的一种具体化和特例，因此完全可以将区域创新系统的基本理论应用于城市创新系统。

表 2-4　国家创新系统、区域创新系统和城市创新系统的比较

特征 \ 创新系统	国家创新系统	区域创新系统	城市创新系统
地域空间	全国	区域	城市
创新对象	知识、产业、社会	知识、产业、社会	技术、产业、社会
行为特征	综合、全局性	较为综合、地域性	具体、全局或地域
要素特征	政府主导、企业主体	区域政府影响、企业主体	城市政府影响、企业主体
政策特点	宏观	宏观、中观结合	以中观为主，兼具针对具体创新的微观活动

根据区域创新系统是国家创新系统的重要组成部分这一理论，城市创新系统是包括其在内的更大范围区域（如省）创新系统的重要组成部分，其创新能力与创新绩效的高低直接影响由城市组成的区域创新系统的创新能力与创新绩效。

城市创新系统的评价对于区域创新系统的评价具有重要的意义。它反映区域内城市创新系统存在的差距与不足，有利于制定区域创新政策，有利于地方政府宏观调控，使创新资源在整个区域内得到优化配置。

（二）城市创新系统的功能

创新是一个民族进步的灵魂，是国家兴旺发达的不竭动力。面对全球范围的科技革命和创新浪潮不断迭起，国家的综合实力逐渐体现为以科技创新为支撑的经济实力，国与国之间的竞争演变为科技实力的竞争、人才的竞争，归根结底是

① 赵黎明，冷晓明. 城市创新系统［M］. 天津：天津大学出版社，2002：1-3.

自主创新能力的竞争。城市是实施创新战略的集合载体，是创新能力的培育基地。建设创新型城市是建设创新型国家的具体化和特殊化。综观国际上先进城市的发展历程，其产生、发展最终取决于城市的科技创新能力。目前我国城市总体自主创新能力还较弱，城市竞争力与发达国家城市相比，存在较大差距。为顺应国际城市发展趋势，谋求新一轮国际竞争格局中的优势地位，我国各大城市实施创新型城市发展战略具有重要的现实意义。

近年来山西省各地市面临着资源紧缺、环境污染严重等问题，这种消耗性增长方式已经不能满足山西省城市发展的需要。它逐渐被质量型经济增长方式所取代，即通过技术进步和劳动力素质提高等因素推动经济增长。构建创新型城市的核心是提高城市自主创新能力，利用自主技术成果调整投资结构，加大对信息产业的投资，正是走新型工业化道路的本质体现。城市必须依靠科学技术创新，逐步实现从要素驱动型增长向创新驱动型增长的转变，让科技进步成为转变经济增长方式的重要途径。

城市竞争力是城市所特有的、难以被模仿的，与其他城市相比能够聚集更多生产要素、实现更优化的资源配置、创造更多社会财富的一种综合能力和素质。城市的可持续发展和持久竞争优势来源于其核心竞争能力。创新是获得高技术的源泉，城市只有加大对高科技产业的投入、完善技术创新的优惠政策等，才能保持持续创新的行业核心技术优势。因此，构建创新型城市，加强和完善产业创新、制度创新、创新投入等措施是提升山西省各地市竞争力的根本保障。

城市创新系统各要素的相互作用，加速了系统内技术流、信息流、人才流和资金流的流动。各要素间的相互作用有多种方法和途径。不同的要素之间，其联系形式和途径也存在差异。这种联系包括企业和企业、企业和大学、企业和科研机构、政府部门与科研机构以及企业、大学和科研机构之间等的联系。不同要素之间相互作用的方式不同，其联系形式也各有差别。通过合作研究、技术合作、合作专利、合作论文、技术转让、技术入股、信息共享、人员流动等多种形式的相互作用，使知识、技术和人员在企业、大学和科研机构中快速流动，有助于提高城市创新系统的整体效率。

城市创新系统及其子系统之间的相互关系是客观存在的，不以人的意志为转移。人们能够通过人为的干预行为和调控措施，尽量缩短系统从不协调到协调的过程，延长系统处于协调状态的时间，提高创新成果的产出率，从而起到加速城市经济发展的作用。

（三）城市创新系统的要素与结构

1. 城市创新系统的要素

城市创新系统的要素主要有政府、企业、高等院校、研发机构、中介组织、金融机构等，它们之间的相互关系如图 2–8 所示。

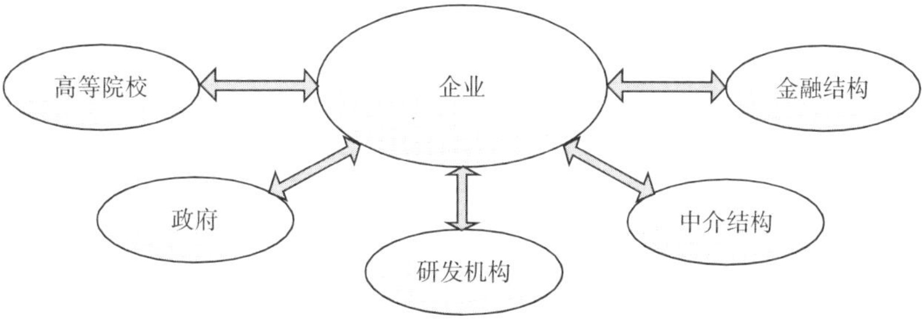

图 2–8　城市创新系统的要素结构

企业是城市创新活动最直接的行为主体，是研究开发的主体，是创新投入、产出及其收益的主体，是城市创新系统的核心。企业将科技与经济紧密地联系在一起，是技术创新、管理创新、文化创新的主体。

政府对城市创新系统的形成和有效运作起着重要的影响作用，在某些情况下甚至起着关键的作用。首先，政府为城市创新系统提供目标规划、环境优化、监督与评价、指导与服务，构建起高效的城市创新系统。其次，政府确立新型市场优化机制和城市创新机制，并以政策创新（创造良好的政策环境）来保证其实施。最后，政府是城市创新系统公共基础设施建设的核心要素。

高等院校是城市创新的重要源泉。大学的创新功能是培养创新人才、从事科学研究、传播科学知识、参与成果转化、培育科学文化。培养创新人才的功能表现为向城市创新系统输送各类人才；从事科学研究为城市创新系统提供科学与技术储备；传播科学知识是指大学是城市创新系统中的学术和技术交流中心，是传播科学技术的载体等。

科技中介包括行业协会、国有科技机构的技术转让促进协调部门、企业孵化组织、市场化的中介公司等多种形式的组织机构。中介机构是市场机制的重要载体，是联系科技与经济的纽带，是衔接城市创新系统中创新要素之间联系的桥梁，是创新资源优化配置的促进力量。

市场可以分为国际市场、国内市场、区域市场和以城市为对象的市场。市场的发育程度、规范程度、运行方式和运行效率，对城市创新活动的规模、效益、效率等都是至关重要的。市场是创新的对象，它为其他创新要素的创新活动提供城市创新所需的人才需求、金融支撑等，并能够适时创新以提供更好的服务，从而成为城市创新系统的要素之一。因此，可以将相关的市场看作城市创新系统的一个特殊的组成要素。

2. 城市创新系统的结构

城市创新系统是一个复杂的大系统，从不同的角度确定系统结构划分的标准，可以将城市创新系统的结构划分为不同的结构模式，如图 2-9 所示。

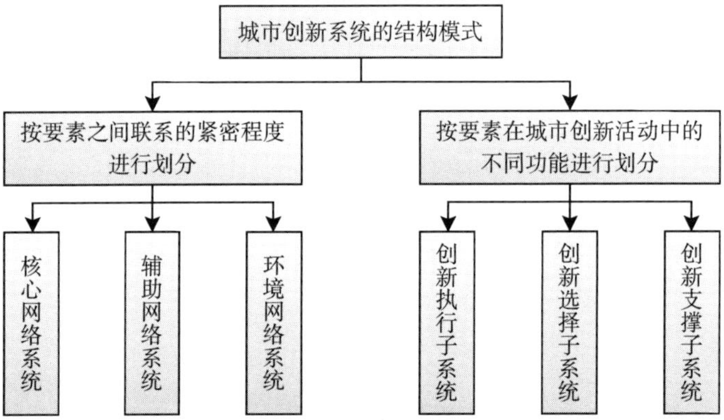

图 2-9　城市创新系统结构模式的不同分类

在城市创新系统中，要素之间联结的紧密性往往会随着创新目标和创新内容的不同而不同。例如，大多数创新活动中联结最紧密的要素是沿着价值链分布的合作企业群，但是，在高新技术等重大创新活动中，创新系统中的核心企业与政府乃至研发机构之间都会有极其紧密的联系。因此，第一种结构分类方法虽然能体现出城市创新系统的一般特点，但第二种分类方法更能全面地反映城市创新系统的结构特点。本书选择第二种结构分类模式，将城市创新系统的结构划分为创新执行子系统、创新选择子系统和创新支撑子系统三大子系统，突出城市创新系统以企业技术创新为核心的特征，其系统的结构如图 2-10 所示。

创新执行子系统是指企业和创新系统内有关单位应用创新的知识，形成新技术、新工艺，采用新的生产方式和经营管理模式的过程。技术创新的主要功能是提高产品质量，开发生产新的产品，提供新的服务，占据市场并实现市场价值。

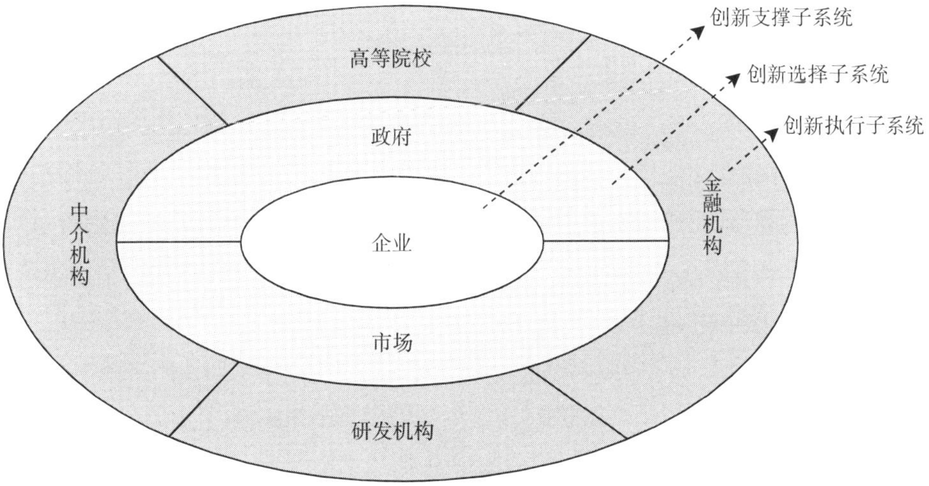

图 2–10　城市创新系统的结构模型

创新选择子系统是指约束人们社会、经济和政治行为的一系列规则，是一种更为有效的制度的生产过程。创新支撑子系统是为城市创新系统技术创新提供服务支撑的要素及其相互作用的集合，其作用是实施知识创新，加速知识的传播和技术的流通。各个子系统之间相互渗透，各种创新活动之间存在复杂的交互作用。

技术创新、制度创新、环境创新三者缺一不可。但在这种相互促进和相互制约的关系中，技术创新是居于中心地位的。因为衡量创新系统的绩效，从根本上讲仍然要以是否有利于发展社会生产力、是否有利于增强国家的综合国力、是否有利于提高社会公众的生活水平为标准。人类的各种创新行为，包括知识创新和创新选择，是否符合这些标准，最终仍然要落实到技术创新的绩效上。

第二节　区域科技创新系统的内涵与特征

一、区域科技创新系统的内涵

“区域”、“创新”、“系统”三个词组成了区域创新系统，这也是理解区域创新系统的立足点。创新类型有多种，如产品创新、管理创新、组织创新以及工艺创新等，由于在现阶段对于创新的研究相当多，因此在理解区域创新系统时主要是从区域和系统两个方面入手。

作为系统论的创始人，Bertalanffy（1950）认为系统是一个具有某种功能的有机整体，它是若干种基本要素依据某种结构连接而成的整体。从系统的定义可以知道，系统包括基本要素、结构、功能和整体四个部分。同时，他认为区域创新系统并不是各个基本要素的简单相加，而是各部分相互协调的统一整体，区域创新系统整体功能的出色需要各部分的相互配合，而不是单个基本要素的性能良好。从基本要素看，区域创新系统包括企业、大学、科研机构、培训中心、政府、行业协会、个人以及中介机构等各种与区域创新活动有关的主体，区域创新行为离不开各种政策、制度、社会习俗以及文化、习惯等各种硬件和软件支撑，因此这些元素都包括在区域创新系统的基本要素中；从整体结构来看，区域创新系统是由若干个节点以及节点之间的相互作用形成的区域创新网络；从功能来看，区域创新系统主要是通过在节点对知识进行运用、传播、创造，提高节点上企业的创新能力和竞争力，从而达到在整体上提升该区域在国家甚至是世界上的竞争力。

另外，还必须考虑的一个问题是系统的程度化问题，要想更好地发挥区域创新的整体性能，仅仅靠各个基本要素的简单叠加是不够的。尽管目前国内外学者普遍将系统性定义理解为区域创新系统的定义，但是系统程度化是理解一个区域能否被认为是区域创新系统的关键。当然，如果将系统性作为衡量区域创新系统的标准，还是会产生混淆，这主要是因为系统性并没有规定系统的边界，而是强调区域内部各节点之间的相互配合、协调发展，以实现系统的整体性功能。依据系统性的内涵，如果若干个国家形成一个创新体系，只要它们能够运作良好，就可以被认为是区域创新系统，这与人们的认知是相违背的，所以有必要进一步讨论区域问题。

在所有的区域创新系统的定义中，Niosi（2000）认为必须明确指出区域的属性——分析的基本单位。但是目前学术界对区域创新系统的分析单位应该设定的规模并没有形成统一认识。Simmie（2001）认为区域创新系统的基本单位应该是城市或者大都市圈，这是因为城市具有三大优势：创新潜力高；具备各种区域创新的基本条件；容易进行知识的学习、传递。但是也有部分学者并不认同这种说法，他们认为将省域作为区域创新系统的基本单位。另外，还有学者选择其他的基本分析单位，如产业集群、科技园等。

区域创新系统是指在一定的地理范围内，经常地、密切地与区域企业的创新投入相互作用的创新网络和制度的行政性支撑安排。在这一社会系统内，与创新全过程相关的不同创新主体之间交互作用，构成了创新系统的组织和空间结构。该系统强调制度因素和治理安排对于知识的形成、利用和扩散的重要作用，以促进区域创新活动为目的，鼓励区域内的企业充分利用地域范围内的社会关系、规范、价值和交互作用等来形成社会资本以增强区域创新能力和竞争力。具体地，从构成要素上看，区域创新系统由主体要素、功能要素和环境要素构成。

第一，区域创新系统的主体要素，即创新活动的行为主体，区域创新系统包含一组参与者或实体，例如公司、其他的组织和公共机构，它们在生产过程中新知识的产生、使用和传播中相互影响。整个创新过程的系统通常包括四个主要构成部分，包括具有某些共同特征的参与者群体，如生产部门、科研部门以及生产者服务部门，另外还有支配群体内部和群体之间关系的公共机构。其中，生产部门由生产企业及其研发机构组成，这些研发机构在研究和技术发展方面扮演着重要角色；科研部门包括教育和培训组织，以及高等院校和其他研究组织；生产者服务部门包括组织或较大组织内部的单位，它们为保持工业生产过程的连续性、促进工业技术进步、产业升级和提高生产效率提供保障服务。公共机构要么对公司内部不同团体的雇员之间进行协调，要么对公司与外部的其他供应商、其他公司以及生产者服务供应商进行协调。

第二，区域创新系统的功能要素，即行为主体之间的关联与运行机制，包括组织创新、制度创新、技术创新、管理创新的机制和能力。这包括两个层次，第一层次是区域创新系统各主体的内部激励机制；第二层次是在不同创新主体之间构建联系紧密、高效运行的协调机制，关键是解决好信息、知识存量的高效流动、创新合作和技术外溢等问题，形成生产部门、科研部门与生产者服务部门以及公共机构之间的资源合理配置、信息高效流动和优势充分发挥的机制，使区域资源得到有效的利用，从而提高区域创新能力和创新效率。

第三，区域创新系统的环境要素，包括宏观政策环境、体制机制、基础设施、服务设施、社会文化环境和创新氛围等。环境要素是企业创新活动的基本背景，是维系和促进创新的保障因素。环境要素通常包括硬环境和软环境两个方面，其中硬环境主要是经济发展水平、科技基础设施、产业配套服务设施以及高新技术园区建设等；软环境包括历史文化传统、市场环境、科技与科技人才管理、法律制度保障、财政投入与金融发展，以及人力资源与培训教育等支撑系统。妥善处理好不同要素之间以及要素与系统之间的关系，对于充分发挥区域创新系统的功能、提升区域创新能力至关重要。

二、区域科技创新系统的结构及功能

（一）区域创新系统的结构

区域创新系统具有结构复杂、功能多样两大特点，是一个社会经济技术复杂的系统，要想实现区域创新系统良好的整体功能，必须确保复合系统内部各个子系统能够相互协调。本书在查阅了大量相关文献后，以创新成果为导向，将区域创新系统分为三个子系统，分别是基础环境子系统、资源子系统以及主体子系统。

（1）基础环境子系统属于区域创新系统的外围，如经济水平、信息、制度、政策、文化市场等，基础环境子系统保障着区域创新活动的进行，是系统的基础。该子系统又可以分为两小类：一类是非正式的规则，具有很强的地域根植性，它是某个区域在文化基础上、长期的历史环境中的不断积累，是当地社会文化传统的继承与发展，如教育投入、当地居民素质、区域的精神文明建设；另一类是正式的规则，它是政府根据环境的变化自上而下制定的政策、法律、法规等，是动态变化的。

（2）资源子系统是区域创新的中心，从本质上来理解创新活动就是创新主体投入一定的资源，产生成果并将这些成果转化为经济效益的过程，主要包括投入和产出。自然资源和科技资源是创新资源的主体。作为科技资源的物质基础，自然资源是某个区域发展产业的首要考虑条件。虽然科技资源需要一定的自然资源，但是科技资源能够提供技术革新，提高地区产业的效率。创新资源作为一个投入与产出的系统，重视效率的提高，需要更加注重科技资源的投入。

（3）在区域创新系统基础环境子系统和资源子系统之间的是主体子系统，主要有企业、各类培训机构、大学和科研机构，它们或是知识的生产者，或是知识的转化者。目前大部分的学者都认同企业是市场经济条件下区域创新系统的中心要素。创新的目的就是“新思想、新产品、新技术”的产生，并将这些成果转化为市场经济效益。在所有的创新活动主体中，企业是最接近这种结合的组织，所以大部分的学者都认为企业是创新活动的主体。由于大学的特殊地位决定了它们在创新活动中只能作为知识创造、积累和传播者。科研机构则偏重于科技成果的研制，只有企业、大学和科研机构的密切配合，才能为区域创新提供持续的动力。

（二）区域创新系统的功能

区域创新系统的功能是在一定范围内系统的新功能，它并不是单个基本要素功能的简单相加，而是系统中要素资源的有效配置，实现单个要素功能的高效组合，从而促进产业升级、提高区域竞争力，形成区域优势，最终推动区域经济的发展。具体来说，区域创新系统的功能主要包括以下五点：

1. 推动区域经济发展

在 20 世纪区域经济增长模式中，自然资源优势、已有的产业模式和区域分工是三个决定性的因素。但是随着经济全球化的加快，区域系统的快速发展已经成为区域经济发展新的增长点，依托区域创新系统的发展成为区域经济发展新的趋势。第一，区域创新系统通过系统内部资源的优化、整合，提高系统的创新能力。第二，区域经济中新兴产业的增长点来源于区域创新系统中的高科技企业、高科技产业园。第三，位于区域创新系统内部的大中型企业通过对先进技术的消化吸收，形成了企业的自主创新能力。第四，各种新技术、新知识在区域创新系统内部各节点扩散、传播，给系统带来了更大的经济增长效应。

2. 优化区域创新资源的配置

从另一个角度，可以认为区域创新系统是在一定外部环境条件下，根据某种机制组织、协调系统内部各种资源，主要有：人力资源、财力资源和物力资源，以提高该经济体系的创新能力。现有区域的资源总量和分布的现状是系统进行创新行为的前提条件，同时在兼顾现实区域经济发展要求的基础上，将系统内各节点结合起来，通过高校的创新网络，最大化利用有限的资源，优化了区域创新资源的配置。

3. 促进区域产业结构升级

劳动密集型产业向技术密集型产业、知识密集型产业发展，是一个地区产业结构升级遵循的规律。这一发展的趋势说明，产业结构升级的过程既是产业技术、知识含量不断增强的过程，也是对技术、知识依赖性不断增强的过程。虽说处在劳动密集型企业可以通过技术的引进、消化、吸收来满足该区域在本阶段所需要的技术支撑，但想从根本上实现该区域产业向知识、技术密集型的转变，模仿的策略是不适用的。由于区域创新系统可以促使创新主体产生持续的创新动力，同时新产生的技术在各节点之间传播、扩散，形成连锁反应机制，实现企业创新向产业创新、单个产业创新向集群创新的转变，从而促进了整个区域的产业结构升级。

4. 形成区域竞争优势

区域创新系统提高该区域在全国甚至在世界范围的竞争优势，主要体现出以下两点：第一，在区域经济增长中，系统能够在很大程度上发挥知识在其中的作用，形成建立在知识和技术创新基础上的经济增长模式；第二，创造出知识技术含量、附加值高的新产品，这些都有利于区域开拓新市场。

5. 空间集聚与辐射功能

区域创新系统在发展的过程中，会在整个系统内形成创新氛围，这是高新技术产业发展的催化剂和孵化器。创新能力的辐射性是区域创新系统辐射功能的主要体现，创新能力强的区域在与其他区域间交流的过程中，新技术会向其他区域产生传播、扩散现象，产生正向外部效应。系统辐射功能的强弱取决于市场机制的完善程度。

三、区域创新系统的特征

区域创新系统是具有一定的地域空间范围和开放的边界，通常地理邻近，在这一范围内集中了不同的创新主体，它们之间通过互动关联，构成创新系统的组织和空间结构，并通过与环境的作用和系统的组织作用维持创新行为的产生。其互动关联影响着区域经济的整体发展，是特定区域创新资源在创新主体之间流动的网络，反映了社会按照共同的合作规范、互信的相互作用以及非贸易的相互依赖进行运作的程度。尽管每个区域创新系统都有其高度的地区或国家特色，不同的区域创新系统反映了各自不同的经济和政治环境，相应的形成路径亦有不同，但是一般地，它们都表现出以下一些特征。

（一）区域科技创新的整体性

区域科技创新是各要素相互作用构成的有机整体。要素与系统之间，要素与环境之间以及各要素之间进行着知识、资金与人才的交流，存在有机的相互联系和相互作用，使系统具有单个要素所不具备的功能。创新是一个互动学习过程，成功的创新不仅来源于企业内部能力和技能的多角度交流和反馈，同时也是企业与竞争对手、合作伙伴以及大学和科研院所之间互动的结果。政府则在企业、大学和科研院所的互动过程中营造出更具竞争优势的区域创新环境。

（二）区域科技创新的全能性

这是从科技创新体系的职能上来认识区域科技创新的特征，是指区域科技创新体系是创新职能比较完整的层次，与国家科技创新体系有职能对应关系。全能性是用来揭示生物组织（或细胞）与个体（整体）关系的概念。它是组织培育和细胞工程的理论基础。这一理论表明，作为生物体的某一部分（组织或细胞），具有个体的全部遗传信息，具有个体全部遗传功能。这里所说的全能性带有广义全能的性质，是指区域科技创新系统具有与国家科技创新系统共通的职责与功能，是创新职能比较完整的层次，涉及经济与科技活动的各个环节，涉及整个价值链条，涉及社会的各个产业部门，是多目标、多因素的集合，必须统筹兼顾，实施综合性科技创新职能。因此，它是一种近乎全能的创新系统。

（三）区域科技创新的中观性

这是从系统层次关系上来把握区域科技创新的特征。区域科技创新体系对上是一个局部，但对下是一个全局。它的创新决策从属于国家宏观创新职能与政策的控制，对其下属众多的部门与企业具有因地制宜的全局导向作用。所以，在一国的创新纵向链条中，它是承上启下的中间媒介、中端调控体系，发挥居间的联系与协调作用。对于中观来说，既有对国家的局部服从性，又有区域相对独立性。它一方面必须按照国家科技创新的目标、政策、方法、法规等信息来调节，另一方面又要输入区内外各类信息以激活区域科技创新系统。如果与国家的宏观调控相混淆，就很难发挥区域的个性特色，甚至会导致“一刀切”、重复建设、产业结构趋同的弊端，不仅影响区域优势的发挥，还会影响整个国民经济的健康发展。

（四）区域科技创新的特色性

区域科技创新的最大特点是个性化，发展独具特色的区域经济。这是从创新运作中，从特殊与一般关系上来把握区域科技创新的特征，在区域经济运行的完整价值链的所有环节上，从研究开发、原材料生产、产品制造、产品流通、服务中介、知识服务等诸多方面，充分展示科技创新的个性魅力，体现出各区域的特色和差异化。改革开放的实践表明，成功的区域经济，都是带有个性的特色经济，都有个性化的科技创新链条的支撑。在全球化的条件下，我国的区域经济已经出现了两大可喜变化：一是以大型龙头企业为代表，并带动中小企业在空间上的相对集中，并具有规模经济的企业集群；二是以市场方式集聚的，以专业化的新兴市场带动按产业链组合的企业集群。它们体现了区域分工带有很强的创新能力与市场竞争能力。如珠江三角洲就是在走向经济全球化条件下出现的制造中心与外包中心，它不仅推动了广东的经济发展，也带动了整个国民经济的改革开放。

（五）区域科技创新的兼容性

这是从区域科技创新决策上来把握区域科技创新的特征。区域科技创新一方面要了解和掌握国家和企业的科技创新进展；另一方面要随时准确掌握区外、特别是国外的科技创新动态。通过技术引进、消化吸收、改进创新，提高创新能力与水平。因此，它必须是开放的，能容纳百川，广泛吸引国内外的科技与人才，在体制创新与管理创新上，正确处理好独占性与开放性、高新技术的引进与传统技术的转移、竞争与合作等诸多关系，从而全面提高区域科技创新能力。

（六）区域科技创新的开放性

区域科技创新是由区域内各个行为主体的相互作用而连接，相互协调而构成，但各个行为主体之间的连接不仅局限于本地区域内，特别是区域内的企业不会满足企业内或区域内的网络，而且会从区域外寻找更多的合作伙伴，不断扩大外部的创新连接。通过区际劳动力、技术和资金等生产要素的流动和交换，从而获得远距离的知识和互补性的资源、资产，并不断向外部开辟新的市场。区域创新系统的开放性决定了区域既可以通过从区外甚至国外引进创新资源，也可以向区外扩散创新，提高本区域的创新能力。

（七）区域科技创新的动态性

这是从科技创新的发展运动过程来把握区域科技创新的特征。由于系统的各参与主体、创新活动所处的环境都是不断变化的，特别是在这个区域中的人力、信息以及知识都处在不断的更新过程中，因此可以认为区域创新系统的形成、建设、运行都是建立在动态变化的过程中的，可以说动态性是区域创新系统所固有的特征。动态性主要体现在两个方面：一是内在的变化，即创新主体和环境的动态变化。具体来讲是系统创新主体——企业、大学、科研机构、政府、培训机构都处在破产、兼并、重组的环境中，同时还有企业在区域的进出，都导致了创新活动主体的数量处在不断变化的过程中，此外，与创新活动相关的各种支撑也处在动态变化之中。二是外部环境的变化，区域发展所需要的外部技术以及所面临的市场环境具有不确定性和不可预测性，系统良好运行所需要的外部环境就不可避免地处在变化之中，就有内环境和外环境的互动关系的变化。区域科技创新系统中的主体和参与者及其环境（主要是经济环境和制度环境）演变的渐进式特点，决定了区域科技创新必须采取循序渐进、阶段性和有限目标的方式。同时，还必须善于把握机遇，在条件允许时要努力争取跨越式发展。

四、区域科技创新系统的运行机制

区域创新系统包括企业、政府部门、中介部门、大学与科研机构、科技成果转化平台等，共同推动知识流动，实现区域创新系统的建设和升级。从创新的实现方式来看，区域创新系统的运行机制包括这些创新主体共同参与的，实现原始创新、集成创新、消化吸收在创新、协同创新的体制机制。在原始创新运行机制中，企业作为创新的主体，在区域创新系统的建设中发挥着至关重要的作用，独立开发一种全新技术并实现商业化的过程，其他主体参与度不高；集成创新的主体也是企业，但企业利用各种信息技术、管理技术与工具，通过对各个创新要素和创新内容进行选择、优化和系统集成，以创造出全新的产品或工艺的过程，产学研合作是集成创新的重要方式；引进、消化吸收再创新的核心是利用各种引进的技术资源，在消化吸收基础上完成产品价值链某个或者某些重要环节的重大创新，对创新主体、创新资源以及各类要素都有很高的要求；协同创新则是以知识增值为核心，企业、政府等各个构成要素都参与，实现重大科技创新大跨度整合的创新组织新模式，这是提高自主创新能力、建设创新型国家的重要途径。①

（一）原始创新运行机制

从原始创新的发展时序上看，可以将其分为孕育阶段、激发阶段、验证阶段与扩散阶段。在原始创新的孕育阶段，知识的存在形式为企业家或者研发人员个体的认识，需要经过长期的科学体验或实验来完成，在创新的形式上不够明晰；在激发阶段，知识从意会知识转化为明晰知识，出现了具体的科学研究成果；验证阶段是原始创新活动的重要环节，可以确定原始创新的正误与功能，揭示其应用前景；在扩散阶段，会引起科学理论与科学应用的连锁反应，群体性意识会产生，并通过集中学习、科学讨论、学术会议等方式实现成果转化。与这四个阶段相对应，原始知识的流转过程就可以概括为：从知识化到知识生产，到知识评价

① 姜照华，包晓巍，张文雷. 全球化、信息化条件下的自主创新规律［J］. 科技管理研究，2008（12）.

再到知识传播四个阶段。推动原始创新实现知识的流动必须培育内在要素和外在要素。原始积累主要包括国家科学基础性研究和应用性研究的积累、各类研究人才的积累、学术思想的积累、学术传统的积累和个人的积累等。推动原始创新的核心人物必须在相关领域具有卓越的成就，并能将前沿的信息迅速引入创新团队中。创新氛围即在原始创新过程中要特别注重人员、物质、制度、人的精神状态价值观等各种要素的动态平衡。因此，原始创新的核心在于创新人才的培育，企业、高校、科研院所等都是创新人才培育和创新氛围打造的责任承担者，必须从科技投入管理、科技资源配置、创新环境建设、科技成果转化、创新需求与科研活动对接等方面着手，推动原始创新在区域创新体系建设中发挥重要作用。

（二）集成创新运行机制

集成创新是创新主体将技术、战略、知识、组织等创新要素优化整合，采用最合理的结构形式组合，形成具有倍增性功能和适应性的有机整体，并通过学习为商业创新和竞争优势创建科学合理的管理秩序，主要包括区域产业创新集成、企业间网络创新、企业集成创新、产品开发集成创新等方面，集成创新的运行机制也通过这些方面来体现。区域产业集成创新指在某一特定区域范围内，发展以集成创新为主导模式、以高技术企业为核心主体、以中介机构为纽带、以高等院校和科研院所为知识源，受到政府宏观调控影响的复杂创新系统。区域产业集成创新主要由创新主体子系统和创新环境子系统两个子系统构成，创新主体子系统由直接从事创新活动的各类企业、高等院校和研究机构组成；创新环境子系统由地方政府、科技中介、金融中介和行业协会等辅助主体以及相关产业基础和资源基础等组成。两个子系统相互影响、相互协调，促进系统稳定运行。区域产业集成创新以创新成果为运行的最终结果，以提升区域产业竞争力为终极目标。

企业间网络创新是指企业间的合作创新。企业间网络是指一群在某种技术基础上形成协作的企业集合，企业之间通过正式契约和隐含契约而互相依赖、共担风险并进行长期的合作。企业间网络是相对于整体化企业而言的一种分散化的组织结构，网络内的所有企业都是独立的。企业间网络创新是将创新过程认为是多机构系统集成网络联结的过程。企业间网络突破了企业边界，走向企业间合作，在企业间网络中信息和知识在网络中迅速地传播和流动，成员企业互相学习，共同提高技术创新能力。建立在相互信任之上的网络成员企业，密切配合共同合作，能够大大提高创新成功率。

企业集成创新是各个方面的功能子系统组成的复杂系统，具体包括技术集成层面、战略集成层面、知识集成层面、组织集成层面组成的框架体系及运行机制。技术集成是源于企业技术创新能力，是在企业对创新的协调与集成问题变得更加复杂和紧迫的情况下开始的，需要企业融合多种分支技术，抓住产品市场特性，引进已有成熟技术进行学习，实现集成开发的过程。战略集成是企业在战略层面上进行组合和协调，通过动态战略，时刻检视环境与企业内部的变化，重在争时间、抢速度、对顾客的需求迅速做出反应。知识集成是对分散在企业中、存在于员工头脑中的隐性知识和分散在企业间的知识进行集成的，进行知识获取、知识利用、知识交流创新以及知识评价，实现知识的综合化创新。

产品开发集成创新是整合性、一体化的产品开发过程，是在了解顾客需求的基础上，利用现代信息技术，将市场信息集成转化为产品概念，通过研究、开发与制造，创造出满足顾客需求的有形商品的过程。因此，产品开发集成创新的过程必须突出市场导向、质量管理和团队协作匹配作用，是参与式管理方式，其中，现代信息技术也是集成产品开发过程的辅助手段。从环节上看，分为概念开发阶段、研究阶段、集成阶段和开发阶段。概念开发阶段通过访谈、讨论及观察，识别目标市场的需要，产生并评估可替代的产品概念，为进一步开发选择一个概念，通常是有关产品的形状、功能和特性的描述。研究阶段是通过公司内部研发人员、外部研究机构人员和大学研究人员的共同推动，实现技术概念清晰化。集成阶段主要是开始选择研究阶段得出的各种极有前景的新技术，并且努力将这些要素合成一个技术概念。开发阶段是将所选定的技术概念进行具体的开发工作，最终目的是开发出一个满足用户需求的具体产品。基于此，产品开发集成创新的主体仍为企业，与企业相关的研究机构和学者也承担着重要的职责。外部研究机构人员和大学研究人员的共同推动，实现技术概念清晰化。创新整合阶段是对所有技术概念进行整合，实现实体的产品设计、创造系统设计、公司能力提升和市场状况考察等。产品开发阶段是对概念进行具体化，设计产品技术、工艺设计、制造过程、测试等环节。基于此，产品开发集成创新阶段的主体仍为企业，与企业相关的研究机构和大学承担着重要的职责。

（三）引进消化吸收再创新运行机制

引进消化吸收再创新是各类企业、产品和技术供应商、风投机构、中介服务组织、政府相关部门等各类创新主体、多个要素相互作用、相互影响，加快整合企业内部知识、资金、中高端人才等各类创新要素，推进企业从技术引进到消化吸收，进而完成二次创业的过程，促进企业从技术引进到技术跨越的综合体系。从运行机制的角度看，技术引进、消化吸收、再创新是一项复杂的系统工程；从引进的要素上看，技术本身就是复杂的体系，包括生产制造过程的技术，组织管理过程中的技术，企业管理技术和市场营销技术等。企业内部对技术引进进行决策、评估，决定进行技术的引进，在此基础上，进一步引进，并推进持续的创新与合作。在这个过程中，企业技术系统要整合、提升，同时企业的管理方式、管理制度、创新文化、市场环境等多个方面都需要整合和协同创新。不仅如此，政策法律、金融服务、中介服务、技术创新的市场等一系列外部要素也在很大程度上影响着企业的消化吸收和再创新。

增强我国企业自主创新能力，提高创新效率的方式之一是引进消化吸收再创新。近年来，我国的自主创新能力得到较大幅度的提高，技术知识不断得到积累和丰富，这与我国直接引进发达国家的先进技术是息息相关的。然而，如果企业只关注领先技术的引进，忽视对这些技术的消化吸收再创新，那么这种行为无异于慢性自杀。从长期来看，这类企业的自主创新能力将越来越弱，缺乏核心竞争力，最终结果就是被市场淘汰。因此，必须进一步完善引进消化吸收再创新的体制机制，鼓励和支持企业更加重视自主创新能力的提升，注重引进技术的再创新，这样才能在整体上提高我国的技术创新水平。

（四）协同创新运行机制

协同创新（Collaborative Innovation）是对所有组成的创新人员树立合作目标，通过交流拓展思路、交流信息和工作的状况，树立企业发展和小组协同提升的远大远景。从微观视角来看，企业协同创新主要可概述为：企业、高校、科研机构等不同创新主体之间的相互协调和配合，通过发挥各自的优势，获取外部性效应的过程。

在协同创新的过程中，组织设计和提供的制度需要体现支持效应，同时各类参与者要表现出参加协同创新行为以及参加该项目的明确意愿，这样才能显示企业的创新实力和对各种类型收益与预期的考虑评估。协同创新的过程是协同各方相互合作的过程，其共同目标是实现多赢的局面，促进各类主体之间形成互补性的战略联盟，通过契约关系或产权关系促进要素整合。一般在面向科技重大专项或重大工程、产业技术创新，促进战略性新兴产业的兴起过程中可以采用协同创新的方式。重要的是，要加快建立产学研协同创新机制，不断强化企业在技术创新中的主体地位，进一步发挥大型企业创新骨干作用，推动中小企业创新活力的迸发，实现技术成果的市场化。

协同创新必须围绕产业链进行，实现企业、高等院校、科研院所、政府部门以及科技服务机构等上下联动和横向互动、协同推进，从创新主体、创新成效和创新阶段等方面对区域创新系统的升级起到了重要作用。

五、区域科技创新系统的创新活动过程

（一）科技活动与 R&D 活动

区域科技创新系统的主要活动就是科技活动，在我国科技活动是指在科学技术领域，即在自然科学、农业科学、医药科学、工程与技术科学、人文与社会科学领域中，与科技知识的产生、发展、传播和应用密切相关的有组织的活动，它包括研究与试验发展（R&D）、研究与试验发展成果应用及相关的科技服务三类活动。R&D 是指在科学技术领域，为增加知识总量以及运用这些知识去创造新的应用进行的系统的创造性的活动，包括基础研究、应用研究、试验发展三类活动。科技活动与 R&D 活动关系如图 2-11 所示。

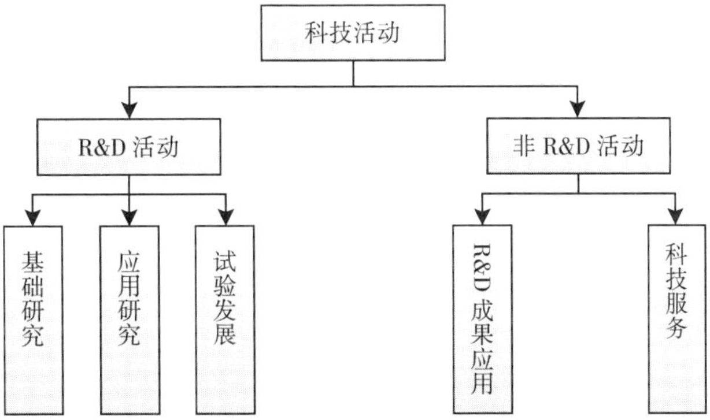

图 2-11　科技活动与 R&D 活动关系

（二）科技创新过程

在科技活动中，企业为主体，在官产学研互动的科技创新中处于核心地位。但是，并不等于所有科技创新活动都由企业来完成。企业在科技创新过程中会涉及方方面面的内容，如资金筹集、人才引进、技术求援、信息咨询、政策支持

等，这些内容都需要金融机构、大学及科研机构、地方政府、中介服务机构等相关部门的协作，在企业进行研发、设计制造、生产和市场推广过程中都起到重要的作用。具体来说，一个完整的科技创新过程包括企业、大学及科研机构等科技创新主体机构的科技研究与试验发展过程和以企业为主体联合相关服务机构将前一过程的科技成果进行经济转化的过程。这里的科技成果转化，是指为提高生产力水平而对科学研究与技术开发所产生的具有实用价值的科技成果所进行的后续试验、开发、应用、推广直至形成新产品、新工艺、新材料，发展新产业等活动。

第三节　区域科技创新系统的评价

一、创新能力的评价

现代创新理论认为：创新不仅是一个发明与发现的过程，而且是一种再创造、更新或改进的过程。创新活动不仅包括科学的、技术的活动，而且包括组织的、财务的和商业的活动。创新贯穿于研究与开发、市场化和技术扩散的任何阶段，贯穿于社会发展的始终。创新能力是在创新过程中，在充分利用现代信息与通信技术基础上，不断将知识、技术、信息等要素纳入社会生产过程中所具有的一种能力，即将知识转化为新产品、新工艺、新服务的能力。对一个区域而言，创新能力是对该区域知识和技术发展状况的综合反映。区域创新能力主要由以下要素构成：知识创造能力，即不断提出新知识的能力；知识流动能力，即不断地利用全球一切可用知识的能力，将知识在各创新单位之间流动的能力；企业的技术创新能力；创新的环境和创新的经济绩效，即创新的产出能力。

区域技术创新能力分析框架和指标体系，主要由以下几个板块构成：

(1) 知识创造。知识创造能力是一个地区技术创新的基础。因为创新是将知识转化为新产品、新工艺和新服务的过程，所以，没有知识就没有创新。知识创造能力指标由研究开发投入、研究开发机构、科研论文、专利和科技管理等综合指标构成。

(2) 知识流动。没有知识流动，一个地区的创新是孤立的、封闭的，创新就不具有系统性。知识流动主要包括科技合作、技术转移和外国直接投资。

（3）企业技术创新能力。尽管高等学校、研究开发机构在知识创造中起重要作用，但在区域创新体系中，企业是主体。因为企业直接地将新的技术转化为商品，并且企业直接面向市场，市场又通过企业有效地引导科技研究的方向，从而解决好科技与经济“两张皮”的问题。因此，一个地区的创新能力最核心的是企业的创新能力。在评价中，从技术创新的投入、过程和产出的框架出发来系统评价企业总体的技术创新能力。

（4）创新环境。在给定的科技投入、给定的制度体系下，环境是决定一个地区创新能力的关键。所以，在市场经济体系的国家里，政府的主要作用是营造技术创新的氛围，而不是自己去从事或干预企业创新。可以从创新的服务水平、创新基础设施的发达程度、地区市场需求水平、劳动者素质、创新基金、金融环境和创业水平七个方面来刻画创新环境。

（5）创新的经济绩效。一个地区的创新能力最终表现在对经济增长的贡献上，同时，地区经济的发展也有助于当地企业的再次创新。当然，影响各地区的经济发展的因素是多样的，如国家政策的影响、地理位置的影响、资源环境的影响等。但我们可以认为，地区经济的持续发展，是这一地区在过去进行了各种创新的结果，同时又转而为技术创新奠定一个坚实的基础。从五个方面来考察创新的经济绩效：宏观经济、产业结构、产品国际竞争力、居民收入水平和就业水平。

二、创新绩效的评价

对区域创新系统绩效的概念至今没有统一的界定，国内部分学者在研究过程中逐渐形成了以下几种观点：

（1）区域创新系统的创新绩效是该创新系统在创新方面所取得的成绩和创新的效率。①

（2）区域技术创新效率是用来衡量一个区域在一定要素投入的情况下，其产出离生产前沿面的距离，距离越大，技术效率越低。②

---

① 唐厚兴，梁威. 区域创新系统创新绩效分析与评价［J］. 科技和产业，2005，5（6）：11-15.

② 池仁勇，唐根年. 基于投入与绩效评价的区域技术创新效率研究［J］. 科研管理，2004，25（4）：23-27.

（3）区域创新系统就是一个创新投入和产出系统，区域创新系统的绩效是通过区域创新系统内部各个要素之间的相互作用，将创新投入转化为创新产出的效率，即投入产出比。[①]

（4）区域创新系统绩效细分为两层含义：一是将科技资源投入转化为科技成果的效率，即科技过程本身产出相对于投入的效率与效果；二是将科技成果转化为经济效益的绩效，即科技成果产出对社会经济发展的贡献。[②]

不难看出，第一种观点只基于字面进行的解释，所谓创新方面取得的成绩也就是其他观点中的创新产出，这一观点对创新的效率没有深入解释。第二种观点突出了技术创新的内涵，从解释来看，可以统一为区域创新系统。第二、第三、第四种观点给出了不同的绩效衡量方式。可以说几种观点虽然表述不同、衡量方式不同，但基本内涵一致，可以概括为：区域创新系统中资源的投入与成果产出之间的关系，其中资源包括人力、财力和物力；产出可以是中间产品或最终的经济效益；节省资源或增加效益都可视为绩效的提高。区域科技创新系统绩效的实现分为科技成果产出和科技成果转化两个阶段。它反映区域创新系统运行的业绩与效率，它取决于特定区域的创新资源状况与将创新资源组织、配置以形成创新的过程。

评价是指为达到一定的目的，运用特定的指标，按照统一的标准，采取规定的方法，对事物做出价值判断的一种认识活动。正是因为有了人们对客观事物及其运动规律的正确认识，才使得社会各项经济活动不断地向前发展，人们的评价水平也随之不断提高。

区域科技创新绩效评价就是对区域科技创新系统在投入一定的资源要素（包括有形和无形的），采取科技创新政策后所取得的效果和表现出来的生产效率与社会效益的提高而进行的评价。也就是通过对区域创新系统科技创新运行情况的考察，从规模到质量来检验其在资源配置上是否物尽其用，是否达到了应有的效率，如果不是，则通过分析找出问题出现在哪里，进而提出改进的政策建议，使得该区域创新系统更加有效地运行。区域科技创新绩效的评价流程如图 2-12 所示。

---

① 官建成，刘顺忠. 区域创新系统测度的研究框架和内容［J］. 中国科技论坛，2003（3）：24-27.

② 官建成，何颖. 基于 DEA 方法的区域创新系统的评价［J］. 科学学研究，2005（2）：265-272.

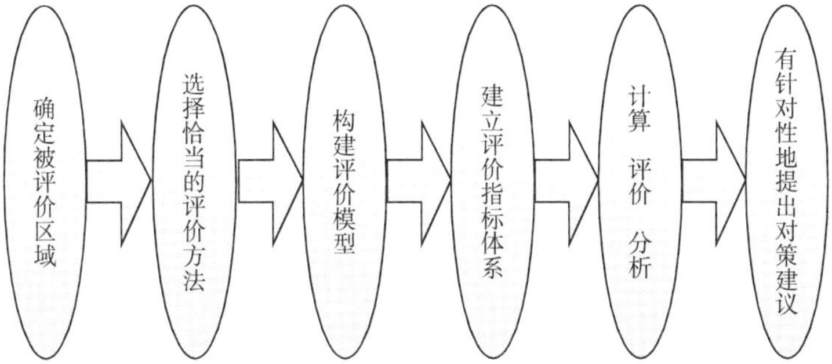

图 2-12　区域科技创新绩效的评价流程

三、创新能力评价与创新绩效评价的关系

区域创新能力是区域创新系统绩效的内在依据和潜在基础，而区域创新系统绩效是区域创新能力的外在表现和现实结果，是科技创新能力和动力的综合反映。

从内涵来看，创新能力强调的是利用各种创新资源创造新知识，并把这些知识或已有知识以“新”的方式转化为现实、有经济价值的商品或服务，以实现其价值和使用价值。从这个意义上说，创新能力就是实现这种“转化”的能力或水平。与创新能力不同，创新绩效则是实现这种“转化”的效率：将各种创新资源转化为市场需要的商品或服务的效率。创新绩效强调的是“转化”的速度和相对比值，它同时将创新投入和创新产出以比值形式联系在了一起。

创新的投入、研发或者产出等任何一种能力得到增加，整体创新能力就会相应增加，只是它们的相对贡献有所不同而已。投入能力甚至投入和产出能力都得到增加时，创新绩效却未必会提高。比如，A 企业的创新投入和产出规模都很大，并且投入要大于产出，而 B 企业的创新投入和产出规模都很小，但是产出却大于投入，在此情况下，尽管 B 企业的创新能力要低于 A 企业，但是 B 企业的创新绩效却要高于 A 企业。由此可见，创新绩效与创新能力是两个既有联系又有区别的概念。从本质上讲，创新能力主要是从创新的“数量规模”上影响着某一行业或地区，而创新绩效则是从“质量改善”上发挥作用。

就两者的联系而言，经济增长的主要源泉是科技创新，科技创新能力和绩效共同决定着企业、产业、地区以及国家层次的经济发展和社会变革。发展经济学基本原理认为，经济发展的一个显著特点是产业结构的变化，结构变化的动力之一就是科技创新。科技创新能力和科技创新绩效的差异都将导致地区或行业间劳动生产率的不同，不同的劳动生产率又将促使产业结构发生变化，进而造成地区或行业发展水平的差异。

对创新能力的评价与对创新绩效的评价是区域创新系统评价的两个角度，都服务于创新系统的建设，二者存在交叉但不能等同。近年来很多学者对区域创新系统的评价较早较多涉及的是区域创新能力评价。在创新能力评价中，评价创新产出能力的要素是创新的环境和创新的经济绩效，此处的创新经济绩效不是完整的科技创新绩效，只是科技创新绩效的一部分，只体现了经济绩效，没有体现出科技产出绩效。创新能力评价与创新绩效评价不存在主从关系，对于完善创新系统的建设有着同等重要的地位。

四、创新绩效评价的意义

区域创新体系在国家创新体系中占有重要地位，是国家创新体系发展的基础。伴随着经济全球化进程的加快，各个区域间的竞争日趋激烈，区域创新系统创新能力的高低日益成为地区经济能否取得竞争优势的决定性因素。因此，如何对区域创新系统的创新绩效进行科学的评价，找出创新活动中存在的问题并提出改进措施，从而使得区域创新能力得到不断的提升就成为区域创新系统发展过程中一个必不可少的重要环节。如何对区域创新系统的创新能力做出正确的评价，既关系到本区域创新系统的发展，还直接影响到整个国家创新系统的建设。对区域创新绩效的分析评价不仅是为了总结过去，更是为了服务现在及指导未来。科学合理的区域创新绩效评价将直接影响到区域创新系统创新文化及核心竞争力的形成与保持，影响区域未来的发展。因此，正确的评价区域创新系统绩效，不仅直接关系到系统核心竞争力的形成与保持，对区域竞争优势甚至是国家的未来发展都有着重要的意义，具体表现如下。

（一）促进区域的发展

区域创新系统绩效的评价促进了区域的发展，具体有以下四点：①事前的创新绩效评价能够使各创新主体在创新项目选择时的决策更加科学化、合理化；②作为对区域创新系统的综合性检测，创新绩效的评价可以帮助创新主体发现决策中存在的不合理地方，提前识别风险、防范风险，降低创新过程中的风险；③创新绩效的评价可以更好地度量创新经济效益和社会效果；④创新绩效高的企业，所获得经济效益相对较高，这为其他企业树立了模范作用，会激发其他企业的模仿行为，直接或间接地促进了知识的扩散、传播，增强创新主体的创新行为。

（二）系统发展的内在需要

没有创新的区域创新系统迟早会走向崩溃，雄厚的创新能力才会促进区域的发展，而创新需要新知识、新技术、新思想的不断投入，这样才有持续的创新动力。创新绩效评价可以比较准确地了解各种投入带来的确切产出，存在哪些不足，有哪些地方需要改进，如何改进等。通过了解自身的优点以及存在的缺点，为自己的生存发展营造一个更好的环境。

（三）整个社会发展的需要

资源节约型和谐社会强调一种人与自然协调的可持续发展道路。当前区域经济的发展已逐步由粗放型经济模式向集约型经济模式转变，区域创新系统创新发展的成果和效益不能仅仅体现在经济收益上，更要强调对资源的合理有效使用，提高与自然环境、社会环境的协调型和融合度，突出社会效益的取得。

对区域科技创新进行系统分析和综合绩效评价，不仅有利于充分揭示区域科技创新发展过程中的内在规律，科学地认识区域自身的科技创新状态，进而分析影响区域科技创新的主要因素和区域科技创新资源的使用效率，从而使区域逐步对创新系统进行改进，还有利于区域根据自身的状况及时采取最有效的科技创新战略，保持和提高竞争优势，获得最佳经济效益和社会效益。

目前，区域经济在我国经济发展中所居的位置日趋重要（如京津唐、长三角、珠三角等区域），如何充分利用区域创新系统建设促进该地区经济发展以及与国家创新系统战略目标相协调已成为一个重要课题。在此背景下，客观地、科学地评价各地区的创新绩效，明确各自在科技创新上的优劣势，对于各地区构建区域创新系统的研究和实践，以及在此基础上制定科学的创新政策都是非常有必要的。

本章小结

作为国家创新系统的子系统，区域创新系统在思想理念和内在逻辑上都受到国家创新系统的支持。企业、大学、培训机构和政府是国家创新系统的主要机构，而国家制度可以从正反两个方面来影响部分主要机构的创新行为，国家创新系统内部的相互作用也影响到创新。本章从国家创新系统、区域科技创新理论、城市创新系统理论等方面强调了区域创新系统的结构意识和空间意识，并且对区域创新系统的内涵、结构、功能、特征及运行机制等进行了详细阐述。所谓区域创新系统，就是在开放式区域范围内，以区域创新活动的参与者即企业、大学、科研机构、政府、培训机构等为主体，以各种基础设施为硬件环境，以制度、文化、习俗为软环境，通过各个节点的相互作用形成网络结构，以提高区域创新能力为目的，形成一个运行良好的整体。它具有整体性、全能性、中观性、特色性、兼容性、动态性及开放性等多个特点。区域创新系统分为三个子系统，分别是基础环境子系统、主体子系统以及资源子系统，它的五大功能分别是推动区域经济发展、优化区域创新资源的配置、促进区域产业结构升级、形成区域竞争优势以及空间集聚与辐射功能。区域创新系统的运行机制主要有：原始创新运行机制、集成创新运行机制、引进消化吸收再创新运行机制、协同创新运行机制。区域创新系统绩效评价直接关系到系统核心竞争力的形成与保持，对区域竞争优势甚至国家的未来发展有着重要的意义。

第三章　山西省科技创新系统现状

第一节　山西省科技创新系统建设的现实基础

一、山西省的经济地理位置

（一）山西省地理位置特征

山西是内陆省份，位于黄河中游东岸，华北平原西面的黄土高原上，省境四周山水环绕，与邻省（区）的自然界线分明。东依太行山，西、南依吕梁山、黄河，北依古长城，与河北、河南、陕西、内蒙古等省区为界，柳宗元称之为“表里山河”。全境总面积为15.6万平方千米，约占全国总面积的1.6%。疆域轮廓呈东北斜向西南的平行四边形，南北间距较长，总长约682千米。下辖11个地级市，119个县级行政单位（23个市辖区、11个县级市、85个县）。最南端在芮城县南张村南，北纬34°34′；最北端在天镇县远头村北，北纬40°44′。东西间距较短，宽约385千米。最东端在广灵县南坑村东，东经114°33′；最西端在永济市长旺村西，东经110°14′。山西是中华民族发祥地之一，有文字记载的历史达3000年，被誉为“华夏文明摇篮”，素有“中国古代文化博物馆”之称。

山西是典型的为黄土广泛覆盖的山地高原，地势东北高西南低。境内大部分地区海拔在1500米以上，最高点为五台山主峰叶斗峰，海拔3061.1米，为华北最高峰，有“华北屋脊”之称；最低点在垣曲县境内西阳河入黄河处，海拔仅180米。高原内部起伏不平，河谷纵横，地貌类型复杂多样，有山地、丘陵、台地、平原，山多川少，山地、丘陵面积占全省总面积的80.1%，平川、河谷面积占总面积的 19.9%。山西境内主要山脉有太行山、吕梁山、恒山、五台山、中条山、太岳山等。山西境内有大同、忻州、太原、临汾、运城、长治、晋城、阳泉、寿阳、襄垣、黎城等盆地。

（二）山西省自然资源状况

1. 山西省自然资源基本情况

山西省拥有非常丰富的矿产资源，目前探明的已经达到了 120 种以上，其中，煤炭资源最为丰裕，已经探明的储量有 2700 多亿吨。山西的自然资源禀赋为其资源型经济的形成奠定了基础。新中国成立后，山西省被确立为国家重要的煤炭生产基地。在国家经济体制、经济政策、产业投资导向和区域发展战略等多重因素的共同作用下，山西省走上了资源型经济的发展道路，并形成以煤炭产业为主导的资源型经济体系。60 多年来，山西省累计生产原煤超过百亿吨，为保障国家能源供应和支撑沿海经济增长做出了巨大贡献。然而，煤炭资源的大规模、高强度的开发与利用，使山西跌入“资源优势陷阱”之中。

山西省经济属于以资源利用为主的高消耗性、资源开采的高危险性和生态环境破坏的严重性为特征的粗放型经济增长方式，呈现出五个明显特征：一是长期污染物排放量高，采空区地质塌陷严重，安全事故频发；二是生产要素主要由物质资本、自然资源构成，投入结构不合理；三是经济发展主要依靠煤炭资源的开采和初级加工，产业结构单一；四是矿区布局不合理，与城市建设有严重的冲突；五是资源财富流失严重，收入分配结构不合理。这种资源型经济的特征很难保证山西省经济社会的可持续发展。

2. 山西省资源型经济存在的问题

（1）产业结构单一化、初级化和刚性化问题突出。长期以来，山西省均存在产业结构失调、产业层次偏低等经济问题。从三次产业的比重上看，第一、第三产业所占的比重偏小，而且第一产业的比重不足 10%；第二产业占 GDP 的比重一直居高不下。2013 年，山西省第二产业的比重达到 53.9%，而全国的平均水平只有 43.9%（见表 3-1）。从第二产业内部看，围绕煤炭资源的开发与利用形成的煤炭、焦炭、冶金、电力四大传统产业的增加值约占全省工业增加值的 80%，仅煤炭产业就占到了 1/3 以上（见表 3-2）。这种过度依赖煤炭产业的经济结构，受煤炭市场价格波动的影响很大，严重制约着地方经济的健康发展。此外，由于煤炭生产初级化，短期利益高，因而导致生产要素过度沉淀在煤炭行业，使其他产业的调整和振兴缺乏必要的基础与动力。

表 3-1　2010~2015 年山西省三次产业占 GDP 的比重

单位：%

年份	2010	2011	2012	2013	2014	2015
第一产业	6.03	5.71	5.77	6.14	6.2	6.2
第二产业	56.89	59.05	55.57	53.9	49.7	40.8
第三产业	37.09	35.25	38.66	39.96	44.1	53

资料来源：山西省历年《国民经济和社会发展统计公报》。

表 3-2　2010~2015 年山西省煤炭、焦炭、冶金和电力产业占全省工业增加值的比重

单位：%

年份	2010	2011	2012	2013	2014	2015
煤炭	39.7	43	41	39.9		增加 1.5
焦炭	11.3	10.5	8.4	7.2		下降
冶金	20.4	20.2	21.6	22.5		下降
电力	8.7	7.3	8.3	8.7		下降
总计	80.1	81	79.3	78.3	82	74

资料来源：根据山西省《历年国民经济和社会发展统计公报》自行整理。

（2）能源消耗高，资源环境破坏严重。山西省的经济总体上是外延型粗放式的，经济的增长是以资源的大量消耗和生态环境的恶化为代价的。首先，山西省能源消耗巨大，单位 GDP 能耗一直处在较高水平，由图 3-1 可以看出，虽然近

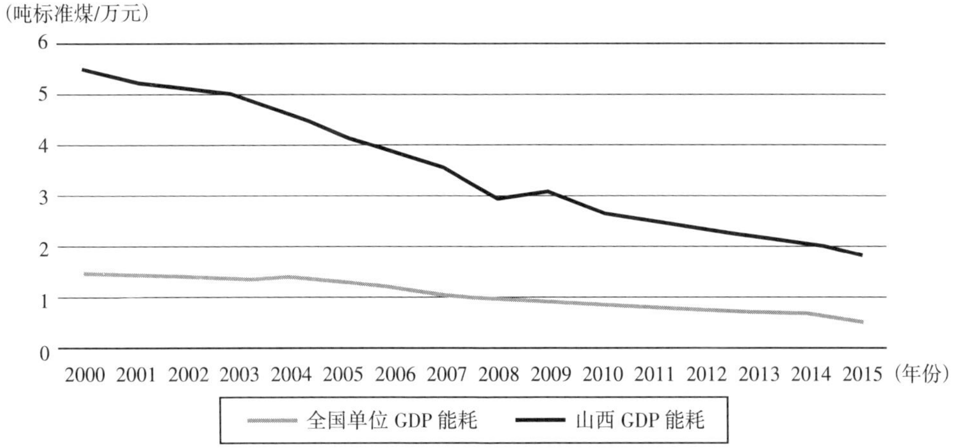

图 3-1　2000~2015 年全国和山西省单位 GDP 能耗趋势

年来由于山西省大力整顿煤炭等能源产业，使能源消耗强度呈现出下降趋势，但是仍维持在全国平均水平的两倍以上。其次，煤炭资源大规模的开采活动采空了大量山体、破坏了大面积植被，造成了当地自然生态结构的严重毁坏，而且这些毁坏很难得到修复。此外，煤炭资源的开发与利用过程中往往伴随着大量的工业固体废物、废水和废气的排放，严重污染了环境。这些问题直接影响到山西省经济的自循环能力，成为山西省可持续发展的严重阻碍。

（3）经济发展动力不足，后续发展能力薄弱。山西省煤炭产业的发展主要集中在煤炭的初级开采，而煤炭的进一步利用和深加工没有得到足够重视，煤炭产业链延伸能力不足，延伸产业的发展速度缓慢。同时，煤炭资源初级产品技术含量和附加值都比较低，因此产生的经济效益也比较低。由于煤炭资源具有不可再生性，随着不断的开采，煤炭资源必将走向枯竭，这将导致山西省煤炭资源优势的逐渐消失，造成其经济发展的后劲不足。此外，在山西省大力发展煤炭产业的背景下，大量的科技人才被集中在煤炭行业。但是由于煤炭等资源型产品的技术创新需求一般处在较低级水平，科技人才在煤炭行业难以发挥自己的才能。为了寻求更好的发展，获得更优越的生活条件，越来越多的优秀人才离开山西省流向发达省份。这样，必然导致山西省科技创新能力不足，阻碍其发展模式由资源推动到科技推动的转变，使山西省经济的后续发展能力遭到进一步减弱。

二、构建和完善山西省科技创新系统的经济基础

科技创新的实现直接作用于经济发展，而经济的发展又为科技创新的实现提供了物质保障基础作用。没有经济发展作支撑的科技创新如履薄冰，经济发展与科技创新的高度与深度密不可分。因此，要想实现科技创新快速提高，首先经济发展要搞起来，这也为经济发展的提高奠定了优越的物质基础。

（一）山西省经济发展现状

据山西省统计局信息网（网址：http：//www.stats-sx.gov.cn/）发布的《2015年全省经济运行》数据，我们可以得到：山西省 2015 年 GDP 为 12802.6 亿元，比上年增长 43.2 亿元，增长率为 0.34%；人均 GDP 为 35018 元，比上年减少 46 元，增长率为-0.13%。其中，第一产业增加值为 788.1 亿元，较上年增长 1%；第二产业产值为 5223.46 亿元，较上年减少 1.1%；第三产业增加值为 6790.2 亿元，较上年增长 9.8%。图 3-2 和图 3-3 分别是历年山西省 GDP 与人均 GDP 数据。

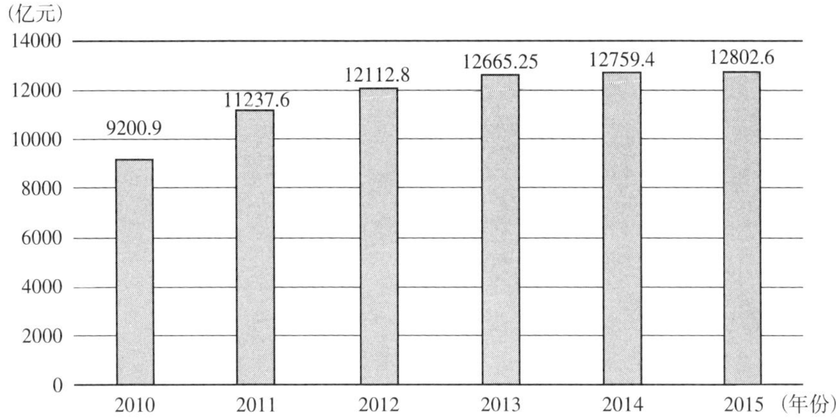

图 3–2　山西省 2010~2015 年 GDP 总量

资料来源：山西省历年《国民经济和社会发展统计公报》。

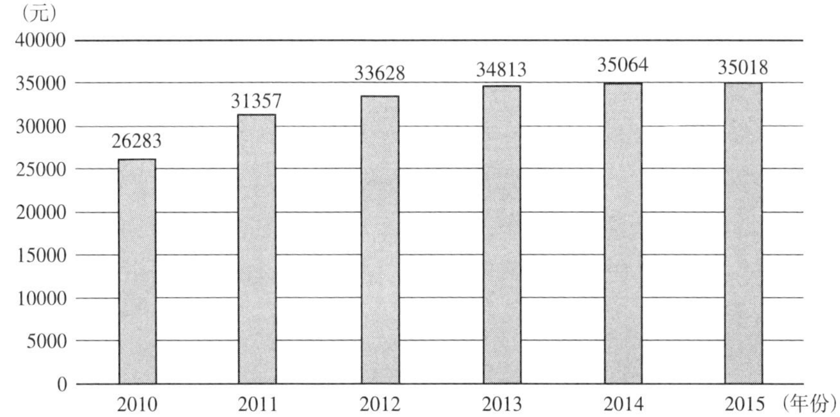

图 3–3　山西省 2010~2015 年人均 GDP

资料来源：山西省历年《国民经济和社会发展统计公报》。

第一，农业生产形势稳定。2015 年全省第一产业完成增加值 788.14 亿元，比上年增长 1.0%。全年全省粮食总产量 1259.6 万吨，虽较上年减少 71.2 万吨，下降 5.4%，但仍是山西省历史上第四个高产年。其中，夏粮 272.8 万吨，增长 4.8%；秋粮 986.8 万吨，下降 7.8%。全年全省畜牧业增加值增长 1.2%；羊出栏 484.4 万只，增长 3.1%；牛出栏 40.2 万头，增长 1.1%；家禽出栏 8780.9 万只，增长 15.7%；生猪出栏 783.7 万头，减少 6.4%；猪牛羊禽四种肉产量 84.3 万吨，减少 2.0%；禽蛋产量 87.2 万吨，增长 4.3%；牛奶产量 91.9 万吨，减少 4.5%。

第二，工业生产降幅持续收窄。全年全省规模以上工业增加值按可比价格计算比上年下降 2.8%，降幅较上半年和前三季度分别收窄 1.1 个和 0.5 个百分点。分经济类型看，国有企业增加值比上年下降 4.5%，集体企业下降 3.4%，股份制企业下降 2.8%，外商及港澳台商投资企业增长 1.3%。分行业看，煤炭工业增加值增长 1.5%，煤层气采掘业增加值增长 8.2%，医药工业增加值增长 0.8%，焦炭、电力、冶金、化学、建材、装备制造业、食品、纺织等行业工业增加值比上年下降。分产品看，全省规模以上 12 种主要工业产品产量中，原煤（0.6%）、氧化铝（17.6%）、化学药品原药（18.5%）、煤层气（1.9%）四种产品产量比上年增长；焦炭、水泥、生铁、粗钢、钢材、原铝、发电量、移动通信手持机（手机）八种产品产量比上年下降。全年全省规模以上工业产销率 94.4%。2015 年 1~11 月，全省规模以上工业企业利润盈亏相抵后净亏损 47.2 亿元，自 2015 年 6 月以来连续 6 个月净亏损。2015 年 1~11 月，全省规模以上工业企业亏损面为 47.3%。

第三，服务业在稳增长中作用增强。全年全省服务业增加值增长 9.8%，快于全省经济增速 6.7 个百分点，快于第二产业 10.9 个百分点。其中金融业增加值增长 16.9%。全年全省限额以上批发零售业通过互联网实现商品零售额 14.6 亿元，增长 83.3%。全年全省旅游总收入 3447.5 亿元，比上年增长 21.1%；接待入境过夜人数 59.4 万人次，增长 5.1%；接待国内旅游者人数 3.6 亿人次，增长 20.2%。

第四，固定资产投资增速不断加快。全年全省固定资产投资完成 13744.6 亿元，增长 14.8%。投资增速从 5 月的 11.2%，到上半年的 12.8%，再到前三季度的 13.5%和全年的 14.8%，连续 8 个月逐月加快。分产业看，第一产业投资 1500 亿元，比上年增长 69.1%；第二产业投资 5205.0 亿元，比上年增长 4%；第三产业投资 7039.5 亿元，比上年增长 15.7%；其中，基础设施投资增长 12.8%，高技术服务业投资增长 82.1%。全年全省民间固定资产投资完成 8353.3 亿元，比上年增长 21%。全年全省房地产开发投资 1494.9 亿元，比上年增长 6.5%；其中，住宅投资 1098.3 亿元，比上年增长 8.7%。

第五，消费市场稳中有升。全年全省社会消费品零售总额 6030.0 亿元，比上年增长 5.5%，增速比前三个季度加快 0.3 个百分点。按经营单位所在地分，城镇消费品零售额 4913.5 亿元，比上年增长 5.4%；乡村消费品零售额 1116.4 亿元，增长 5.7%。按消费形态分，餐饮收入 538.7 亿元，比上年增长 5.0%；商品零售 5491.3 亿元，比上年增长 5.5%。

第六，招商领域逐渐扩大。2015 年，海关进出口贸易总额仅为 147.2 亿美元，比上年下降 9.3%。其中，进口额 62.9 亿美元，比上年下降 13.7%；出口额 84.2 亿美元，比上年下降 5.8%，与排名第一的广东省的 9840.2 亿美元相比相去甚远。全年全省新设立外商直接投资企业 36 家；按全口径统计实际使用外商直接投资金额 28.7 亿美元，比上年增长 2.8%。全年全省对外经济合作新签合同额 3.5 亿美元，比上年增长 1.0%，完成营业额 7.4 亿美元，比上年下降 0.3%。尽管最近几年山西省对其招商领域的范围逐渐扩大，招商的力度不断加强，但受历史因素以及地理环境的影响，其与境外很少有经济上的联系，导致山西省在利用境外的项目也很少，外资引进也很少。可见，山西省在对外发展以及利用外资情况上是比较落后的。因此，山西省应加大对外资的吸引力度，以便提高资金的支持力度和对科技创新的需求。

第七，高新技术产品和机电产品出口保持增长。全年全省海关进出口总额 914.0 亿元，比上年下降 8.4%。其中，出口 523.3 亿元，比上年下降 4.7%；进口 390.7 亿元，比上年下降 12.8%。高新技术产品出口 246.9 亿元，比上年增长 6.8%，占全省出口额比重为 47.2%；机电产品出口 332.3 亿元，比上年增长 5.8%，占全省出口额比重为 63.5%。

第八，经济结构积极变化。全年全省第三产业增加值占生产总值的比重为 53.0%，比上年提高 8.5 个百分点，比第二产业占比高 12.2 个百分点。全年全省规模以上工业行业中，煤炭、焦炭、冶金、电力四大传统支柱产业增加值占全省规模以上工业增加值比重为 74%，比上年降低 3.3 个百分点；非传统产业（除煤炭、炼焦、冶金、电力工业外）比重为 26%，比上年提高 3.3 个百分点。非煤产业比重为 53.2%，比上年上升 4.7 个百分点，其中装备制造业比重为 10.4%，上升 1.2 个百分点。在全年全省固定资产投资中，三次产业投资比例由上年的 7.4∶41.8∶50.8 转变为 10.9∶37.9∶51.2，第一、第三产业投资比重分别上升 3.5 个、0.4 个百分点，第二产业投资比重下降 3.9 个百分点。民间投资比重为 60.8%，比上年提高 3.1 个百分点。全省工业固定资产投资中，非煤工业投资占工业投资比重为 80.2%，比上年提高 1.5 个百分点。

第九，财政民生支出继续增加。全年全省一般公共预算收入 1642.2 亿元，比上年下降 9.8%；一般公共预算支出 3443.4 亿元，比上年增长 11.2%。其中，教育、医疗卫生、社会保障和就业、住房保障、公共交通运输、节能环保、城乡社区事务等民生支出 2900 亿元，比上年增长 12.3%，民生支出占全省一般公共预算支出比重为 84.2%，比上年提升 0.8 个百分点。

第十，金融行业运行平稳。2015 年 12 月末，全省金融机构本外币各项存款余额 28641.4 亿元，比年初增加 1602.9 亿元；各项贷款余额 18574.8 亿元，比年初增加 2016.1 亿元。

第十一，市场价格低位运行。全年全省居民消费价格上涨 0.6%，涨幅较上年回落 1.1 个百分点。其中，城市上涨 0.6%，农村上涨 0.7%。分类别看，食品价格上涨 0.4%，烟酒及用品上涨 2.6%，衣着上涨 2.2%，家庭设备用品及维修服务上涨 0.1%，医疗保健和个人用品上涨 1.8%，交通和通信下降 2.7%，娱乐教育文化用品及服务上涨 1.7%，居住上涨 0.2%。全年全省工业生产者出厂价格比上年下降 12.3%。全年全省工业生产者购进价格下降 6.9%。

第十二，居民收入继续增加。全年全省居民人均可支配收入 17854 元，比上年增长 8.0%。按常住地分，城镇居民人均可支配收入 25828 元，比上年增长 7.3%；农村居民人均可支配收入 9454 元，比上年增长 7.3%。

（二）山西省经济发展状况小结

由以上分析可知，山西省经济发展从纵向来看是处于增长的状态，从横向与国内发达省份相比，该省的经济发展是比较落后的，2015 全年 GDP 排名居全国第 24 位，财政收入总额排在倒数第二位。尤其是最近几年，“一带一路”战略和西部大开发战略实施步伐的加快，更凸显了山西省经济社会发展速度的缓慢。山西省丰富的资源为其经济的发展与科技创新能力的提高奠定了坚实的物质基础，但在高技术企业发展、对外贸易，以及外资利用上还显得很欠缺。因此，山西省应改进其经济结构，规范企业的运营状况，努力培养专业人才，拓宽外资引进渠道，加强对外发展以增强该省的经济运行效率。

三、构建和完善山西省科技创新系统的人力资源基础

人力资源是区域科技创新体系的第一资源，人力资源的素质和知识密集程度，是决定区域科技创新成效的第一要素。因此，研究山西省科技创新体系建设的现实基础，应重点分析其人力资源基础。

山西省作为资源大省，正面临着转型发展的必然选择。经济的转型发展势必

要以强大的科技作为依托，而培养适应转型发展的科技创新人才是山西省能否顺利转型的关键因素之一。山西省积极响应国家人才发展规划建议，立足省情，从数量、结构、布局、人才素质等方面对人才发展目标做了明确规定：到 2020 年，人才资源在总量上要达到 533 万人，其中高层次科技创新人才的数量为 4 万人左右。

（一）科技创新人才供给利用状况

本书采用高校毕业生与各类专业技术人员的规模及其年际变化来衡量山西省创新人力资源供给利用现状。由于数据更新速度的关系，本书仅获取到山西省 2013 年科技创新人才的相关数据。截至 2013 年底，山西省的科研机构总计 158 个，职工人数 10330 人，从事科技活动人员 8396 人，本科以上学历人员 6003 人（见表 3–3）。从事自然科学研究的技术人员数总计 123492 人，其中工程技术人员 67161 人，农业技术人员 25931 人，卫生技术人员 23205 人，科学研究人员 4077 人，教学人员 3118 人（见图 3–4）。截至 2014 年底，山西省普通高等学校毕业生数为 14.92 万人，较上年减少 0.17 万人；普通高等学校在校生数为 49.93 万人，较上年增加 0.75 万人。山西省 2010~2014 年高校毕业生人数供给规模总体上升，人才供给较为充足，但增速显著减缓（见表 3–4）。

表 3–3　2013 年山西省科研机构及人员数

项目	机构（个）	职工人数（人）	从事科技活动人员（人）	大学本科及以上学历（人）
总计	158	10330	8396	6003
一、自然科学	129	9191	7408	5225
中央	1	580	519	398
地方	128	8611	6889	4827
农、林、牧、渔业	49	3260	2697	1938
采矿业	2	138	49	41
制造业	21	1109	697	421
建筑业	1	634	565	539
信息传输、软件和信息技术服务业	1	103	91	71
科学研究和技术服务业	17	1734	1523	951
水利、环境和公共设施	17	812	697	496

续表

项目	机构（个）	职工人数（人）	从事科技活动人员（人）	大学本科及以上学历（人）
卫生和社会工作	16	1256	993	709
文化、体育和娱乐业	5	145	96	59
二、社会科学	17	820	677	544
管理学	1	14	14	12
艺术学	3	74	63	28
考古学	2	189	134	78
经济学	7	368	304	275
社会学	1	22	22	20
教育学	2	144	131	124
统计学	1	9	9	7
三、情报科学	12	319	311	234

资料来源：《山西省统计年鉴》（2014 年）。

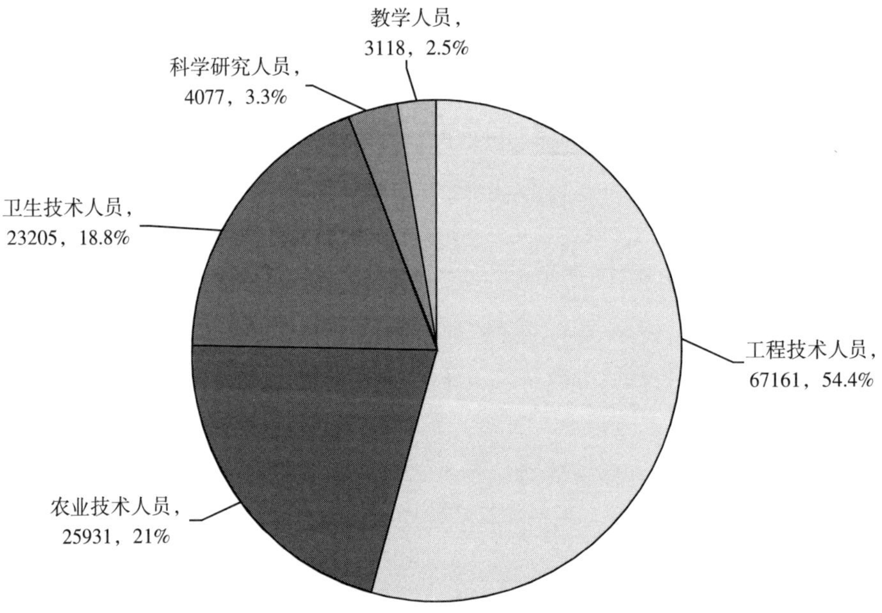

图 3-4　2013 年山西省从事自然科学研究的技术人员数（单位：人）

资料来源：《山西省统计年鉴》（2014 年）。

表 3-4　2010~2014 年山西省普通高等学校在校生、毕业生情况

项目	2010 年	2011 年	2012 年	2013 年	2014 年
普通高等学校毕业生数（万人）	15.27	15.37	15.52	15.09	14.92
毕业生增长速度（万人）		0.1	0.15	–0.43	–0.17
普通高等学校本科在校学生数（万人）	46.8	47.55	48.29	49.18	49.93
在校生增长速度（万人）		0.75	0.74	0.89	0.75

资料来源：国家统计局官网，http：//data.stats.gov.cn/easyquery.htm？ cn=E0103.

（二）科技创新人力资源科研成果现状

山西省的高等教育水平较为落后，仅拥有 1 所“211 工程”重点大学，即太原理工大学，但同时还有山西大学、中北大学等综合性大学。太原理工大学前身是创立于 1902 年的国立山西大学堂西学专斋，是我国最早成立的三所国立大学之一。现设有 126 个硕士点，49 个博士点，11 个博士后科研流动站；拥有 3 个国家重点学科，5 个国家级特色专业建设点，煤科学与技术、新型传感器与智能控制、新材料界面科学与工程四个教育部重点实验室。

百年老校——山西大学是国家中部地区重点支持的五所大学之一。2005 年 5 月，山西大学成为山西省唯一一所受山西省人民政府与教育部共同重点建设的省部共建大学。2012 年，山西大学入选中国“中西部高校综合实力提升工程”（一省一校）重点建设的 14 所院校之一，跨入国家建设“有特色、高水平”大学的平台。学校同时还是“中西部高校基础能力建设工程”重点建设大学，教育部首批“卓越法律人才教育培养计划”入选高校，“中西部高校联盟”成员高校。

中北大学是中西部高校基础能力建设工程高校、教育部“卓越工程师教育培养计划”建设高校，是国务院确定的首批具有学士和硕士学位授予权的单位。

2015 年末山西省共有普通高等学校 79 所，成人高等学校 12 所。高等教育毛入学率 40.0%。研究生在校生 2.9 万人，比上年增长 2.5%；专科以上在校生 74 万人，比上年增长 19.1%。近几年来山西省的教育发展水平是较快的，但并不突出，而教育资源对地区经济发展以及科技创新能力的提高有极其重要的推动作用，从这些数据可以看出山西省近几年对教育也给予了足够的重视。

山西省 2015 年全省专利申请量 14949 件，比上年下降 4.7%；其中发明专利

申请量5680件，比上年下降7.0%。全省专利授权量9863件，比上年增长17.8%；其中发明专利授权量2432件，比上年增长56.0%。全年新登记科技成果358项。获得国家科学技术奖6项。拥有国家级企业技术中心26家，省级企业技术中心224家。按照国家高新技术企业认定办法，年末累计高新技术企业720家。山西省2009~2014年R&D活动产出状况如表3-5所示。

表3-5 山西省2009~2014年R&D活动产出状况

项目	2014年	2013年	2012年	2011年	2010年	2009年
规模以上工业企业新产品项目数（项）	2426	2938	2726	2171	—	2019
规模以上工业企业新产品销售收入（万元）	9246772	10272735	9283912	8609925	—	6296160
规模以上工业企业新产品出口销售收入（万元）	580955	1266926	1527286	1522788	—	1222522
规模以上工业企业专利申请数（件）	4723	5083	3765	2848	—	1798
规模以上工业企业发明专利申请数（件）	1777	1807	1390	1104	—	694
规模以上工业企业有效发明专利数（件）	3505	3008	2345	1659	—	856
国内专利申请受理量（项）	15687	18859	16786	12769	7927	—
技术市场成交额（亿元）	48.46	52.77	30.61	22.48	18.49	16.21

资料来源：国家统计局官网，http：//data.stats.gov.cn/easyquery.htm？cn=E0103.

四、构建和完善山西省科技创新系统的政策制度环境

区域创新制度是区域发展的区域性创新规则，当地政府政策对区域科技创新体系的支持与重视程度直接影响区域创新方向与创新进程，对区域创新体系起到强有力的激励与推动作用。因此，政策制度环境是研究构建和完善山西省科技创新体系的可行性分析中不可或缺的一部分。

科技创新政策往往是一个“政策群”，该政策群内包含所有支持、促进创新发展的政策，主要包括财政支持政策、人才激励政策、税收优惠政策、金融扶持政策、知识产权政策、产业创新政策、技术市场政策、经济发展政策、创新基础与服务体系建设政策等。

根据Rothwell（1986）对创新政策的研究，按照各政策在创新活动中所起的

作用可以划分为三类，即创新供给政策和创新需求政策、创新环境政策。[①] 其中，创新供给政策是为创新活动顺利开展与持续进行提供资金、人才、基础设施，包括财政支持政策、人才开发政策、创新基础政策；创新需求政策是通过提高创新产品和服务的需求来促进创新发展，包括知识产权政策、产业创新政策、技术市场政策；创新环境政策是技术创新活动的外部政策系统，其功能是为技术创新活动创造良好的运行环境和条件，[②] 包括金融扶持政策和税收优惠政策、支撑服务体系，另外科技创新与经济发展相互促进，经济水平的高低直接影响创新活动所需的资源，也决定着社会对创新产品的需求。因而，经济发展是科技创新的经济因素，将其纳入创新环境政策大类中。本书选取了 2005~2013 年国家和地区（山西省）两个层面的科技创新政策，并对其进行分类和归纳。

（一）山西省科技创新供给政策

科技创新供给政策主要从资金、人才、创新基础设施三个方面提供技术创新所需的基本资源，推动科技进步和经济发展。2005~2013 年科技创新政策呈现出从“政策工具单一”向“多元化工具选择”发展的趋势。2005~2007 年财政政策和人才开发政策相对较少，处于酝酿阶段，科技创新供给以创新基础设施建设为主，政府围绕《国家中长期科学和技术发展规划纲要（2006~2020 年）》相继出台了《国家重点学科建设与管理暂行办法》、《国家大学科技园“十一五”发展规划纲要》、《国家重点基础研究发展计划（973 计划）“十一五”发展纲要》等一批重大基础建设政策。2008~2010 年我国奠定了一定的创新基础，财政政策和人才政策陆续出台。2011~2013 年科技创新供给政策得到全面发展，表现为“创新基础建设”、“财政支持”、“人才开发”协同发展，这一时期创新基础政策数量上虽然有所减少，但仍然发挥着重要作用，财政政策和人才开发政策快速发展，如《国家重大科学仪器设备开发专项资金管理办法（试行）》、《国家科技计划及专项资金后补助管理规定》、《创新人才推进计划实施方案》等财政支持和人才开发政策。

（二）科技创新需求政策

科技创新需求政策是通过加大创新产品和服务的需求力度来刺激科技创新活

---

① Rothwell Roy, Zegveld Walter. Reindustrialization and Technology [J]. Logman Group Limited, 1986, 4 (4): 318.

② 袁健红，龚天宇，郭进芳. 中小企业创新政策效应评价 [J]. 东南大学学报（哲学社会科学版），2012，14（4）：41-45.

动，进而拉动科技创新水平的提高。2005~2013 年科技创新需求政策呈现出从“政府主导”向“政府导向”与“市场调节”协同发展的趋势。2005~2008 年科技创新需求政策以政府为主导，通过技术引进消化吸收、技术改造、成果转化以及政府采购等方面引导技术创新活动。同时，这一时期加强了创新成果保护力度，确立了知识产权法、专利法等技术创新基本法律。2009~2013 年科技创新需求面向经济和市场，将政府和市场有机结合，充分发挥政府引导职能和市场资源配置的基础作用，逐步形成一个完善的创新需求拉动体系。

（三）山西省科技创新环境政策

科技创新环境政策通过创造良好的经济环境和制度环境来鼓励技术创新活动。2005~2013 年科技创新环境政策呈现出从“规划纲要”向“税收优惠”和“金融扶持”、“服务体系”以及“经济发展”相结合软环境发展。2005~2007 年科技创新环境政策主要以为创新活动提供相应的政策建议、规划为主，出台了《关于加强和推进科技进步示范市（县、区）建设的意见》、《关于进一步加强行业科技工作的若干意见》、《关于加强科技部科技计划管理和健全监督制约机制的意见》等，为科技创新活动提供制度保障。2008~2013 年科技创新环境侧重于利用税收优惠、金融扶持、服务体系建设等多种手段为科技创新活动营造良好的软环境，促进科技创新发展。

第二节　山西省科技创新系统建设的总体框架及运行机制

一、山西省科技创新系统建设的总体框架

近年来，山西省深入实施科教兴省，本着充分发掘内部科技资源与广泛利用外部资源相结合的原则，通过观念更新和体制创新，充分发挥全社会的科技资源潜力，多渠道、多方式利用国内外的科技资源，提高全方位吸纳知识与技术的能力以及科技创造的能力，建立开放的、内外互补的、完善的区域创新系统。同时，本着坚持有所为有所不为，突出重点带动一般的原则，增加新的投入与优化

配置现有资源，进一步加大全社会的科技投入，为区域创新提供强有力的支撑。

山西省要建立以企业为科技创新主体，以高等院校和科研院所为创新资源，以科技中介服务机构为桥梁和纽带，政府宏观调控的官、产、学、研有机融合的区域科技创新系统，即由科技创新主体系统、科技创新服务系统、科技创新资源投入支撑系统构成的有山西特色的、开放的、互动的区域创新系统。

科技创新主体系统包括企业、大学和科研机构以及政府。这四个主体是一个地区的科技创新主体，企业又是这三个主体的核心，是创新研发的主体，是科研成果实现产业化、面向市场的重要机构，因此，一个地区的资源应该侧重于企业，特别是该区域的核心企业、龙头企业。高等院校和科研机构是创新研发平台的另外两个主体，是产学研的主体，它们需要紧密地与地区企业联系，把自身的科研实力和资源同企业的能力和市场需求相结合，使得所投入的资源能够快速形成创新能力、产出率和经济效益。在科技创新平台的运转中，政府始终扮演着主导者、扶持者、推动者的重要角色。特别是在我国广大中西部地区，政府在整个创新平台中发挥更大的作用。政府在整个创新平台体系中有效管理、运作平台、协调各主体间的活动、整合区域内所有资源。同时，政府在整个创新过程中一方面从制度上不断完善法律法规、规章制度，不断转变自身的职能角色，创造一个优良的创新环境。另一方面，政府也为创新活动提供创新资金支持，给予创新活动提供资金上的保障。

科技创新服务系统主要是促进科技成果产生及扩散的中介服务机构，主要包括科技信息机构、创业服务机构、生产力促进中心、技术市场、科技成果转化机构。其中，生产力促进中心机构的主要功能是组织社会科技力量为企业提供多元化、综合性的科技服务，促进企业科技创新，提高社会生产力。为推动企业科技创新提供参谋辅助，架设政府、企业、科技、金融和中介机构之间的桥梁。技术市场的主要职能是负责组织重点科技成果推广计划的实施和先进共性技术的推广应用；组织科技协作、科技成果的交易、牵头组织展交会；负责指导科技成果信息库建设；负责技术贸易、中介机构的审核；指导技术合同认定登记工作；负责科技成果展览、技术交易会的组织工作；负责技术市场、科技成果管理统计工作。

科技创新资源投入支撑系统包括人才、资金、科技基础设施等。山西省科技创新系统总体框架如图 3–5 所示。

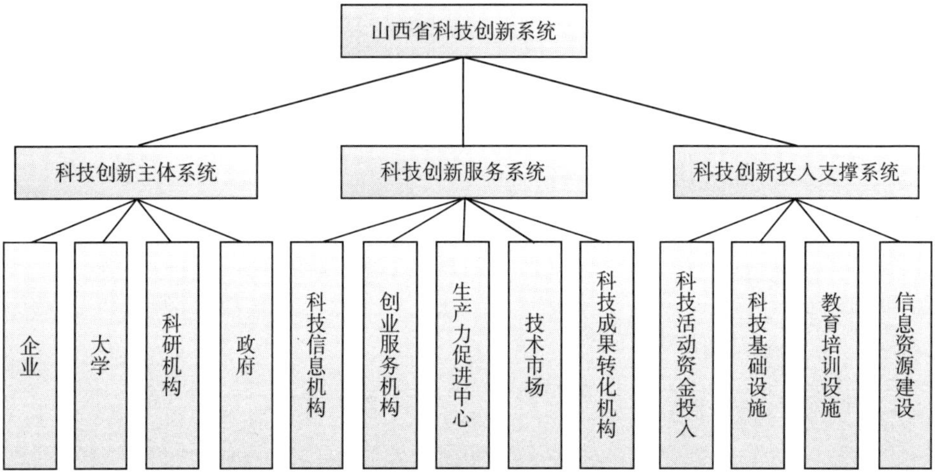

图 3-5　山西省科技创新系统总体框架

（一）科技创新主体系统

1. 企业

企业，特别是高新技术企业，是科技创新平台的主体力量，也是推动经济发展的重要主体。企业的发展与竞争，是推动省份创新的重要动力之一。在国家关于推进自主创新和高新技术产业发展的各项决策的指导下，山西省大力发展电子信息、先进制造业等高新技术产业，培育壮大新能源、新型煤化工、新材料、电子、医疗、生物等战略新兴产业，努力优化集群区域环境，全省高新技术产业保持良好的发展态势。①

（1）山西省高新技术产业发展现状。经过多年的发展，山西省通过产业结构调整、产业重组、联盟、技术改造等方式，使得一大批优势产业不断发展壮大。全省高新园区规模与数量不断增长，截至 2015 年，山西省国家级企业技术中心 26 家，省级企业技术中心 224 家。按照国家高新技术企业认定办法，年末累计高新技术企业 720 家。太原高新区已认定 486 家高新技术企业，占全省高新技术企业总量的近 70%；长治高新技术开发区于 2012 年吸引一家世界 500 强企业入驻园区，同时还引进了一批省内质量较高的高新技术企业，园区规模不断扩大；2010 年太原经济技术开发区被国家批准为“装备制造国家新型工业化产业示范

① 山西省高新技术产业“十二五”规划［EB/OL］. http：//jlxzx.net/Article/ShowArticle. Asp. ArticleID=102.

基地”、2013 年再次被评为“国家火炬计划煤机装配特色产业基地”和“国家新材料高新技术产业化基地”。全省已初步形成一批具有区域特色、拥有较强聚集优势的产业集群或产业基地。此外，在各个地市也出现了一大批竞争力较强的优秀产业集群，如太原、运城、大同三大镁合金产业基地，太原、运城汝铁硼永磁材料产业集群，长治和大同的光伏产业集群，大同、太原、晋中、晋东南、侯马等中小型医药产业集群等。[①]

（2）太原高新技术产业开发区发展情况。太原高新技术产业开发区近几年经历了快速发展的过程，是山西省众多高新技术产业集群中的典型代表。从表 3-6 中可以看出园区内企业数、从业人数和园区总收入都稳步增长，5 年间企业数、从业人员和总收入分别增长了 23.1%、16.32%和 49%。净利润和实缴税费在 2012 年和 2013 年有所下降，利润的降低会导致上缴税款金额的减少，利润的波动可能由以下几种原因造成：一是产业集群竞争加剧，与其他高新技术产业的竞争力相比处于相对弱势；二是一定程度上受到金融危机的影响；三是产业集群的发展吸引更多的企业和科技型人才进入导致成本的升高。各年份出口额相对稳定说明开发区内产品或服务有数量较稳定的购买方。

表 3-6　2009~2013 年太原高新技术产业开发区发展情况

年份	企业数（个）	从业人数（人）	总收入（万元）	净利润（万元）	实缴税费（万元）	出口额（万美元）
2009	891	101299	10780905	394034	648927	20013
2010	927	112171	12634017	435466	711380	20230
2011	968	113446	13861383	403199	529201	25507
2012	975	118766	14742221	361183	475748	38390
2013	1097	117835	16068078	280014	503863	28595

资料来源：《山西省统计年鉴》（2009~2013 年）。

2. 高等院校和科研机构

高等院校和科研院所是推动知识创新的发源地，汇集无数的科研人才和技术精英，担负以基础研究为主的知识创新任务，是区域创新体系的研发主体和重要

① 山西统计信息网［EB/OL］. http：//www.stats-sx.gov.cn/html/2008117398.html.

技术来源。通过产学研合作的平台，可以集中力量在某一领域取得突破，从而解决技术难题，开发符合市场需求的新成果、新产品、新服务。这里所研究的科研机构主要是政府所属的科研机构和高等院校。

山西大学坐落在具有 2500 年历史的文化古都——山西省省会太原市，学校前身为创建于 1902 年的山西大学堂。山西大学是一所文理工并重的高水平综合型大学。1998 年成为山西省重点建设大学。2003 年，山西大学获得教育部本科教学工作水平评估优秀成绩。2005 年，山西大学成为山西省人民政府与教育部共同建设的省部共建大学。2012 年，山西大学成为全国 14 所“中西部高校提升综合实力工程”入选高校，迈上了国家建设“有特色、高水平”大学的新平台。2014 年，经教育部和山西省人民政府批复，具有 60 年办学历史的太原电力高等专科学校并入山西大学。现有博士学位一级学科授权点 15 个、二级学科授权点 5 个；硕士学位一级学科授权点 37 个、二级学科授权点 13 个；硕士专业学位种类 19 个；自主设置交叉学科博士、硕士点各 2 个；目录外二级学科博士、硕士点各 3 个。近年来，学校获得的国家“973”、“863”计划项目和国家自然科学基金、社会科学基金项目稳步增加，先后荣获国家自然科学二等奖、技术发明二等奖、科技进步二等奖、教育部高校人文社科研究优秀成果一等奖等 16 项国家科研大奖。

太原理工大学的前身是创立于 1902 年的国立山西大学堂西学专斋，是我国最早成立的三所国立大学之一；历经山西大学校工科、山西大学工学院；1953 年独立建校，定名太原工学院，直属高教部；1962 年归属山西省；1984 年更名为太原工业大学。1997 年太原工业大学与始建于 1958 年直属煤炭部的山西矿业学院合并，组建为太原理工大学。同年，学校被确定为国家“211 工程”重点建设大学。学校是教育部首批“卓越工程师教育培养计划”试点高等院校和国家“大学生创新性实验计划”实施学校，以及北京军区在山西省的第一个后备军官选拔培训试点高校。拥有新型传感器与智能控制等四所教育部重点实验室；煤科学与技术重点实验室等五所山西省重点实验室。学校还大力推进科学研究和技术开发，积极开展应用基础研究，连续两次作为首席科学家单位承担国家重点基础研究发展计划（“973”计划）项目，并承担了包括“863”计划项目在内的国家高新技术发展计划项目、国家科技攻关项目、国家杰出青年基金等国家级各类项目 539 项；获得国家和省部级科技成果奖 395 项。

中北大学是一所由山西省人民政府与国家国防科技工业局共建、山西省人民政府管理的多科性教学研究型大学。学校的前身是1941年八路军总司令部在太行抗日根据地创办的我党我军第一所兵工学校——太行工业学校，历经太原机械学院、华北工学院，2004年6月经教育部批准更名为中北大学。学校拥有国家级国防科技重点实验室、国防重点学科实验室、教育部重点实验室和工程技术中心、省部级实验室和工程技术中心等科研机构，拥有山西中北国家大学科技园等科技产业化孵化基地，科研成果广泛应用于国防科技工业和地方经济建设领域。“十一五”时期以来，中北大学先后承担国家级项目281项，各类项目总数3600余项，科研项目总经费近22亿元，获得国家科技进步二等奖5项，省部级科技奖99项，发表SCI、EI收录论文近6000篇，出版学术专著和教材330余部。

由此可见，山西省科研机构众多，是各类高校、科研院所和人才的聚集地，包括山西大学、太原理工大学、中北大学等重点院校在内；科研平台建设如火如荼，同时依托学校筹建国家级重点实验室，与多个地市合作建设高新研发园区；科技成果和奖励继续保持良好发展势头，科技合作与交流频繁，确保山西省科研工作的有序展开。同时也应看到，各科研机构在管理体制方面仍然存在一些问题。首先，当前区域创新体系建设对高校与科研机构的组织功能不加区分，笼统地把大学和科研机构看成一类对待，认为二者对区域创新的作用都体现为提供科技支持和人才支持，是科技知识交流的集合地和企业创新的孵化器。其次，当前许多地方综合科研机构自身功能定位不清，不但从事科学技术研究，而且大量重复性地投入产业活动；不但在有优势的领域从事研究开发活动，而且无限延伸研发活动的边界；失去了本应占领的发展空间。最后，受1985~2002年科研院所转制冲击，地方综合科研机构事业费大为缩减，长期科技投入历史欠账制约了其作用的有效发挥。

3. 政府

近几年来，山西省政府深入贯彻落实科学发展观和全省科技工作会议精神，在推进技术创新方面取得了显著成果。除在推进科技依法行政、创新体系建设、科学技术普及、科技体制改革、加强软科学研究计划五项工作上为建设良好的创新环境奠定坚实基础外，还加强了科技资源开放共享网络管理服务平台的建设扎实开展了产业技术创新战略联盟、技术转移机构、产学研金对接活动、科交会等各项工作，进一步加强了产学研金的合作，大大提高了科技成果转化率。山西省政府在科技创新体系构建方面开展的主要工作有以下几点：

(1) 贯彻执行国家和区域科技战略发展规划，创建优越的科技发展环境。山西省“十二五”规划指出：山西省“十二五”期间，坚持把科技进步和创新作为加快转变经济发展方式的重要支撑。坚持自主创新、重点跨越、支撑发展、引领未来的方针，实施科技创新跨越工程，提升科技创新能力。深化科技体制改革，建设区域创新体系。重点引导和支持创新要素向企业集聚，加快形成以企业为主体、市场为导向、产学研相结合的技术创新体系。推进大学科技园区和工业技术研究院建设。加强知识产权保护。加大政府对基础研究的投入，不断提高研发投入占地区生产总值的比重，推进重大科技基础设施建设和开放共享。强化企业科技投入主体地位，综合运用财政贴息、融资担保、创业风险投资等多种方式，构建多元化的科技创新投融资体系，促进科技和经济双向融合、跨越发展。①

近年来，山西省将科技创新驱动作为面向未来的重要战略，颁布并实施了一系列科技创新政策，如《山西省科技创新团队建设计划管理暂行办法》、《山西省中长期科学和技术发展纲要（2006~2020年）》、《山西省国家资源型经济转型综合配套改革试验实施方案（2013~2015年）》等。科技创新政策作为科技创新发展的软动力，对相关利益群体开展创新活动起支持和引导作用。因此，科技创新政策实施一段时间后，对山西省科技创新政策实施效果进行科学有效的评估，找出其成效和存在的问题，并加以指导和完善，有利于更好地发挥科技创新政策的支持和引导作用，进而推动山西省科技创新发展，加速山西省经济成功转型。

2010年12月31日，山西省正式建立国家资源型经济转型发展综合配套改革试验区，它的建立有利于促使山西省科技创新工作的进步，对山西省的经济建设也会产生深远的影响。2013年1月23日，在山西省第十二届人大会上，时任山西省代省长指出：“加快推进太榆科技创新城以及11个地级市科技创新园的建设，努力打造科学技术的创新平台，加快推进科学技术成果的转化”。在这样一个机会与挑战并存的世界，科学技术的发展突飞猛进，其发展程度不断加深，广度不断拓宽，山西省唯有进一步加大科技创新的力度，适应世界科学技术创新的发展趋势，顺应科学技术进步的发展潮流，加大力度培养山西省的科技创新能

① 山西省国民经济和社会发展第十二个五年规划纲要［R］. 山西省第十一届人民代表大会第五次会议，2011.

力，充分发挥自身的优势，同时弥补自身缺陷与不足，更快更好地迈向创新型省份。2014 年 10 月 8~12 日，时任山西省省委书记在对太原的调研考察座谈会上的讲话中指出，推动山西省的科技创新工作，省会城市太原要率先发展，最根本的是要依靠科技创新驱动。用好省城科学教育资源的比较优势；建设好山西科技创新城，为孵化科技创新企业以及促进科技成果转化打造良好的环境；改革科技体制，推进产学研合作、大力建设科技服务体系，通过科学技术的创新来调整山西省的经济结构和转变山西省的发展方式。

（2）提供科研经费和财政金融支持。2014 年山西省共有 22 个单位的 350 个项目获得国家自然科学基金立项，资助经费总额超过 1.7 亿元，立项数和资助经费再创新高，继续保持了良好的发展势头。其中，面上项目 112 项、经费 8681 万元；青年基金项目 204 项、经费 5029 万元；杰出青年科学基金项目 1 项、经费 400 万元；重点项目 5 项、经费 1762 万元；重大研究计划项目 2 项、经费 160 万元；联合基金项目 3 项、经费 498 万元；优秀青年科学基金项目 3 项、经费 300 万元；其他项目 20 项，经费 194 万元。为促进山西省高新技术产业的发展，推动科技金融产业的融合，省科技厅积极与商业银行合作，为高新技术企业和科技型中小企业提供融资服务。2014 年浦发、民生、中信银行三大银行共为高新技术企业授信 65.43 亿元，实际贷款 21.07 亿元，有力地支持了山西省高新技术成果的转化和产业的发展。科技厅与英大泰和保险公司积极探索在科技型企业中开展科技保险业务，推进了科技保险业的发展。

在资金支持政策上，省政府加强知识产权保护，鼓励企事业单位、发明人将创新成果申请专利并给予丰厚的资金补助，同时设置省政府科学技术奖，对在科技创新、高新技术产业化等方面做出突出贡献的公民和组织授予荣誉证书和奖金，鼓励自主创新，促进成果转化；在财政政策上，贯彻落实中共中央、国务院有关文件精神，把国家的税收优惠政策落到实处，鼓励和扶持技术创新和科技成果产业化，并将山西省技术转让、技术开发、技术咨询、技术服务等项业务收入纳入营业税、所得税等税收项目的免征范围，为技术创新提供有力的支持。

（3）科技创新平台建设。山西省政府积极引导和大力支持科技创新平台建设。山西省政府积极推进以高校、科研院所为主体的知识创新体系，以企业为主体的技术创新体系和以科技企业孵化器为主体的科技成果转化服务平台体系建设。依托山西大学、太原理工大学、中北大学等高校联合组建科技产业孵化基地、山西省材料界面重点实验室等，涉足煤科学、新型传感器、动态测试技术、新材料界面科学等领域。政府牵头积极推进山西科技创新城建设，着力打造煤基科技创新高地。全力办好中国（太原）国际能源产业博览会2015低碳发展高峰论坛，认真总结2014低碳高峰论坛举办经验，加紧制定2015低碳发展高峰论坛实施方案。建立企业主导技术研发的体制机制。继续强化企业研发机构建设，支持省属国有企业建立国家级技术研发机构。

积极构建创新创业平台：以太原国家高新区为试点，在研究开发、技术转移、检验检测认证、创业孵化、知识产权、科技咨询、科技金融、科学技术普及等专业科技服务和综合科技服务方面，探索新模式，培育新业态。构建资源共享平台。开展全省科技资源情况调查摸底，建立全省科研基础设施和大型仪器设备等科技资源数据库及开放共享目录，联合有关部门研究制定开放共享工作方案，并依托山西科技创新城组织实施。

(4) 促进人才培养和科技成果转化。2015年，山西省共有816名青年科研人才申报青年科学基金，获批资助204项。青年基金与面上基金项目相比，申报数量多43%，立项数量多82%。表明山西省近年来加强青年人才培养措施得力，科研新生力量得到加强，青年科研人才队伍建设取得明显成效。积极推进山西科技创新城建设，确定清华大学、中科院过程所、中海油、中煤科工等27家入驻研发机构。将可引入科研人员1.7万余人，引进院士工作团队20个，“千人计划”等国家级人才88名，对接国家级创新平台26个。制度建设方面，完成了28项政策制度设计。组建科技创新城开发公司的方案已经省政府常务会议研究通过。目前，科技创新城基本具备了开工建设条件。

科技成果方面，2015年全省专利申请量14949件，下降4.7%；其中发明专利申请量5680件，下降7.0%。全省专利授权量9863件，增长17.8%；其中发明专利授权量2432件，增长56.0%。全年新登记科技成果358项。获得国家科学技术奖6项。国家级企业技术中心26家，省级企业技术中心224家。按照国家高新技术企业认定办法，年末累计高新技术企业720家。

（二）科技创新服务系统

科技创新服务机构主要是促进科技成果产生及扩散的中介服务机构，中介机构的服务以专业知识、专门技能为基础，为科技创新活动提供重要的支撑性服务，作为连接科研机构和创新企业的纽带，在科技发展过程中起着“催化剂”和

“凝合剂”的作用，是技术创新体系中不可或缺的重要力量。从目前的活动方式来看，中介服务机构可分为三类：第一类是对科技成果作进一步修改和完善的工程化、设计等方面的服务，如工程技术研究中心、技术开发中心等；第二类是为解决技术创新过程中的各类问题提供信息和解决办法的各种咨询服务，如生产力促进中心、创新咨询公司、法律专利事务所等；第三类是为技术创新活动提供场所、设备等硬件的服务，如高科技园区、创业中心、孵化器等。

到目前为止，全省拥有 3 个国家级生产力促进示范中心，生产力促进网络基本成型，技术创新公共服务平台与科技信息服务平台建设取得明显进展。科技管理体系逐步完善，科技政策法规体系不断健全，科技创新环境进一步优化。2016 年 6 月，省科技厅审批的中介服务机构包括如下两类：第一，会计师事务所，用于研究开发费用和高新技术产品收入专项审计或鉴证报告和编制年度财务报告；第二，省级动物实验检测机构，用于编制动物检测报告。

（三）科技创新投入支撑系统

山西省科技创新资源比较丰富。在大学、科研机构和企业中集聚着一大批创新人才，而且随着创新体系建设的开展，山西省知识、专利信息也越来越多。土地、矿产资源也极为丰富，水资源相对短缺，但基本上可以满足需要。山西省在国家技术标准、数据库、信息网络、大型科研设施和图书馆等基本条件的建设上取得了一定的成就。区域内的各中小城市都建立了相应的数据库和信息网络，在太原、大同、阳泉等中等城市均设有图书馆，开通了信息网络，在电子商务、电子政务等方面均取得了很大的成就。

二、山西省科技创新系统的运行机制

区域创新系统的运行有三个关键：一是区域创新资源的配置，创新过程即是创新资源的配置过程；二是区域创新系统功能的发挥，推动创新是区域创新系统的基本功能；三是区域创新活动主体的互动，区域创新是区域创新主体互动的结果。其运行机制也从这三个方面来理解。区域创新系统的运行机制是其作为一个有机整体通过优化资源配置实现创新功能目标的过程中系统各组成部分的相互联系。山西省区域创新是以满足经济社会发展为根本出发点，以创新投入支撑系统为基础，以创新主体系统为核心，以创新服务系统为纽带的“三位一体”的网络互动机制。既有各系统内部的自运行，又有系统间的协调与互动。山西省科技创新系统总体运行机制如图 3-6 所示。

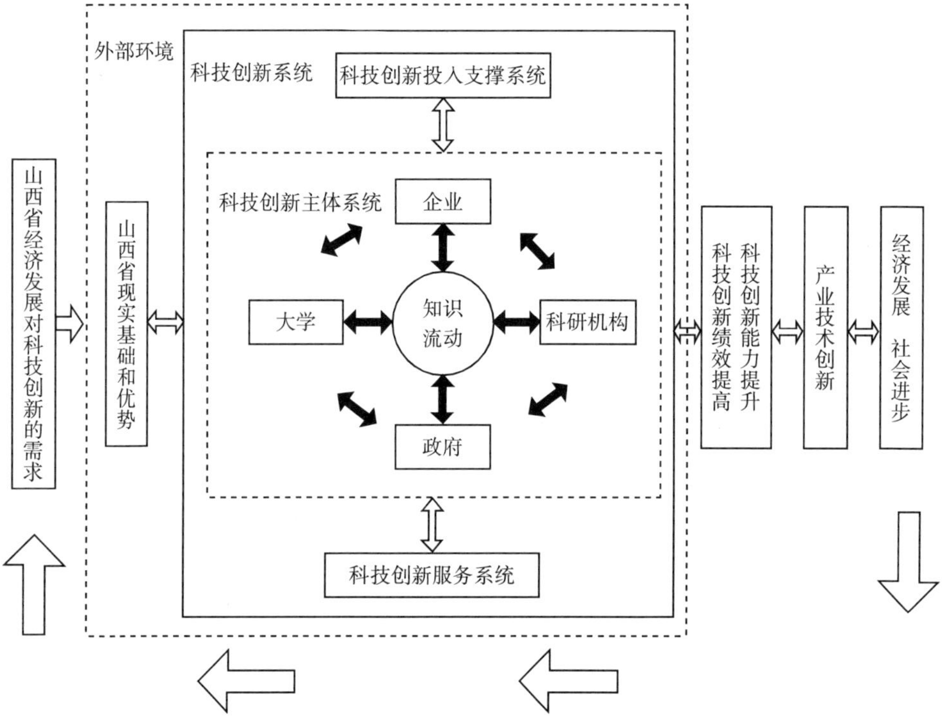

图 3-6 山西省科技创新系统总体运行机制

第三节 山西省科技创新能力的现状

本章对山西省科技创新的现状进行横向与纵向分析。横向分析选取北京、天津、上海、广东、江苏以及中部六省等几个重要省份，与山西省在同时间的科技创新投入、产出和科技创新环境进行横向比较分析，纵向分析则选取 2009~2014 年这段时间内山西省的科技创新投入、产出水平以及创新环境。

一、山西省科技创新能力横向比较分析

为了能够清晰地看出山西省科技创新投入方面的现状，本书选取了国内经济

发达的省份与中部六省，将山西省各项数据与之进行比较。

（一）科技创新投入

一个地区进行科学技术的创新需要以一定的创新资源的投入作为基础和前提条件，而科技创新资源的投入包括对财力的投入和人力资源的投入，以下从科技财力与科技人力投入两方面分别对山西省的科技投入现状进行相应的分析。

1. R&D 经费投入

R&D 经费是指研究与试验发展经费，是英文 Research and Development 的缩写，指统计年度内全社会实际用于基础研究、应用研究和试验发展的经费。包括实际用于研究与试验发展活动的人员劳务费、原材料费、固定资产购建费、管理费及其他费用支出。R&D 经费投入强度是 R&D 经费支出与地区生产总值（GDP）之比，是国际上用于衡量一国或一个地区在科技创新方面努力程度的重要指标。

如图 3-7 所示，2014 年山西省的 R&D 经费投入总额为 152.2 亿元，R&D 经费投入强度为 1.19。从全国 31 个省（市、自治区）来看，山西省 R&D 经费投入排第 20 位，比上年下滑 1 位；经费投入强度排第 16 位，与上年排位相同。全国 R&D 经费为 13015.6 亿元，排前三位的江苏、广东、山东分别为 1652.8 亿元、1605.4 亿元和 1304.1 亿元；全国 R&D 经费平均投入强度为 2.05%，排前三位的

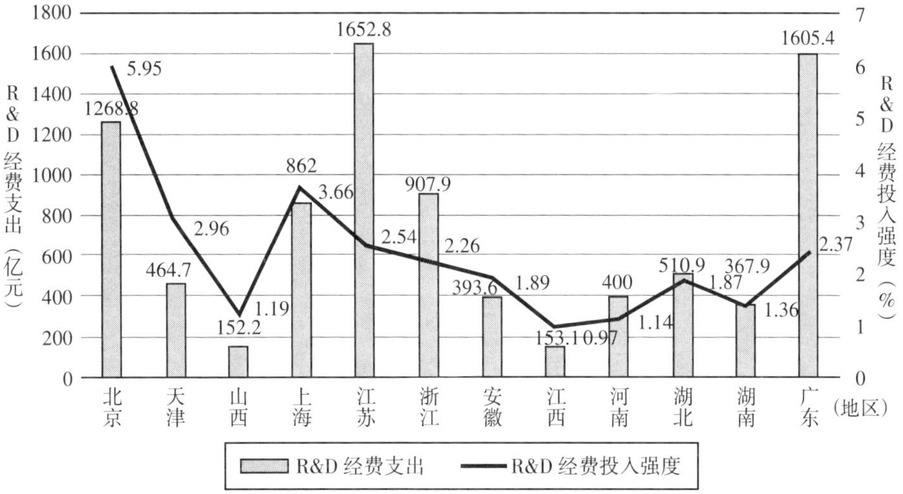

图 3-7　2014 年各地区研究与试验发展经费支出情况

资料来源：2014 年全国科技经费统计公报，http：//www.stats.gov.cn/tjsj/tjgb/rdpcgb/qgkjjftrtjgb/201511/t20151123_1279545.html.

北京、上海、天津分别为 5.95%、3.66%和 2.96%。中部六省 R&D 经费投入最高的是湖北省，为 510.9 亿元，山西省排在第 6 位，由此可见山西省的 R&D 经费投入处于全国中下游水平，显示出山西省的科技创新能力较为落后。科研经费投入不足，投资结构失调，客观上制约了山西省高新技术研发水平和创新能力的提高，阻碍了山西省高新技术产业发展的进程，更是阻碍山西省科技创新发展的一大症结。

2. 人力的投入

R&D 人员折合全时当量这一指标也是能够反映某一地区科技创新能力的指标之一。在对山西省科技创新人才供给现状进行分析时受到统计数据完整性因素的限制，研究人员选取 2014 年各地区规模以上工业企业 R&D 人员全时当量作为 R&D 人员投入数据，具体数据如图 3-8 所示。

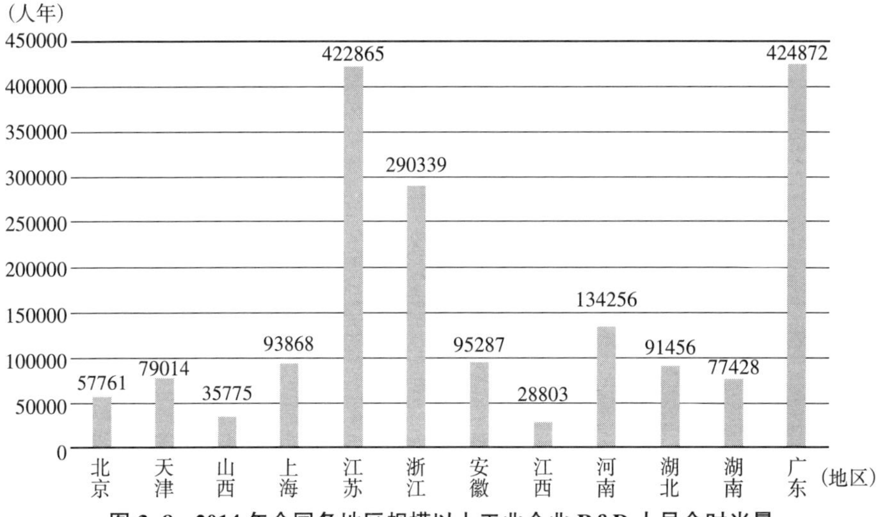

图 3-8　2014 年全国各地区规模以上工业企业 R&D 人员全时当量

资料来源：国家统计局官网，http：//data.stats.gov.cn/easyquery.htm？ cn=E0103.

如图 3-8 所示，2014 年山西省规模以上工业企业 R&D 人员全时当量为 35775 人年，在全国 31 个省份中排名第 19 位，R&D 人员全时当量排名前三的省份分别是广东省（424872 人年）、江苏省（422865 人年）和浙江省（290339 人年）。中部六省在规模以上工业企业 R&D 人员投入量最高的是河南省（134256 人年），山西省在中部六省中排名第 5 位。图中数据明显反映出山西省对科技人才的投入总量显著偏低，科技人才的缺乏也导致了山西省的科研基础薄弱，创新能力较低。

（二）科技创新产出

1. 专利受理与授权量

由图 3-9 可知，山西省 2014 年专利申请受理量为 15687 项，专利申请授权量为 8371 项，在全国 31 个省份中排名第 22 位，在中部六省中排在第 6 位。专利申请受理量和授权量排在前三位的省份是江苏省（421907 项；200032 项）、广东省（278358 项；179953 项）和浙江省（261435 项；188544 项）。而且从柱状图中可以很明显地看出，江苏省的专利申请受理量显著高于其他省份，是第二名广东省的 1.5 倍之多，是山西省的 26 倍。而山西省与同为中部六省的其他省份相比，也有较大差异：中部六省专利申请受理量、授权量排名最高的河南省为 62434 项和 33366 项。专利申请量与授权量间接体现了一个地区的科技创新能力，可见山西省份对专利申请的重视程度明显不足，再加上科技人才的严重匮乏，严重阻碍了山西省的科技创新与经济增长。

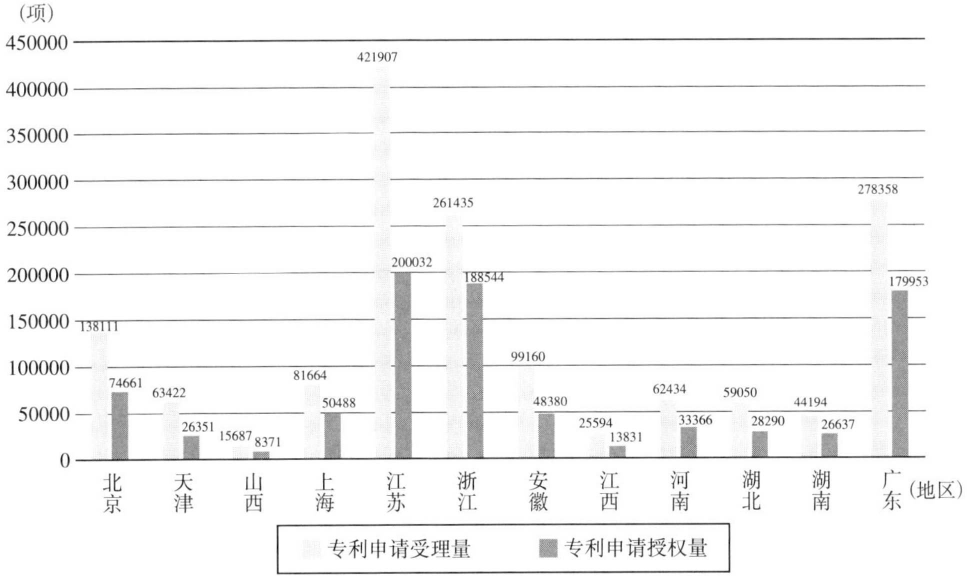

图 3-9　2014 年各地区专利申请受理量与授权量

资料来源：国家统计局官网，http：//data.stats.gov.cn/easyquery.htm？cn=E0103.

2. 技术市场合同成交额

由图 3-10 可知，2014 年山西省的技术市场成交额为 48.46 亿元，排在全国

31 个省份中的第 18 位。全国排名前三位的省份分别是北京市（3137.19 亿元）、陕西省（640.02 亿元）和上海市（592.45 亿元）。而且从柱状图中明显可以看出，排在第一位的北京市明显高于第二名陕西省很多，是陕西省的 4.9 倍。中部六省技术合同成交额最高的是安徽省（169.83 亿元），而山西省排在中部六省中的第 5 位。

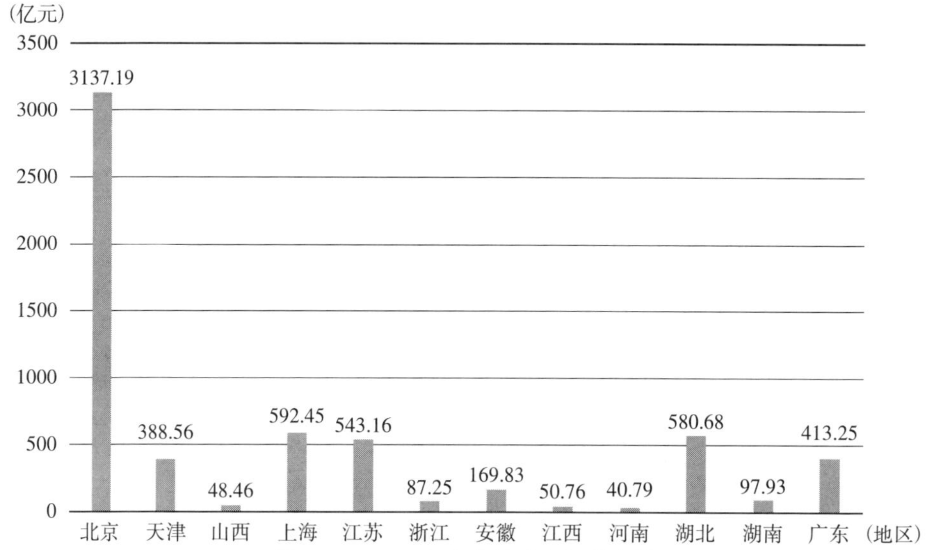

图 3-10　2014 年各省技术市场成交额

资料来源：国家统计局官网，http：//data.stats.gov.cn/easyquery.htm？cn=E0103.

根据上面的人力资源投入和创新资金投入以及创新成果产出方面的相关指标可以看出，无论是在科技创新资源投入还是在创新成果产出方面，山西省都处于全国和中部省份中的后面。山西省要想成为科技大省，实现经济快速发展和科技进步，就必须走提高资源利用效率、提升科技创新平台的创新效率之路，力争在中部崛起中发展壮大自身的科技实力，早日实现科技强省。

（三）环境支撑

1. 科技创新环境

区域科技创新体系的建立须有较好的科技创新环境来支撑，须有政府的有效支持，须有较为完善的市场环境以及相应规模与质量的教育环境支撑。科技创新环境的表征指标有许多，本书根据山西省的实际情况选取一些具有代表性的指标来研究山西省和全国主要省份的科技创新环境。这些指标分别是教育经费支出、外商投资企业进出口总额、普通高等院校数以及公共图书馆的个数。具体数据如图 3–11、图 3–12 和图 3–13 所示。

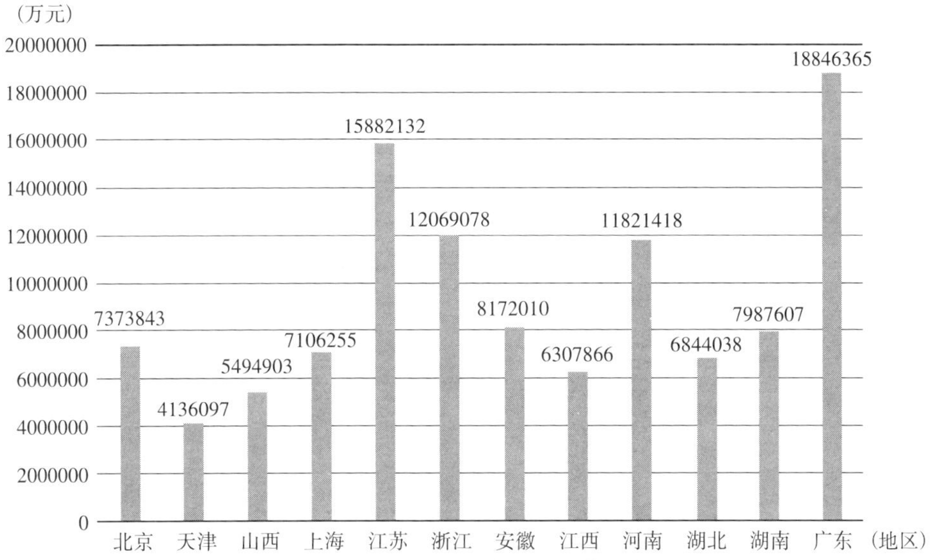

图 3–11　2014 年各省教育经费支出

资料来源：国家统计局官网，http：//data.stats.gov.cn/easyquery.htm？cn=E0103.

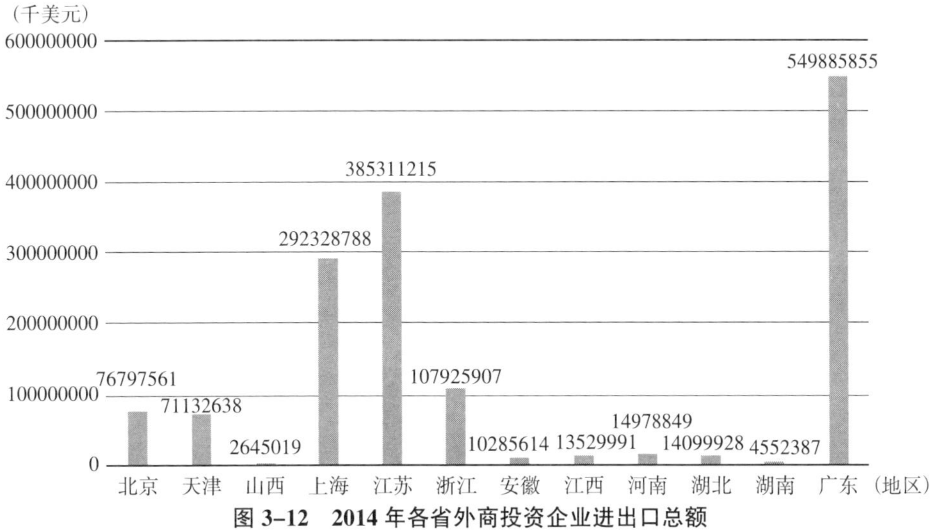

图 3–12　2014 年各省外商投资企业进出口总额

资料来源：国家统计局官网，http：//data.stats.gov.cn/easyquery.htm？cn=E0103.

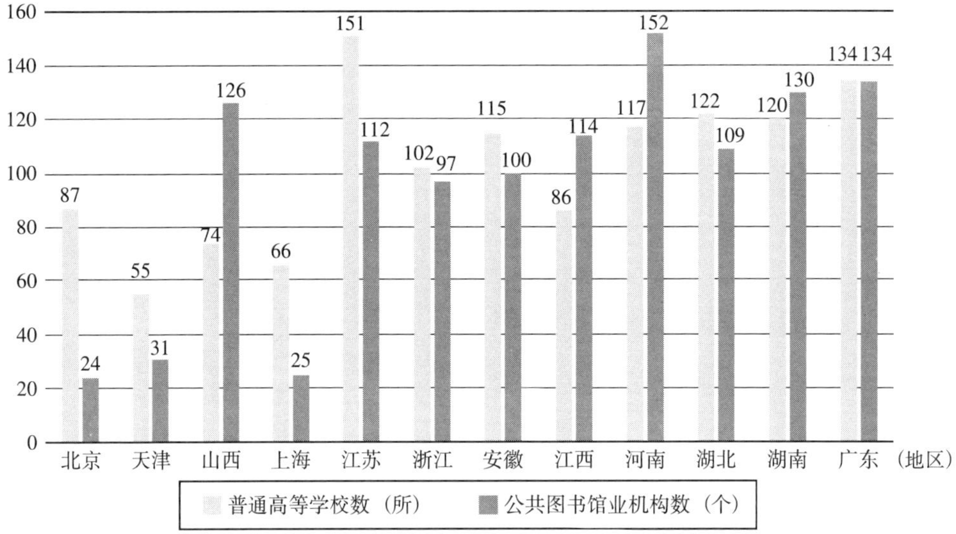

图 3-13　2014 年各省普通高等学校数和公共图书馆业机构数

资料来源：国家统计局官网，http：//data.stats.gov.cn/easyquery.htm？cn=E0103.

由图 3-11、图 3-12 和图 3-13 可知山西省 2014 年的教育经费支出为 5494903 万元，排在全国 31 个省份中的第 19 位，教育经费支出最高的省份是广东省（18846365 万元），相当于山西省的 3.43 倍。中部六省教育经费支出最高的是河南省（11821418 万元），山西省排在第 6 位。

山西省外商投资企业进出口总额为 2645019 千美元，排在全国 31 个省份中的第 22 位，在中部六省中排名外商投资企业进出口总额最高的省份依旧是广东省（549885855 千美元），是山西省的 207.9 倍。这与山西省所处的地理位置有很大关系，内陆省份与外商进行贸易往来的机会与沿海城市相比差很多，所以进驻的外商企业数量很少，因而进出口投资额就会少很多。

2014 年山西省的普通高等院校有 74 所，排在全国第 17 位、中部六省的第 6 位。江苏省的普通高等院校最多，有 151 所，是山西省的 2 倍多。2014 年山西省的公共图书馆机构数有 126 个，排在全国第 9 位、中部六省中的第 3 位。四川省的公共图书馆最多，有 169 个。

2. 环境支撑

区域科技创新能力需要相应规模和质量的基础环境、较为合理以及稳定的经济环境作为科技创新的基础支撑。基础环境是某一区域科技创新的最基本条件，交通运输的便捷程度以及信息化的水平能促进科技创新能力的形成，是区域经济发展以及现代化的标志。本书从移动电话和固定电话用户数、互联网上网人数、各省客运量和货运量以及第三产业增加值几个指标研究山西省的科技创新环境支撑现状。具体数据如图 3–14 至图 3–17 所示。

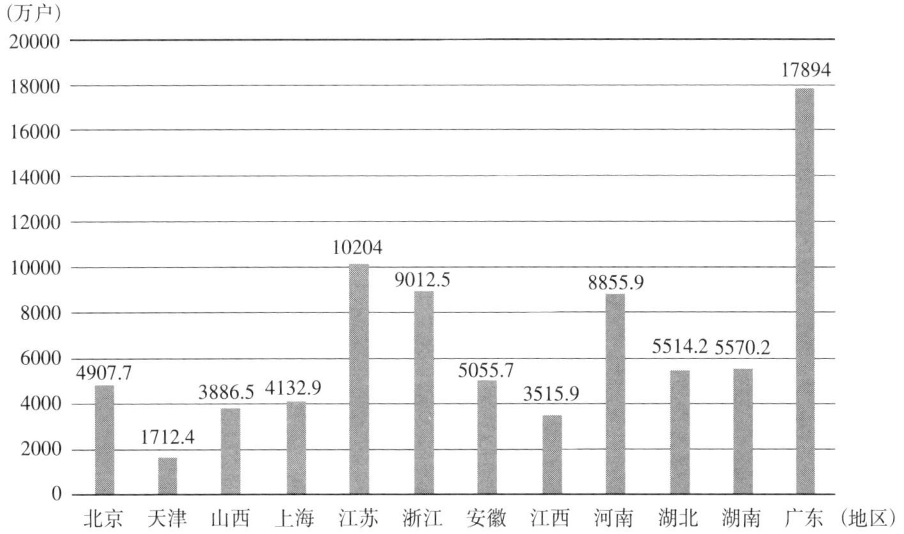

图 3–14　2014 年各省（市）移动电话和固定电话年末用户

资料来源：国家统计局官网，http：//data.stats.gov.cn/easyquery.htm？cn=E0103.

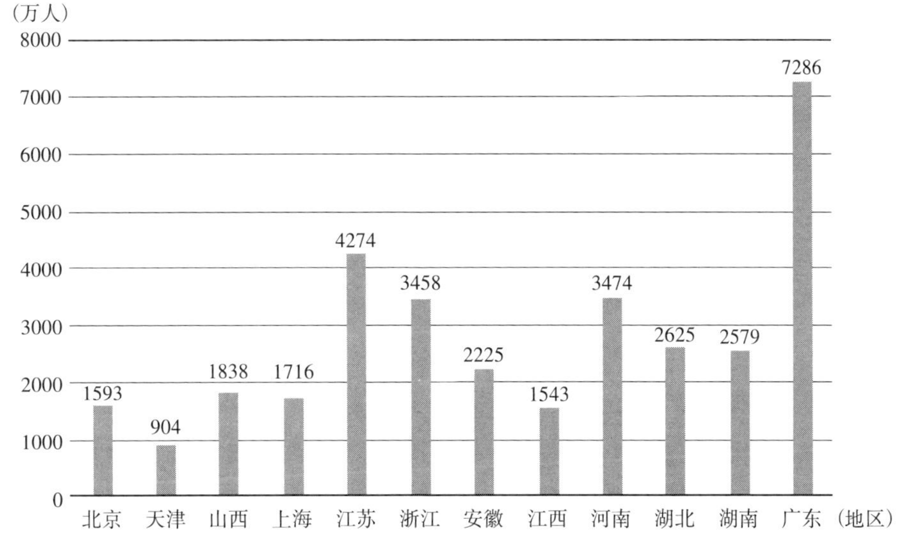

图 3–15　2014 年各省（市）互联网上网人数

资料来源：国家统计局官网，http：//data.stats.gov.cn/easyquery.htm？cn=E0103.

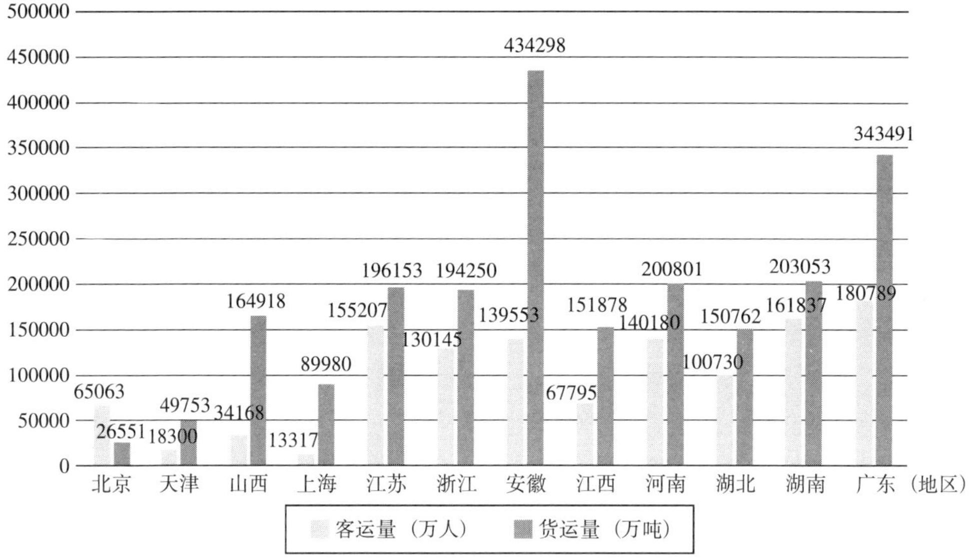

图 3-16　2014 年各省（市）客运量和货运量

资料来源：国家统计局官网，http：//data.stats.gov.cn/easyquery.htm？cn=E0103.

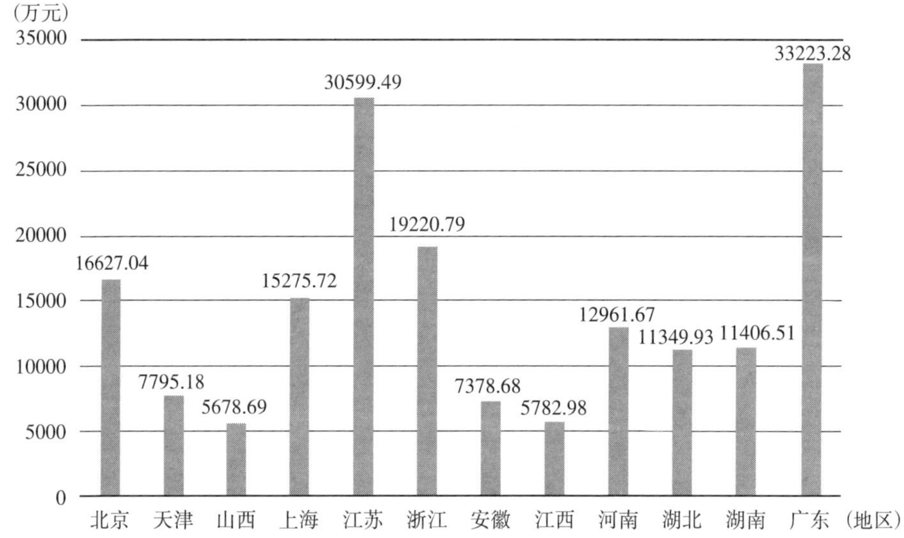

图 3-17　2014 年各省（市）第三产业增加值

资料来源：国家统计局官网，http：//data.stats.gov.cn/easyquery.htm？cn=E0103.

由图 3-14 至图 3-17 可知，2014 年山西省移动电话和固定电话年末用户数为 3886.5 万户，排在全国 31 个省份的第 19 位、中部六省中的第 6 位，移动电话和固定电话用户数最高的省份是广东省（17894 万户）。互联网上网人数为

1838 万人，排在全国 31 个省份中的第 14 位、中部六省中的第 5 位，互联网上网人数最高的省份是广东省（7286 万人）。山西省 2014 年的客运量为 34168 万人，排在全国 31 个省份中的第 24 位、中部六省中的第 6 位，客运量最高的省份是广东省（180789 万人）。货运量为 164918 万吨，排在全国 31 个省份的第 13 位、中部六省的第 5 位，货运量最高的省份为安徽省（434298 万吨）。山西省 2014 年的第三产业增加值为 5678.69 万元，在中部六省中排第 6 位，在全国排名第一的广东省是山西省的 5.85 倍。

二、山西省科技创新能力纵向比较分析

（一）科技创新投入

1. 财力的投入

如图 3-18 所示，从总量上来看，山西省的 R&D 经费投入呈逐年上升趋势，其 R&D 经费投入从 2009 年的 80.86 亿元增长到 2014 年的 152.2 亿元，2014 年的 R&D 经费投入是 2009 年的 1.88 倍，5 年间增加了 71.34 亿元，平均每年增加 14.27 亿元，年均增长速度为 17%，可见山西省用于 R&D 的经费增长迅速。2009~2014 年山西省 R&D 经费投入强度均保持在 1%左右，没有特别明显的变化，因此，山西省在今后的发展中应该加大其在科技活动经费上的投入。

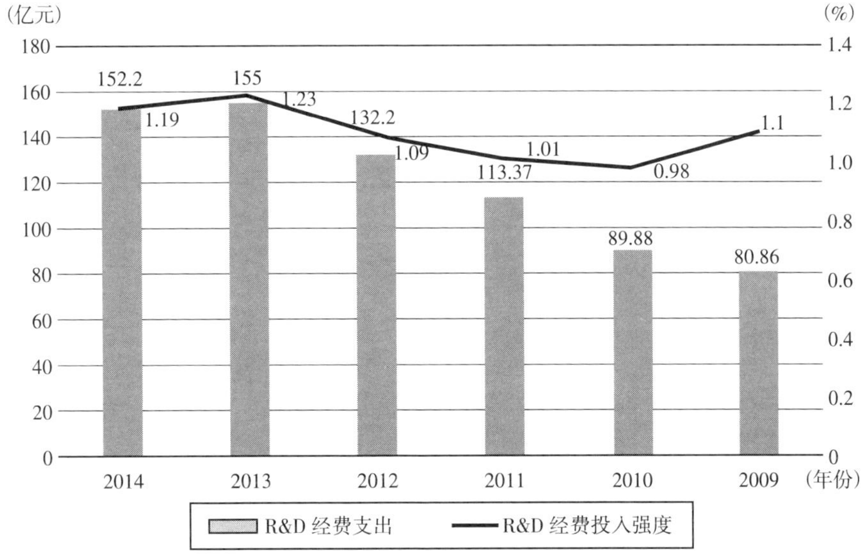

图 3-18　2009~2014 年山西省 R&D 经费投入情况

资料来源：《山西省科技经费投入统计公报》（2009~2014 年）。

2. 人力的投入

从图 3-19 中可以看出，山西省 R&D 人员全时当量从 2008~2014 年是呈缓慢增长趋势的，2011~2012 年有所回落，2012~2014 年又迅速增长，之后几年的变化并不大，总体来看，还是呈现逐渐增长的趋势。2008 年的 R&D 人员全时当量为 31412 人年，到 2014 年达到 35775 人年，增长了 4363 人年，年均增长率为 2.31%。可见，近几年山西省对各项研究人员的投入都有所增加，但增速并不是很明显。

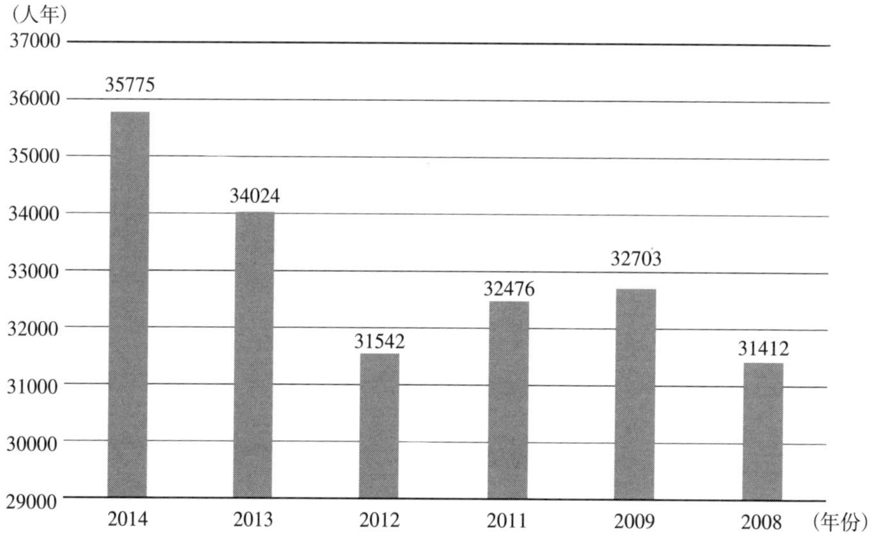

图 3-19　2008~2014 年山西省规模以上工业企业 R&D 人员全时当量

注：缺 2010 年数据。

资料来源：国家统计局官网，http：//data.stats.gov.cn/easyquery.htm? cn=E0103.

（二）科技创新产出

1. 专利申请、授权量

图 3-20 反映的是山西省 2009~2015 年发明的专利申请受理量与授权量的统计数据。从图中可以看出，山西省从 2009~2013 年的专利申请受理量呈稳步增长趋势，尤其是 2012 年、2013 年的增长速度均大于前几年，2013 年达到最大值 18859 件，而且 2012 年与 2013 年山西省的专利申请受理量均排在全国前 20 位。2014 年、2015 年又有所回落。专利申请授权量一直呈稳定的增长态势，最近几年的增长速度稍大于前几年，2015 年为 9863 件，约占专利申请受理量的 66%，

比 2009 年增加 6636 件，年均增速为 34.3%。由以上分析可知，山西省发明专利受理水平与专利授权水平纵向看来都有所提高，但两者之间的缺口比较大，而横向较其他省份而言还比较落后。

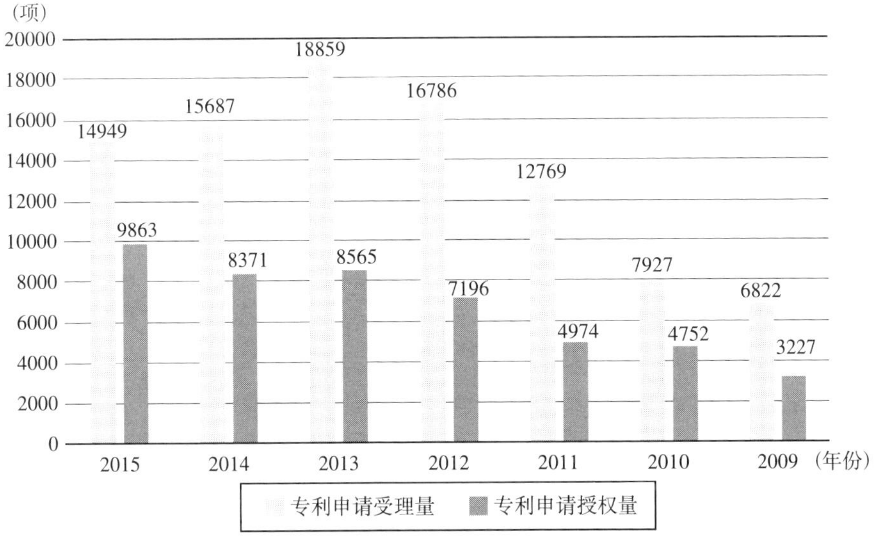

图 3-20　2009~2015 年山西省专利申请受理量与授权量

资料来源：国家统计局官网，http：//data.stats.gov.cn/easyquery.htm？cn=E0103.

2. 技术市场成交额

如图 3-21 所示，山西省技术市场合同成交数在 2009~2014 年呈逐年上涨趋势，2014 年技术市场成交额达到 3137.19 亿元，约是 2009 年的 2.5 倍。而且 2011 年与 2012 年山西省的技术市场合同成交量均排全国第 26 位，2014 年便上升到第 18 位。由以上分析可知，山西省技术市场发展态势逐渐好转，在今后的发展中应加强对技术市场的控制与管理，投入更多的人力与财力以完善技术市场。

（三）环境支撑

1. 科技创新环境

由图 3-22 可知，山西省 2009~2013 年在教育经费上的投入呈快速增长趋势，尤其是 2013 年为 6918247 万元，同比增长 49.8%，由此可见，山西省对教育越来越重视，这为山西省科技创新能力的提高以至经济的快速发展奠定了扎实的人才基础。

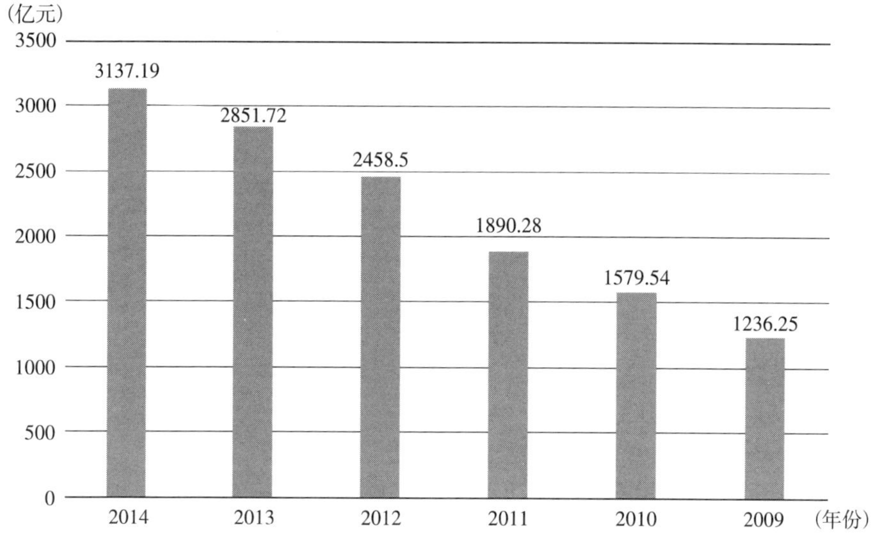

图 3-21 2009~2014 年山西省技术市场成交额

资料来源：国家统计局官网，http：//data.stats.gov.cn/easyquery.htm？cn=E0103.

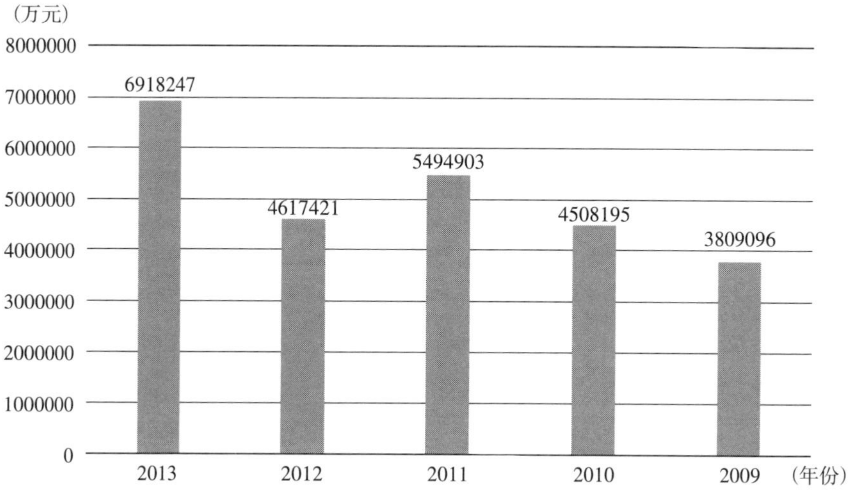

图 3-22 2009~2013 年山西省教育经费支出

资料来源：国家统计局官网，http：//data.stats.gov.cn/easyquery.htm？cn=E0103.

图 3-23 显示出 2009~2014 年山西省外商投资企业的进出口总额呈现显著增长的趋势，2014 年达到 6911594 千美元，约是 2009 年的 4.24 倍，年均增长率为 64.73%。因地处内陆，山西省与外商进行投资的机会无法与沿海发达省份相比，但依旧呈现出逐年增长的趋势。

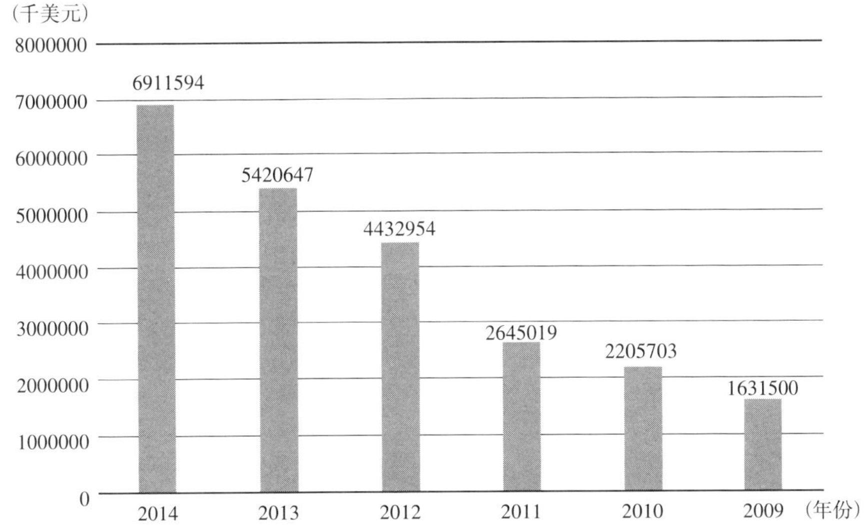

图 3-23　2009~2014 年山西省外商投资企业进出口总额

资料来源：国家统计局官网，http：//data.stats.gov.cn/easyquery.htm? cn=E0103.

由图 3-24 可知，2009~2014 年山西省普通高等学校呈现逐年增长的趋势，2014 年达到 79 所，比 2009 年增加 8 所，增速较为明显。普通高等学校承担科研人才培育和科技创新活动载体的职责，高校数量是科技创新正常运转的保障，因此，山西省应重视起高校数量与质量培养工作。

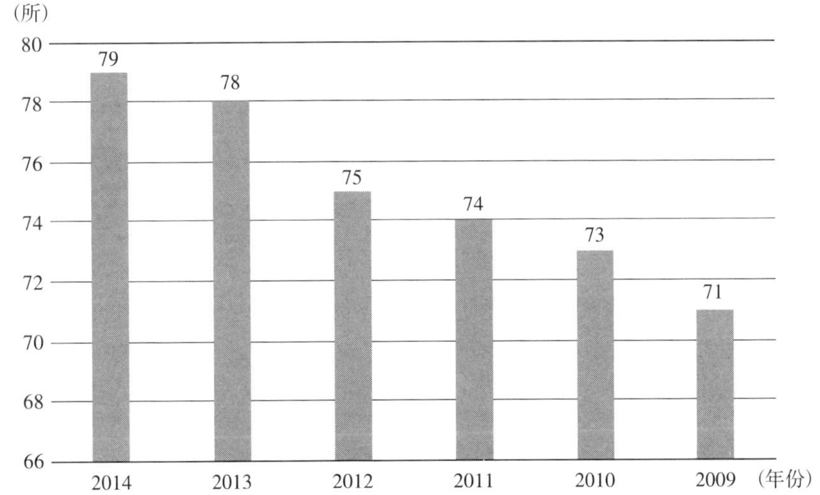

图 3-24　2009~2014 年山西省普通高等学校数

资料来源：国家统计局官网，http：//data.stats.gov.cn/easyquery.htm? cn=E0103.

公共图书馆对外开放，为知识的获取添加了渠道，也使区域的学习氛围更加浓厚。知识是创新的源泉，因此，公共图书馆图书数量的多少为科技创新的实现提供了良好的平台。图 3-25 显示出山西省 2009~2014 年的公共图书馆业机构数未发生明显改变，仅在 2013 年增加了 1 个，2014 年又回归到 126 个。

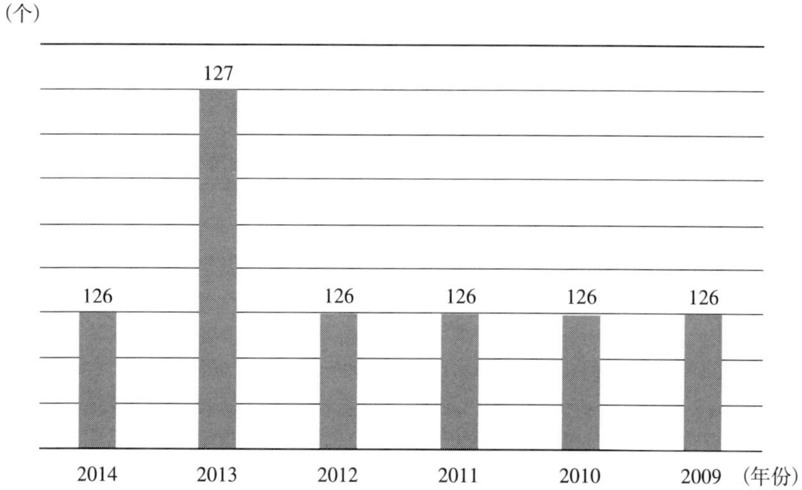

图 3-25　2009~2014 年山西省公共图书馆业机构数

资料来源：国家统计局官网，http：//data.stats.gov.cn/easyquery.htm？cn=E0103.

2. 基础环境

作为知识经济时代信息创造以及信息传递的一种重要的载体，国际互联网是发展最快的信息机构，对知识传播具有重要作用。由表 3-7 可知，山西省的国际互联网用户数和移动电话、固定电话用户数呈现逐年递增的趋势，电话用户的年均增长率为 8.21%，互联网用户数的年均增长率为 11.76%，可见虽呈逐年增长状态，但增长率并不高。2010~2012 年山西省的交通客运量呈逐年增长态势，2012~2014 年又持续下跌，且 2014 年的客运量小于 2010 年的客运量。山西省 2010~2014 年的货运量则呈逐年增长的态势，年均增长率为 8.15%，可见增长速度是缓慢的。第三产业增加值呈现明显的增长态势，2014 年第三产业增加值是 2010 年的 1.66 倍，年均增长率为 16.6%，由此可见，山西省十分重视第三产业的发展。

表 3-7　2010~2014 年山西省科技创新基础情况

项目	2014 年	2013 年	2012 年	2011 年	2010 年
移动电话和固定电话年末用户（万户）	3886.5	3689.9	3449.8	3129.1	2925.9
互联网上网人数（万人）	1838	1755	1589	1405	1250
客运量（万人）	34168	34899	39987	39208	38424
货运量（万吨）	164918	156045	144608	134436	124367
第三产业增加值（万元）	5678.69	5311.18	4682.95	3960.87	3412.38

资料来源：国家统计局官网，http：//data.stats.gov.cn/easyquery.htm？cn=E0103.

本章小结

建设创新型国家是我国面向未来的一项重大战略抉择，省份作为国家进行政治、经济、文化发展与交流的重要区域，承担着至关重要的作用。构建区域科技创新体系，对于促进现代经济社会的持续发展和建设创新性国家，起着重大作用。

山西省作为我国重要的能源化工基地，以其独特的资源优势，尤其是丰厚的煤炭资源为全国能源供应和经济高效增长立下了汗马功劳，享有“乌金之乡”的美誉。但是，长期以来大规模、高强度的煤炭开采和资源开发，导致山西省产业结构单一、生态环境恶化、经济社会发展水平滞后，正面临着“资源经济颓势”的危险。2010 年 12 月，国家发改委正式批复设立“山西省国家资源型经济转型综合配套改革试验区”，将山西省经济转型发展升级为国家级战略。近年来，更是颁布并实施了一系列科技创新政策，如《山西省科技创新团队建设计划管理暂行办法》、《山西省中长期科学和技术发展纲要》（2006~2020 年）、《山西省国家资源型经济转型综合配套改革试验实施方案》（2013~2015 年）等。那么，如何定位山西省的科技创新体系，从哪些方面来构建区域创新体系，具体的运行机制和科技创新发展现状如何？这些问题是山西省在推进科技创新系统建设中亟待解决的根本性问题。本章从山西省的现实基础出发对科技创新系统的构建及其运行机制进行了全面、深入的研究，最后对科技创新现状进行了横向和纵向分析，一方面，为山西省进行科技创新系统建设提供科学的决策参考；另一方面，也将充实、拓展科技创新的理论研究。

本章得出的结论主要有以下几点：

第一，山西省的地理位置和资源储量决定了山西省资源型经济的发展模式，然而，山西资源型经济存在产业结构单一、经济增长动力失衡、可持续发展能力不足等突出问题，转型发展是唯一出路；在近几年的共同努力下，山西资源型经济转型发展取得了一定的成效，具体表现为经济发展态势良好、传统产业获得提升、接续替代产业不断壮大以及生态环境质量得到进一步改善；科技创新驱动是山西资源型经济转型的重要途径，但是山西省面临着科技创新能力不足的威胁，主要表现为科技经费不足、科技人才短缺、科技成果分布不合理以及创新产出和转化率低下。

第二，通过对山西省地理位置、经济发展水平、人力资源状况以及政策制度环境的研究分析，构建出山西省科技创新系统建设的总体框架及运行机制。科技创新系统由科技创新主体、科技创新服务机构和科技创新资源支撑系统构成。其中，主体系统由企业、政府、高校、科研机构等构成；科技创新服务系统主要是促进科技成果产生及扩散的中介服务机构，主要包括科技信息机构、创业服务机构、生产力促进中心、技术市场、科技成果转化机构；科技创新资源投入支撑系统包括人才、资金、科技基础设施等。基于此，山西省的科技创新系统运行机制是以满足经济社会发展为根本出发点，以创新投入支撑系统为基础，以创新主体系统为核心，以创新服务系统为纽带的“三位一体”的网络互动机制，既有各系统内部的自运行，又有系统间的协调与互动。

第三，通过对山西省与中部六省和京津沪浙等其他几个重要省份、直辖市进行同期科技创新横向比较分析和近5年山西省自身数据的纵向比较分析，我们发现：山西省的经济发展态势良好，但仍处在全国中下游水平；科技创新人力与财力投入均呈现逐年上升的趋势，但上升力度不够；科技创新产出逐年增加，但科技创新成果转化率仍旧偏低；教育投资有所增加，横向比较后却略显不足；科技创新环境逐年改善，上升空间仍旧很大。总之，横向比较的结果是同沿海发达省份相比差距巨大，无论是在创新资源投入绝对量，还是在创新资源整合能力、创新成果转化能力方面都存在较大的差距，需要认真地向先进省份学习借鉴它们的成功经验，因而进步和提升空间十分广泛；从纵向上观察，山西省高校、企业和科研院所的科技创新效率在近几年有一个很大的进步，效率提升很快，这从一个方面反映了山西省科技创新的运行效率在逐年不断提升与改善，注重资源投入的数量、质量以及投入比例。

第四章　山西省科技创新绩效评价指标体系及模型构建

第一节　山西省科技创新绩效评价指标体系构建

一、评价指标体系建立的指导思想

区域创新体系作为国家创新体系的子系统，是国家创新体系的基础和重要支撑。区域科技创新能力是构筑国家创新能力的重要支柱，是区域经济发展的内生动力和重要驱动力。随着资本、信息、技术和人才等要素在区域内外的流动和配置更加普遍，区域在国家经济发展中的重要性更加突出，经济发展呈现出明显的地域化特征。区域竞争模式已经从资源、资本要素导向型转变为科技创新导向型。科技竞争日益成为区域间竞争的焦点，科技创新能力成为区域竞争力的决定因素。如何科学有效地评价区域科技创新绩效不但是政府部门、科研管理机构以及学术界备受关注的问题，而且对于一个区域在一定范围内科学地定位自身的科技创新能力、优化地区创新资源配置、采取合理的科技创新战略具有重要意义。

山西举全省之力，建设科技创新城，打造山西省的科技特区、人才特区，中国的煤基科技及产业创新高地，世界煤基科技成果和项目的重要集聚中心。截至2014年，已初步选出首批拟入驻项目35个，预计总投资233.5亿元。主要研发方向涉及煤基清洁利用、高效超净燃煤发电、新材料、生物工程、节能环保五个领域。

实施低碳创新行动计划是山西省创新驱动的重要引领。为此，山西省将着力实施低碳重大工程、产业减排计划、低碳科技创新行动，创新低碳发展机制。山西省目前提出了山西科技创新城低碳高地建设、低碳城市试点建设、煤基低碳示范园区建设和“气化山西”四个重点建设工程，提出了举办“中国（山西）低碳发展国际论坛”等七条低碳发展体制和政策。

二、评价指标选取的原则

评价山西省科技创新绩效必须要有一套明确的量化指标，指标体系的建立是山西省科技创新绩效评价的核心部分，是关系到评价结果可信度的关键因素。构建科学合理的科技创新绩效评价指标体系应遵循系统性、科学性、导向性、可比性、可行性等基本原则。

（1）系统性原则。科技创新绩效是一个由多层次、多要素构成的复杂系统，涉及从基础研究到应用研究、开发研究再到成果转移、扩散与产业化的完整过程和多种特征要素的集合。这就要求相应的评价指标体系要具有足够的涵盖面，尽可能将影响科技创新能力的主要要素囊括在内，以系统、全面、真实地反映科技创新的全貌和各个层面的基本特征。但评价指标体系又不是各指标的简单堆砌和松散集合，必须根据各指标间的内在逻辑关系进行系统整合与集成，即围绕总体评价目标将评价指标分解为不同的层次与模块，形成明晰的框架结构，其中的各评价指标既相互独立，又相互联系，形成一个有机的评价系统。

（2）科学性原则。首先，要根据山西省科技创新的特点和规律，尽可能从相关要素中选取那些最能体现山西科技创新本质、实力和潜力的衡量指标，且各指标要具有相对的独立性，同一层次的指标不应具有明显的包含关系。其次，要注意保持总量（规模）指标与均量（效益）指标、绝对量指标与相对量指标、静态指标与动态指标等之间的平衡性，即既要利用总量指标反映科技创新的数量与规模特征，又要通过均量指标和相对量指标来体现科技创新的质量与效率的差异；既要利用静态指标反映科技创新的基础、现状和实力，又要利用动态指标体现科技创新发展的潜力、趋势和前景。

（3）导向性原则。指标体系的设计要适应当前国际科技发展的形势与趋势，符合国家科技发展战略和科技政策。在进行系统、全面评价的基础上，还要通过权重系数的不同体现各指标在评价指标体系中的相对重要程度。在权值的分配上要注重绩效，突出原始性创新和高水平成果以及科技成果的转化，以引导山西更加重视基础研究，瞄准国际前沿开展原始性创新；加快科技成果的转化与产业化，为国家经济建设做贡献。

（4）可比性原则。量化评价指标体系的设计主要是为了进行横向或纵向比较，因此所选取的指标应反映评价对象的共性特征，即要从不同科技创新活动中抽象和提炼出能反映其共性特征的代表性指标，并且这些指标都能通过某种方式获得具体、明确的评价数据，这样一来评价结果才具有可比性。可比性还要求对末级指标的原始数据进行归一化或无量纲处理。

（5）可行性原则。从理论上讲，我们可以设计出一个尽可能包容全面的庞大指标群和复杂的指标树构成的指标体系，对科技创新能力做出全方位、立体化、多层次、多视角的评价。因为评价指标越多，对事物的刻画越精细，评价结果就可能越准确。但在实际操作中，又必须考虑到量化评价的可行性和指标数据的可获取性。故而在设计指标体系时，必须尽量选用那些能够直接量化的定量指标，并且这些指标可以通过现有统计系统和检索工具直接采集到统计数据。对那些虽能体现科技创新能力却难以量化的定性指标以及难以采集到数据的定量指标，只能舍去，不列入量化评价指标体系，同时要删除一些内容重复的定量指标，以简化指标体系，提高评价的可操作性。

三、指标体系构建

目前，国内学者对于区域科技创新能力评价的实证研究主要集中在以下三个方面：第一，关于区域科技创新能力评价体系和指标构建的探讨。如张序萍等（2010）从区域技术创新能力的内涵和构成要素出发，对区域技术创新能力的指标进行筛选及评价研究；李柏洲和苏屹（2009）针对区域科技创新能力评价中存在主观性强、信息重叠量大等问题，对区域科技创新能力的评价指标进行优化研究。第二，关于区域科技创新能力不同评价方法的研究。王荼香和陶媛媛（2005）、唐炎钊（2004）、杨大楷和冯体一（2008）分别基于层次分析法、模糊数学法、因子分析法对我国区域创新能力进行了实证研究。此外，还有部分学者分别采用数据包络法、可拓综合评价法、主成分分析等方法对区域科技创新能力进行评价研究。第三，关于我国各省份或某省份区域科技创新能力评价的综合研究。如中国科技发展战略小组发布的《2010 年中国区域创新能力报告》，该报告从知识创造、知识获取、企业技术创新、技术创新环境与管理、创新的经济效益五个方面对我国各省份区域创新能力进行分析与评价。方秀文（2001）、郑雨苹等（2010）、万君康和陈安平（2006）分别对广东省、福建省和武汉市的区域科技创新能力进行实证评价与分析。

从已有区域科技创新能力或绩效定量评价的研究来看，评价指标的设定与选取大多都偏重于考虑科技投入和产出的绝对数量，如国内论文发表论文数、SCI\EI 收录论文数、R&D 经费数、每年培养博士生数、专利申请量/授权量、科技中介服务机构数、每万人中拥有科学家和工程师等，而对科技产出的质量重视不够。已有研究中测度科技活动质量的指标大多基于简单的占有率，如 SCI 论文占所有论文的比重、新产品销售收入占产品销售收入的比重、科技拨款占财政支出的比重、专利授权量占申请量的比重等，这些质量指标显得过于单一，甚至有些指标间相关度较高。还有一些生成比率指标的基本指标间往往存在规模效应（或非线性效应），如研发经费投入与 GDP、论文数与被引次数、GDP 与人口等，这种规模效应会对比率指标产生影响。

区域创新的过程包括投入、产出两个方面。在对现有文献的分析中可以发现，投入指标常选取：科技活动人员数、R&D 人员数量、R&D 机构数、每万人平均 R&D 人员全时当量、R&D 经费额、R&D 经费占 GDP 的比例、固定资产投资等指标。产出指标常选取：发明专利授权量、科技论文发表数量、高新技术产业总产值、技术市场成交额、人均 GDP、区域 GDP 增加值等指标。

根据科技创新的过程，本书区分了科技创新的产出效率与经济转化效率。前者主要是单纯衡量一定科技资源投入下的科技创新成果的产出效率（侧重于科学原创过程）；后者则主要是衡量科技创新产出的经济转化效率，反映了科技创新过程的系统性与科学性（侧重于技术创新过程）。

根据上文中的指标选取原则，并参考相关文献，剔除了难以获得数据的指标，根据山西省科技数据的统计现状并结合各市的科技发展情况，本书选取研究与试验发展经费支出（亿元）、研究与试验发展经费支出占 GDP 比重（%）、研究与试验发展人员全时当量（人年）、研究与实验发展机构数（个）、科技拨款占地方财政支出比重（%）作为一阶段投入指标；选取技术市场成交额（亿元）、国内专利申请授权量（项）、国外主要检索工具（SCI、EI、CPCI-S）收录科技论文数（篇）、出版科技专著数（种）作为一阶段产出指标；选取技术市场成交额（亿元）、国内专利申请授权量（项）、国外主要检索工具（SCI、EI、CPCI-S）收录科技论文数（篇）、出版科技专著数（种）作为二阶段投入指标；选取规模以上工业企业新产品产值（亿元）、高技术产业新产品销售收入（亿元）、区域 GDP 增加值（亿元）、高技术产品出口贸易额（亿元）作为二阶段产出指标。具体如表 4-1 所示。

表 4-1　二阶段区域科技创新绩效投入产出指标

科技创新绩效	一阶段科技创新绩效	一阶段投入指标	研究与试验发展经费支出 研究与试验发展经费支出占 GDP 比重 研究与试验发展人员全时当量 研究与试验发展机构数 科技拨款占地方财政支出比重
		一阶段产出指标	技术市场成交额 国内专利申请授权量 国外主要检索工具（SCI、EI、CPCI-S）收录科技论文数 出版科技专著数
	二阶段科技创新绩效	二阶段投入指标	技术市场成交额 国内专利申请授权量 国外主要检索工具（SCI、EI、CPCI-S）收录科技论文数 出版科技专著数
		二阶段产出指标	规模以上工业企业新产品销售收入 高技术产业新产品销售收入 区域 GDP 增加值 高技术产品出口贸易额

本书拟用二阶段模型来描述创新主体从科技资源投入到转化为经济产出的这一过程，如图 4-1 所示。

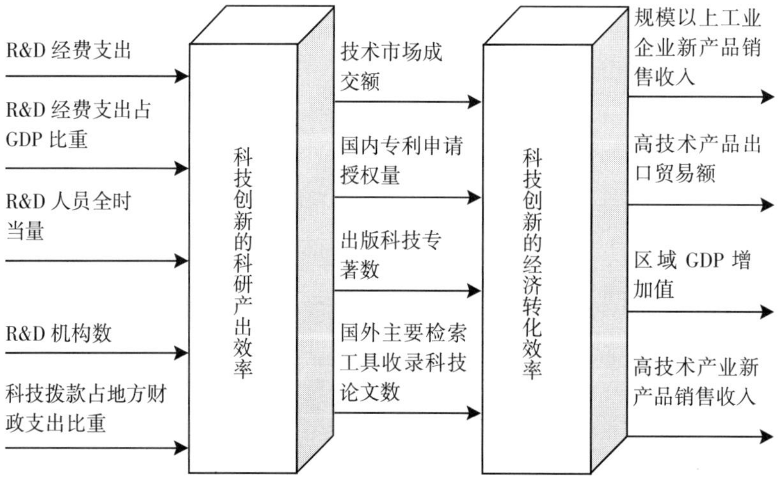

图 4-1　二阶段区域科技创新绩效投入产出指标

（一）一阶段投入指标

（1）研究与试验发展经费支出：R&D 是“研究与试验发展”的英文缩写。其含义是指在科学技术领域为增加知识总量（包括人类、文化和社会方面的知识），以及运用这些知识去创造新的应用而进行的系统的、创造性的工作。判断是否为 R&D 活动，必须具备四个基本要素：①具有创造性；②具有新颖性；③运用科学方法；④产生新的知识或创造新的应用。只有同时具备这四个条件，才是研究与试验发展。

基础研究是指为获得关于现象和可观察事实的基本原理及新知识而进行的实验性和理论性工作，它不以任何专门或特定的应用或使用为目的，属于科学研究范畴。研究成果常表现为一般的原则、理论或规律并以论文的形式在科学期刊上发表或学术会议上交流。

应用研究是指为获得新知识而进行的创造性研究，其主要是针对某一特定的实际目的或目标。确定基础研究成果可能的用途，或为达到预定的目标探索应采取的新方法或新途径，为解决实际问题提供科学依据，属于科学研究范畴。研究成果形式以科学论文、专著、原理性模型或发明专利等为主。

试验发展是指利用从基础研究、应用研究和实际经验中所获得的现有知识，为产生新的产品、材料和装置，建立新的工艺、系统和服务，以及对已产生和建立的上述各项作实质性的改进而进行的系统性工作。研究成果形式主要是专利、专有知识、具有新产品基本特征的产品原型或具有新装置基本特征的原始样机等。

该指标是国际上通用的衡量一个国家或地区科技投入强度和科技发展水平的评价指标。

（2）研究与试验发展经费支出占 GDP 比重：指用于开展研究与试验发展活动的全部实际支出占同期 GDP 的比重，是反映 R&D 活动规模和强度，体现科技创新投入的国际通用指标。R&D 包括基础研究、应用研究、试验发展三类活动。R&D 活动的全部实际支出，包括用于 R&D 活动的直接支出和间接用于 R&D 活动的管理费、服务费，以及与 R&D 活动有关的基本建设支出等。

（3）研究与试验发展人员全时当量：是国际上通用的、用于比较科技人力投入的指标。指 R&D 全时人员（全年从事 R&D 活动累积工作时间占全部工作时间的 90%及以上人员）工作量与非全时人员按实际工作时间折算的工作量之和。例如，有 2 个 R&D 全时人员（工作时间分别为 0.9 年和 1 年）和 3 个 R&D 非全时人员（工作时间分别为 0.2 年、0.3 年和 0.7 年），则 R&D 人员全时当量 = 0.9 + 1 + 0.2 + 0.3 + 0.7 = 3.1（人年）。

（4）研究与实验发展机构数：主要反映研究与实验发展的分布密集度，是科技创新的主要场所与保证。

（5）科技拨款占地方财政支出比重：地方财政科技拨款作为国家财政拨款体系的重要组成部分，是当前科技经费（包括 R&D 经费）的重要来源，对保障地方科技计划实施、支持地方经济和社会发展起着重要的引导和调节作用。

（二）一阶段产出指标

（1）技术市场成交额：指登记合同成交总额中，明确规定属于技术交易的金额。即从合同成交总额中扣除所提供的设备、仪器、零部件、原材料等非技术性费用后实际技术交易额，但合理数量的物品并已直接进入研究开发成本的除外。

（2）国内三项专利申请授权量：专利申请量是指报告期内向专利行政部门提出专利申请被受理的件数，是发明、实用新颖、外观设计三种专利申请数的总和；专利授权量是指报告期内由专利行政部门授予专利权的件数，是发明、实用新颖、外观设计三种专利授权数的总和。

（3）国外主要检索工具（SCI、EI、CPCI-S）收录科技论文数：指在学术刊物上以书面形式发表的最初的科学研究成果。应具备以下三个条件：①首次发表的研究成果；②作者的结论和试验能被同行重复并验证；③发表后科技界可以引用。

SCI：美国《科学引文索引》（Science Citation Index），是由美国科学情报研究所于 1961 年创立，报道生命科学、医学、生物、物理、化学、农业、工程技术领域内的科技文献。是目前国际上最具权威性的用于基础研究和应用研究科研成果的评价体系。

EI：美国《工程索引》（The Engineering Index），创刊于 1884 年，由美国工程信息公司编辑出版。作为世界著名的工程技术领域的文献检索系统，其收录文献的内容包括以下工程技术领域：生物工程、土木、地质、环境、矿业、石油、冶金、机械、燃料工程、核能、汽车、宇航工程、电气、电子、控制工程、化工、食品、农业、工业管理、数学、物理、仪表等。

CPCI-S：（Conference Proceedings Citation Index-Science），原名 ISTP。ISTP 是美国科学情报研究所出版的科学技术会议录索引。该索引收录生命科学、物理与化学科学、农业、生物和环境科学、工程技术和应用科学等学科的会议文献，包括一般性会议、座谈会、研究会、讨论会、发表会等。

（4）出版科技专著数：是指经过正式出版部门编印出版的论述科学技术问题的理论性论文集或专著以及大专院校教科书、科普著作，但不包括翻译国外的著作。由多人合著的科技著作，由第一作者所在单位统计。

（三）二阶段产出指标

（1）高新技术产业新产品销售收入：区域创新的最终目的是提高地区的经济发展水平，而高新技术产业新产品销售收入指标反映了将区域创新的技术有效性转化成为经济有效性的效率，也表明了区域科技创新的产出效果以及实现能力。

1971 年美国国家科学院在出版的《技术与国际贸易》一书中提到了高技术，书中将“二战”以来由技术革新所引发产生的产业都称为“新技术产业”。随着新技术的不断更新，研究领域又出现了“高技术”和“高技术产业”的提法。高技术产业的界定标准也比较多。高技术是一个动态、发展的概念。在《高技术的五国比较》一书中美国学者 R. 纳尔逊指出：“所谓高技术产业，是指那些投入大量资金于开发研究，以速度发展较快的科技进步为标志的产业。”

目前国际上大多采用经济合作与发展组织的定义。即高技术产业是指研发支出占产值比例比各产业平均水平要高的产业，而高技术产品是指研发年度经济支出占该制造业年附加值 2.36%以上的产品。美国将高技术产品界定为十大类：生物技术产品、光电子产品、生命科学产品、计算机与电信产品、电子产品、计算机综合制造业产品、材料设计产品、航空航天产品、武器类产品和核技术产品。我国国家科技部于 2006 年制定颁布的《中国高技术产品出口目录》将高技术产品分为九大类：电子信息、软件、航空航天、光机电一体化、生物医药和机械医疗、新材料、新能源和节能产品、环境保护与地球海洋、现代农业。

（2）高技术产品出口贸易额：高技术产品的出口可以衡量一个国家或地区的技术实力、经济实力和出口竞争力。国家、地区和企业之间的竞争已经逐渐转移到高技术竞争力和具有技术研发能力的科技人才的竞争上。因此，各个国家和地区都把发展高技术和高技术产业作为经济发展的战略重点和维护经济安全的重要保证。高技术产品出口贸易额不仅可以衡量一个国家或地区的科技创新成果，还能衡量一个国家或地区的科技创新的质量。

（3）区域 GDP 增加值：该指标反映了区域创新活动对地区生产能力的影响，

也在一定程度上反映了创新活动对区域经济发展的贡献水平。

（4）规模以上工业企业新产品销售收入：规模以上工业企业新产品销售收入主要用来衡量一个国家或者地区主要工业企业的科研创新能力以及科技产出能力。

第二节　评价方法及工具选择

一、评价方法——数据包络分析

数据包络分析方法是运用数学工具评价经济系统生产前沿面有效性的非参数方法，其适用于多投入多产出的多目标决策单元的绩效评价。这种方法以相对效率为基础，根据多指标投入与多指标产出对相同类型的决策单元进行相对有效性评价。应用该方法进行绩效评价的另一个特点是，它不需要以参数形式规定生产前沿函数，并且允许生产前沿函数可以因为单位的不同而不同，不需要弄清楚各个评价决策单元的输入与输出之间的关联方式，只需要最终用极值的方法，以相对效益这个变量作为总体上的衡量标准，以决策单元（Decision Making Unit，DMU）各输入输出的权重向量为变量，从最有利于决策的角度进行评价，从而避免了人为因素确定各指标的权重而使得研究结果的客观性受到影响。这种方法采用数学规划模型，对所有决策单元的输出都“一视同仁”。这些输入输出的价值设定与虚拟系数有关，有利于找出那些决策单元相对效益偏低的原因。该方法以经验数据为基础，逻辑上合理，故能够衡量各决策单元由一定量大投入产生预期的输出的能力，并且能够计算在非 DEA 有效的决策单元中，投入没有发挥作用的程度。最为重要的是，应用该方法还有可能进一步估计某个决策单元达到相对有效时，其产出应该增加多少，输入可以减少多少等。

1978 年由著名的运筹学家查恩斯（A. Charnes）、库伯（W. W. Cooper）和罗兹（E. Rhodes）首先提出数据包络分析的方法，DEA 有效性的评价是对已有决策单元绩效的比较评价，属于相对评价，它常常被用来评价部门间的相对有效性（又称为 DEA 有效）。他们的第一个数学模型被命名为 CCR 模型，又称为 C^2R 模型。从生产函数角度来看，这一模型是用来研究具有多项输入、特别是具有多项输出的“生产部门”时衡量其“规模有效”和“技术有效”较为方便而且是卓有成效的一种方法和手段。自该方法提出以来，就广泛应用于各个行业的有效性评价上。此后，得到不断地完善，并且在实践中的应用也越来越广泛。例如，1984年 R. D. Banker、A. Charnes 和 W. W. Cooper 给出了一个被称为 BCC 的模型，又称之为 BC2 模型。另外，Charnes Cooper 和 B. Golany、L. Seiford、J. Stutz 于1985 年给出了另一个模型，称为 CCGSS 模型，又称为 C^2GS^2 模型，这两个模型是用来研究生产部门之间的“技术有效”相对效率。

二、评价工具

（一）LINGO 软件介绍

美国芝加哥大学的 Linus Schrage 教授于 1980 年前后开发了一套专门用于求解最优化问题的软件包，LINGO 软件不仅可以求解非线性规划、非线性整数规划以及线性和非线性方程组的求解，其内置了以集合概念为代表的建模语言，允许以简练、直观的方式描述大规模的优化问题，且运算速度非常快，操作界面友好，编程语言接近于数学自然语言，易学易用，被广泛用于教学、科研和工业、商业、服务业等领域。

LINGO 软件的全称是 Linear Interactive and General Optimizer 的缩写——交互式的线性和通用优化求解器。它是一套设计用来快速、方便和有效地构建和求解线性、非线性和整数最优化模型的功能全面的工具。它包括功能强大的建模语言，建立和编辑问题的全功能环境，读取和写入 Excel 和数据库的功能，以及一系列完全内置的求解程序。

LINGO 是使建立和求解线性、非线性和整数最佳化模型更快、更简单、更有效率的综合工具。LINGO 提供强大的语言和快速的求解引擎来阐述和求解最佳化模型。

1. 简单的模型表示

LINGO 可以将线性、非线性和整数问题迅速地予以公式表示，并且容易阅读、了解和修改。LINGO 的建模语言允许使用汇总和下标变量以一种易懂直观的方式来表达模型，非常类似在使用纸和笔。模型更加容易构建和理解，因此也更容易维护。

2. 方便的数据输入和输出选择

LINGO 建立的模型可以直接从数据库或工作表获取资料。同样地，LINGO 可以将求解结果直接输出到数据库或工作表。可以在选择的应用程序中生成报告。

3. 强大的求解器

LINGO 拥有一整套快速的、内建的求解器用来求解线性的、非线性的（球面的；非球面的）、二次的、二次约束的和整数优化问题。甚至不需要指定或启动特定的求解器，因为 LINGO 会读取方程式并自动选择合适的求解器。

4. 交互式模型或创建 Turn-key 应用程序

能够在 LINGO 内创建和求解模型，或从自己编写的应用程序中直接调用 LINGO。对于开发交互式模型，LINGO 提供了一整套建模环境来构建，求解和分析自身编写的模型。对于构建 Turn-key 解决方案，LINGO 提供的可调用的 DLL 和 OLE 界面能够从用户自己写的程序中被调用。LINGO 也能够从 Excel 宏或数据库应用程序中被直接调用。

（二）MaxDEA 软件介绍

MaxDEA 是功能强大但简单易用的数据包络分析软件，它是基于 Access VBA 开发，程序文件即 Access 数据库文件，扩展名是.mdb，软件的运行需要安装 Microsoft Access，Access 为 Microsoft Office 专业版办公软件的组件之一。它的主要特点有以下几点：

（1）所有与 DEA 模型有关的数据及其设置均储存在单一的程序文件内；数据导入只需一次，导入后即在数据库内永久保存，不需要每次运行程序都导入数据；数据定义和模型设置也永久保存，关闭程序后再打开，数据和模型设置不变；以上特点使得数据与模型备份非常方便，仅需备份一个文件即可；备份模型的方式有两种：一是复制 MaxDEA.mdb 文件，二是通过菜单“Tools”—“Backup Model and Database”。

（2）DEA 模型数量多，且仍在不断增加；DMU 数量没有限制，可运行超大型 DEA 模型。

（3）数据格式为标准数据库格式，不需要在字段名称中标明数据性质。例如有的 DEA 软件要求将投入变量用“(I)+名称”表示，产出变量用“(O)+名称”表示。

（4）可以同时建立并运行多个模型。MaxDEA 的运行仅需要两个文件，分别是 MaxDEA.mdb（可以任意修改名称）和 lps.dll（不能修改名称，必须与 MaxDEA.mdb 在同一文件夹内）。因此，只需复制 MaxDEA.mdb，如重新命名为 ModelA.mdb，ModelB.mdb 等，就可以建立新的 DEA 模型了，可以同时打开运行多个 mdb 文件。

本书主要采用上述两种软件对数据进行 DEA 分析。

第三节　区域科技创新评价的二阶段 DEA 模型

一、模型建立

数据包络分析由美国著名运筹学家 A. Charnes 等在 1978 年以相对效率概念为基础发展起来的一种新的绩效评价方法。这种方法是以决策单元的投入、产出指标的权重系数为变量，借助于数学规划模型将决策单元投影到 DEA 生产前沿面上，通过比较决策单元偏离 DEA 生产前沿面的程度对被评价决策单元的相对有效性进行综合绩效评价。其基本思路是：通过对投入产出数据的综合分析，得出每个 DMU 综合相对效率的数量指标，确定各 DMU 是否为 DEA 有效。下面我们先描述 DEA 模型。

假设有 n 个待评价的对象（又称之为 n 个决策单元 DMU），每个决策单元都有 m 种类型的投入及 s 种类型的产出，它们所对应的权重向量分别记为：

$V=(v_1,\ v_2,\ \cdots,\ v_m)^T,\ U=(u_1,\ u_2,\ \cdots,\ u_m)^T$

这 n 个决策单元中第 j 个的投入和产出量用向量分别记作：

$x_j=(x_{1j},\ x_{2j},\ \cdots,\ x_{sj})^T,\ Y_j=(y_{1j},\ y_{2j},\ \cdots,\ y_{sj})^T,\ j=1,\ 2,\ \cdots,\ n$

其中：x_{ij} 为第 j 个决策单元对第 i 种类型输入的投入总量，y_{ij} 为第 j 个决策单元对第 r 种类型输出的产出总量，且 x_{ij}，$y_{rj}>0$，Vi 为第 i 种输入指标的权重系数，U_r 为第 r 种产出指标的权重系数，且 V_i，$U_r>0$。则每个决策单元 DMU 投入与产出比的相对效率评价指数如下：

$$h_j=\frac{\sum_{r=1}^{s}U_i y_{rj}}{\sum_{i=1}^{m}V_i x_{ij}}$$

通过适当选取权重向量 V 和 U 的值，使对每个 j，均满足 $h_j \leqslant 1$，现对某第 j_0 个决策单元进行绩效评价，则以第 j_0 个决策单元的效率个指数为目标，以所有的待评决策单元的效率指数为约束，第 j_0 决策单元简记为 DUM_0，故可以得到一般的 DEA 优化模型如下：

$$Max=\frac{U^T Y_{j0}}{V^T X_{j0}} \tag{4-1}$$

$$\begin{cases}\frac{U^T Y_j}{V^T X_j}=h_j,\ j=1,\ 2,\ \cdots,\ n & (4-2)\\ U,\ V\geqslant 0 & (4-3)\end{cases}$$

上面的模型是分式规划规划问题模型，为了方便计算，为了便于计算，可以将 C^2R 模型（4-1）至模型（4-3）转化为易于 LINGO 软件求解的线性目标规划模型：

$$\max V_{c^2r}=U^T Y_{j0} \tag{4-4}$$

$$s.t.\ \frac{U^T Y_j}{W^T X_j}\leqslant 1,\ j=1,\ 2,\ \cdots,\ n \tag{4-5}$$

$$W^T X_{j0}=1 \tag{4-6}$$

$$w>0,\ U>0 \tag{4-7}$$

模型说明：a：（弱 DEA 有效）：若线形规划模型（4-4）至模型（4-7）的最优目标值 $V_{c^2r}=1$，则称决策单元 j_0 是弱 DEA 有效的。

b：（DEA 有效）：若线形规划模型（4-4）至模型（4-7）存在最优解，W>0，U>0，并且最优目标值 $V_{c^2r}=1$，则称决策单元 j_0 是 DEA 有效的。

上面的模型是分式规划问题模型，为了方便计算，通过适当的变换，我们可以将其化为一个等价的线性规划数学模型，并且引进阿基米德无穷小量 ε（在实数范围内 ε 表示的是大于 0 但小于任意正数的量），构成了具有非阿基米德无穷小量 ε 的 C^2R 的模型。它的对偶线性规划问题模型如下：

$$D(\varepsilon)=\min[\theta-\varepsilon(e^- s^- + e^+ s^+)]$$

$$\text{s.t.}\begin{cases}\sum_{j=1}^{n} X_j\lambda_j + S^- = \theta X_0 \\ \sum_{J=1}^{N} X_j\lambda_j - S^+ = Y_0 \\ S^+ = (S_1^+, S_2^+, \cdots, S_S^+)^T \geqslant 0,\ S^- = (S_1^-, S_2^-, \cdots, S_S^-)^T \geqslant 0 \\ \lambda_j \geqslant 0,\ j=1, 2, \cdots, n\end{cases} \tag{4-8}$$

其中：θ，λ_j，j=1，2，⋯，n，均为对偶变量，m 维单位向量 $e^-=(1, 1, \cdots, 1)\in E_m$，s 维单位向量 $e^+=(1, 1, \cdots, 1)\in Es$，$S^+$和 S^-均为松弛变量，$X_j=(x_{1j}, x_{2j}, \cdots, x_{mj})^T$，$Y_j=(y_{1j}, y_{2j}, \cdots, y_{sj})^T$，j=1，2，⋯，n。

$X_0=(x_{10}, x_{20}, \cdots, x_{m0})^T$，$Y_0=(y_{10}, y_{20}, \cdots, y_{s0})^T$。

C^2R 模型是假定生产技术是固定规模报酬的，后来，Banker、Chames 和 Cooper 又对 C^2R 模型进行推广，他们把固定规模报酬假设改为非递增规模报酬，则在上述的 DEA 模型的基础上需增加一个约束条件：$\sum_{j=1}^{n}\lambda_j<1$。在此假设下非递增规模报酬时的技术效率为 θk。如果我们把固定规模报酬假设改为可变规模报酬（Variable Returns to Scale，VRS），则 DEA 模型中的上述约束条件应改为：$\sum_{j=1}^{n}\lambda_j=1$。从而得到了如下新的 DEA 模型：

$$V(\varepsilon)=\min[\theta-\varepsilon(e^-s^-+e^+s^+)]$$

$$\text{s.t.}\begin{cases}\sum_{j=1}^{n} X_j\lambda_j + S^- = \theta X_0 \\ \sum_{j=1}^{N} X_j\lambda_j - S^- = Y_0 \\ \sum_{j=1}^{n} \lambda_j = 1 \\ \lambda_j \geqslant 0,\ j=1, 2, 3, \cdots, n \\ S^+ = (S_1^+, S_2^+, \cdots, S_S^+)^T \geqslant 0,\ S^- = (S_1^-, S_2^-, \cdots, S_S^-)^T \geqslant 0\end{cases} \tag{4-9}$$

线性规划模型在可变规模报酬（VRS）条件下求得的相对效率称为纯技术效率，在 CRS 假设条件下得到的相对效率称为技术效率，又称为总体效率，它是规模效率与纯技术效率的乘积。因此，可以根据 CCR 模型（4-8）和 VRS 模型（4-9）来确定规模效率。

模型（4-8）表明，当第 j_0 个决策单元产出 Y_0 保持不变的情况下，应尽量保证投入量 X_0 按照同一比例减少。假设上述规划问题模型（4-8）求得最优解为 λ_0，S^{0-}，S^{0+}，θ^0，则有，若 $\theta^0=1$，且 $s^{0-}=0$，$S^{0+}=0$，则称被评价决策单元相对于其他决策单元而言 DEA 有效，此时该决策单元既满足技术有效又满足规模有效；若 $\theta^0=1$，但 S^{0-}，S^{0+}不同时等于零向量，则称被评价决策单元为弱 DEA 有效，这时该被评价的决策单元不是同时技术有效和规模有效，此时需要应用 VRS 模型（4-9）进一步进行计算；如果 $\theta^0<1$，则称此被评价的决策单元为非 DEA 有效。

值得注意的是，VRS 模型（4-9）是在对 C^2R 模型（4-8）计算的基础上进行的分析，用以确定是否为纯技术有效。由于总体效率表现为规模效率和纯技术效率之积，根据上述的分析并通过模型（4-8）和模型（4-9）容易求得规模效率值。

另外，对于非 DEA 有效的决策单元，需要通过进一步的分析讨论并求出被评价的决策单元 DMU 在 DEA 相对于有效面上的投影（即新决策单元），则新决策单元相对于原来的决策单元而言是 DEA 有效的。设（$\bar{X}_0$，$\bar{Y}_0$）为第 j_0 个决策单元对应于（X_0，Y_0）在 DEA 的相对有效面上的投影，则它们之间的转换关系可以表示为如下所示：

$$\begin{cases}\bar{X}_0=\theta^0 X_0-S^{0-}\\ \bar{Y}_0=Y^0+S^{0+}\end{cases} \tag{4-10}$$

根据上述公式（4-10），可以求得各个非 DEA 有效的决策单元相对于某有效决策而言，在保持其产出量不变的情况下，可以计算出对各项指标的投入量进行相应的调整量。并且可以对相应的财务绩效上存在不足的决策单元相对于 DEA 有效的决策单元而言给出针对性的管理建议。

由于一阶段的方法无法体现决策单元的内部运行机制和影响机制。基于此，Fare 和 Crossko-pf 等于 1996~2000 年提出并建立了网络 DEA 理论体系，对传统 DEA 进行了改进。网络 DEA 的优势在于将整个生产过程分解为几个子过程，将“黑箱”变为“灰箱”，更为具体地观察每个子过程的决策单元效率，进而对非有效的决策单元各个子过程进行分析并提出合理化建议。本书参考 Chiang Kao 等提出的网络 DEA 方法，具体计算如下所示。

用公式（4-11）、公式（4-12）分别测算第一阶段和第二阶段的综合效率值：

$$E_M^1 = \max \sum_{r=1}^{s} w_r Y_{tN} / \sum_{i=1}^{n} v_i X_{iM} \tag{4-11}$$

$$\text{s.t.} \begin{cases} \dfrac{\sum_{r=1}^{s} w_r Y_{tN}}{\sum_{i=1}^{n} v_r X_{im}} \leqslant 1,\ j=1,\ \cdots,\ m \\ w_r,\ v_i \geqslant \varepsilon,\ r=1,\ \cdots,\ s,\ i=1,\ \cdots,\ n \end{cases}$$

$$E_M^2 = \max \sum_{p=1}^{q} u_p Z_{pN} / \sum_{t=1}^{s} w_t Y_{tM} \tag{4-12}$$

$$\text{s.t.} \begin{cases} \dfrac{\sum_{p=1}^{q} u_p Z_{pN}}{\sum_{t=1}^{s} w_t Y_{tM}} \leqslant 1,\ j=1,\ \cdots,\ m \\ w_r,\ u_p \geqslant \varepsilon,\ r=1,\ \cdots,\ s,\ p=1,\ \cdots,\ q \end{cases}$$

其中，M 代表决策单元个数，w、v、u 分别为各阶段的投入、产出权重。在第一阶段共有 n 个投入和 s 个产出，第二阶段共有 s 个投入和 q 个产出。用 BC^2 模型测算各阶段纯技术效率，并根据规模效率=综合效率/纯技术效率，测算各阶段规模效率并计算松弛变量，如公式（4-13）所示：

$$\min\left[\theta - \varepsilon\left(\hat{e}^T e^- + e^T s^+\right)\right]$$

$$\text{s.t.} \begin{cases} \sum_{k=1}^{N} \lambda_k X_k + s^- = \theta x_0 \\ \sum_{k=1}^{N} \lambda_k X_k - s^+ = Y_0 \\ \sum_{k=1}^{N} \lambda_k = 1 \\ \lambda_k、s^-、s^+ \geqslant 0;\ k=1,\ \cdots,\ N \end{cases} \tag{4-13}$$

公式（4-13）中最优解为 λ^*，S^{-*}，S^{+*}，θ^*。若 $\theta^*=1$，则第 k 个决策单元为 DEA 弱有效；若 $\theta^*=1$ 且 $S^{-*}=0$，$S^{+*}=0$，则第 k 个决策单元为 DEA 有效；若 $\theta^* \neq 1$，则第 j 个决策单元为非 DEA 有效。

二、应用分析

自数据包络法提出至今，其应用范围日渐广泛。例如，它被广泛应用于学校、医院、铁路、银行等公共服务部门的运行效率的评估实证研究。DEA 作为一种新的效率评估方法，与以前的传统方法相比有很多优点。首先，DEA 方法可以用于对具有多投入、多产出的多个决策单元的生产（或经营）绩效性进行评价，而且应用时可以避免像传统方法那样因为各指标量纲的不同而寻求权重因素所带来的诸多困难，其评价结果相对而言比较客观。其次，DEA 模型中投入、产出指标的权重可以建立数学规划模型，然后根据实际的数据而产生，而不是事先给定投入与产出的权重系数，因此它不受人为主观因素的影响，可避免在权重的分配时评价者的主观意愿对评价结果造成人为的影响。另外，数据包络法是一种典型的非参数估计方法，应用该方法评价时无须设定评价函数的具体形式，投入产出采用隐函数的形式表示，不同决策单元的评价函数其参数可以变动，针对各个决策单元都将通过数学规划模型的手段给出最优的投入产出函数，从而利用计算简化。数据包络法评价的是决策单元的相对有效性，其生产前沿面可以看成最优决策单元的投入与产出所组成的一个包络面，如果对应被评价的决策单元在该生产前面上，则称为 DEA 有效；否则，称为非 DEA 有效。

DEA 方法主要用来研究决策单元的多输入多输出的相对有效的绩效评价的有用方法，因此使用这一方法时也存在一些缺陷。首先，它衡量的生产函数边界是确定的，因而它无法区分随机因素和测量误差的影响。其次，该方法的绩效效率评价容易受到极值的影响，而且决策单元的效率值对投入、产出指标的选择比较敏感，这就使得如何准确地选取投入、产出指标成为有效使用 DEA 方法的关键。另外，由于被评价的决策单元都是从最有利于自己的角度分别求取权重，这就导致了这些权重随着决策单元的不同而可能不同。从而使得每个决策单元的特性缺乏有效的可比性。最后，根据 DEA 评价方法的特点是只能判断各个决策单元是否 DEA 有效，而将所有决策单元分为有效和非有效两大类，因而使用该方法进行决策单元的绩效评价时，可能出现大量甚至全部的决策单元为有效的情形，因此传统的 DEA 方法不能对被评价的决策单元进行排序。

本章小结

近年来我国以及山西省科技创新能力不断增强，但依然比较薄弱。现阶段科技体制难以适应发展需要，阻碍自主创新的体制、机制和观念方面的问题依然突出，在推进科技创新方面，主要存在科技创新和新产品开发、引进技术的消化吸收能力仍比较薄弱，科技宏观统筹协调能力薄弱，科技资源配置分散重复，整体运行效率不高，科技投入仍然不足，结构不合理，稳定增长的机制尚未形成，科技投入效率仍有待提高等问题。因此，认真解决存在的问题，改善现有科技创新条件与环境，为增强自主创新能力提供切实有效的保障，已成为发展我国以及山西省科技创新的首要任务，而在此过程中，如何测度和评价现行科技创新的成绩与效果，即对科技创新进行绩效评价，便成为人们迫切关注的问题。

本章首先分析了区域科技创新绩效评价指标的选取指导思想与原则，包括系统性、科学性、导向性、可比性与可行性的原则，在以上原则的基础上，探讨了科技创新绩效评价指标体系的阶段划分，并介绍了选择评价指标的方法，建立了DEA 模型的两阶段指标体系，其中研究与试验发展经费支出（亿元）、研究与试验发展经费支出占 GDP 比重（%）、研究与试验发展人员全时当量（人年）、研究与实验发展机构数（个）、科技拨款占地方财政支出比重（%）作为一阶段投入指标；技术市场成交额（亿元）、国内专利申请授权量（项）、国外主要检索工具（SCI、EI、CPCI-S）、收录科技论文数（篇）、出版科技专著数（种）作为一阶段产出指标与二阶段的投入指标；规模以上工业企业新产品产值（亿元）、高技术产业新产品销售收入（亿元）、区域 GDP 增加值（亿元）、高技术产品出口贸易额（亿元）作为二阶段产出指标，以此形成科技创新绩效评价指标体系对区域科技创新绩效进行分析评价。同时，本章对 DEA 模型进行了简单的介绍与分析，阐明了 DEA 模型的起源、发展与具体的模型构建，并简要地说明了区域科技创新 DEA 绩效计算分析使用的工具 LINGO 9.0 与 MaxDEA。

第五章　山西省科技创新系统创新绩效评价

第一节　国内 30 个省（市、区）科技创新绩效评价

一、基础数据来源

在横剖面对比评价全国 30 个省（市、区）（由于西藏自治区数据缺失较多，并且对于分析山西省科技创新绩效影响不大，故舍去）的创新绩效 DEA 时，本书基本上采用了国家统计局编撰的 2011~2015 年的《中国统计年鉴》，国家统计局及科学技术部共同编撰的 2011~2015 年的《中国科技统计年鉴》，国家统计局、科学技术部、国家发展与改革委员会共同编撰的 2011~2015 年的《中国高技术产业统计年鉴》。各指标变量数据来源如表 5-1 所示。

表 5-1　指标变量数据来源

变量名称	数据来源
R&D 机构数	2011~2015 年《中国科技统计年鉴》表 3-3
科技拨款占地方财政支出比重	2011~2015 年《中国统计年鉴》表 7-6
R&D 经费支出	2010~2014 年《全国科技经费投入统计公报》
R&D 经费投入强度	2011~2015 年《中国科技统计年鉴》表 1-8
R&D 人员全时当量	2011~2015 年《中国科技统计年鉴》表 1-4
出版科技专著数	2011~2015 年《中国科技统计年鉴》表 3-19、表 4-16
国内三项专利申请授权量	2011~2015 年《中国统计年鉴》表 20-17

续表

变量名称	数据来源
技术市场成交额	2011~2015 年《中国统计年鉴》表 20–23
国外主要检索工具（SCI、EI、CPCI–S）收录科技论文数	2011~2015 年《中国科技统计年鉴》表 7–17
高技术产品出口贸易额	2011~2015 年《中国科技统计年鉴》表 5–17
高技术产业新产品销售收入	2011~2015 年《中国高技术产业统计年鉴》表 2–4–2
规模以上新产品销售收入	2011~2015 年《中国统计年鉴》表 20–10
区域 GDP 增加值	2011~2015 年《中国统计年鉴》表 3–9

二、区域数据代入和运算过程

通过数据输入到 MaxDEA 进行运算，得到各地区科技创新效率。不妨设各地区的 R&D 第一阶段的平均创新效率为 E1，第二阶段的平均创新效率为 E2（具体数据见附录中附表）。通过计算得到全国 30 个省（市、区）科技创新效率值，如表 5–2 所示。两阶段 DEA 效率折线图如图 5–1 所示。

表 5–2　全国 30 个省（市、区）5 年二阶段 DEA 效率平均值（2010~2014 年）

省（市、区）	E1	E2
安徽省	0.8223208	0.6689122
北京市	1	0.4668078
福建省	0.573552	1
甘肃省	0.9810044	0.6098612
广东省	0.9193676	1
广西壮族自治区	0.5986886	1
贵州省	0.7940902	0.8802342
海南省	0.9379858	0.9781344
河北省	0.6551636	0.9052994
河南省	0.9194806	0.7736398
黑龙江省	0.9760972	0.2658782
湖北省	0.9836754	0.637203
湖南省	0.9359808	0.905353
吉林省	0.9961924	0.9749074

续表

省（市、区）	E1	E2
江苏省	1	0.9106994
江西省	0.6156072	0.9045436
辽宁省	0.9632784	0.6778902
内蒙古自治区	0.5212766	1
宁夏回族自治区	0.4143438	1
青海省	0.8029606	0.970404
山东省	0.7243504	1
山西省	0.5034594	0.6369286
陕西省	0.9384716	0.4632222
上海市	1	1
四川省	1	0.5394498
天津市	0.8007464	1
新疆维吾尔自治区	0.7531382	0.9846304
云南省	0.9983644	0.6810894
浙江省	1	1
重庆市	1	0.8874706

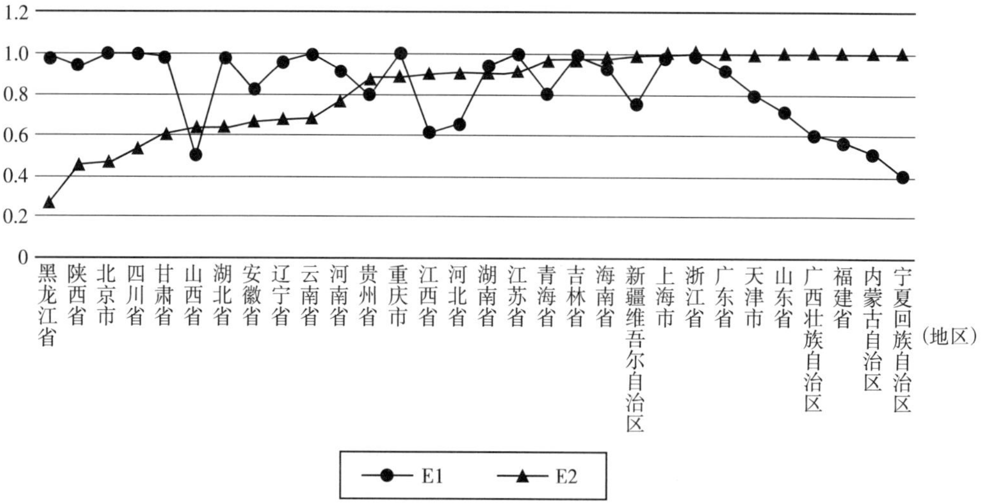

图 5-1　两阶段 DEA 效率折线图

三、省级区域阶段结果分析

在对各省市的整体效率、阶段效率和阶段效率比的分析中可以看出：

（1）从第一阶段效率 E1 中，根据效率排序，可将 30 个省、市、区分为三个区域，第一区域为广西壮族自治区、河北省、山东省、福建省、宁夏回族自治区、山西省、内蒙古自治区、新疆维吾尔自治区、贵州省等，属于第一阶段活动中低效率区域，创新效率为 0.41~0.79。第二区域包括云南省、吉林省、湖北省、甘肃省、黑龙江省、辽宁省、陕西省、海南省、湖南省、河南省、广东省、安徽省、青海省、天津市等地区，这些地区我们将之归纳为第一阶段活动中效率创新区域，创新效率为 0.80~0.99。第三区域涵盖了北京市、江苏省、上海市、四川省、浙江省、重庆市等地区，创新效率为 1，属于第一阶段活动中高效率创新区域。

（2）以第二阶段效率 E2 分析，黑龙江省、陕西省、北京市、四川省、甘肃省、山西省、湖北省、安徽省、辽宁省、云南省、河南省等位于第二阶段低效率区域，创新效率为 0.26~0.77；贵州省、海南省、河北省、湖南省、吉林省、江苏省、江西省、青海省、新疆维吾尔自治区、重庆市为第二阶段中效率区域，创新效率为 0.88~0.98；上海市、浙江省、广东省、天津市、山东省、广西壮族自治区、福建省、内蒙古自治区、宁夏回族自治区等属于第二阶段高效率区域，创新效率为 1。

需要特殊说明的是，由于第一阶段北京市科研产出远高于其他省市，导致将一阶段成果转化为二阶段投入时数值过高，从而导致二阶段 DEA 效率较低，这是比较符合北京市作为我国政治、文化、科研中心定位的。

我们从两个阶段效率变化中得到：

两个阶段效率排序变化相似，如广东省、上海市、浙江省、重庆市等都处于两阶段排序的前列，说明这些地区的两种创新效率都很高。以内蒙古自治区为代表的地区的第一阶段排序远小于第二阶段排序，说明这些地区的技术研发效率远小于技术消化吸收效率；而以黑龙江为代表的地区则相反。

E1 代表的是第一阶段的创新效率，E2 代表的第二阶段的创新效率，E1 较高的地区，说明这些地区把大部分创新资源投入到第一阶段；E2 较高的地区，说明把大部分创新资源投入到第二阶段。以内蒙古自治区为例，E1 为 0.52，E2 为

1。因此我们可以总结，应该结合 E1 和 E2，综合分析我国区域的 R&D 创新活动和创新效率，合理分配资源。

山西省两个阶段的 E 值都处于较低效率区域，说明山西省在科技创新投入的规模与管理方面尚有欠缺，同时在科技产品转化为经济成果的过程中效率较低尚需改进。山西省一阶段 5 年平均 DEA 效率 E1 值为 0.50，二阶段 5 年平均 DEA 效率 E2 值为 0.64，说明山西省在科技成果转化方面相对较好，在推进山西省科技创新改进时，不仅要弥补短板，提升科技创新投入的规模与管理水平，同时还要加强相对优势，积极推进科技成果转化的有效性与多样性，提高整体的科技创新绩效。

四、技术有效性和规模收益性分析

全国 30 个省（市、区）一阶段、二阶段技术、规模效率值如表 5-3、表 5-4、图 5-2 和图 5-3 所示。

表 5-3　全国 30 个省（市、区）一阶段技术、规模效率值

省（市、区）	平均 TE	平均 PTE	平均 SE
安徽省	0.822321	0.845119	0.974065
北京市	1	1	1
福建省	0.573552	0.578777	0.991161
甘肃省	0.981004	1	0.981004
广东省	0.919368	0.933697	0.983506
广西壮族自治区	0.598689	0.603827	0.98954
贵州省	0.79409	0.903403	0.884595
海南省	0.937986	1	0.937986
河北省	0.655164	0.889858	0.737946
河南省	0.919481	0.950371	0.958915
黑龙江省	0.976097	0.984747	0.990636
湖北省	0.983675	0.986189	0.9973
湖南省	0.935981	0.968144	0.966828
吉林省	0.996192	1	0.996192
江苏省	1	1	1
江西省	0.615607	0.66866	0.924202

续表

省（市、区）	平均 TE	平均 PTE	平均 SE
辽宁省	0.963278	0.973014	0.989658
内蒙古自治区	0.521277	0.95318	0.552606
宁夏回族自治区	0.414344	1	0.414344
青海省	0.802961	1	0.802961
山东省	0.72435	0.734044	0.987446
山西省	0.503459	0.516219	0.975339
陕西省	0.938472	0.965535	0.967301
上海市	1	1	1
四川省	1	1	1
天津市	0.800746	0.849528	0.942805
新疆维吾尔自治区	0.753138	0.86051	0.880951
云南省	0.998364	1	0.998364
浙江省	1	1	1
重庆市	1	1	1

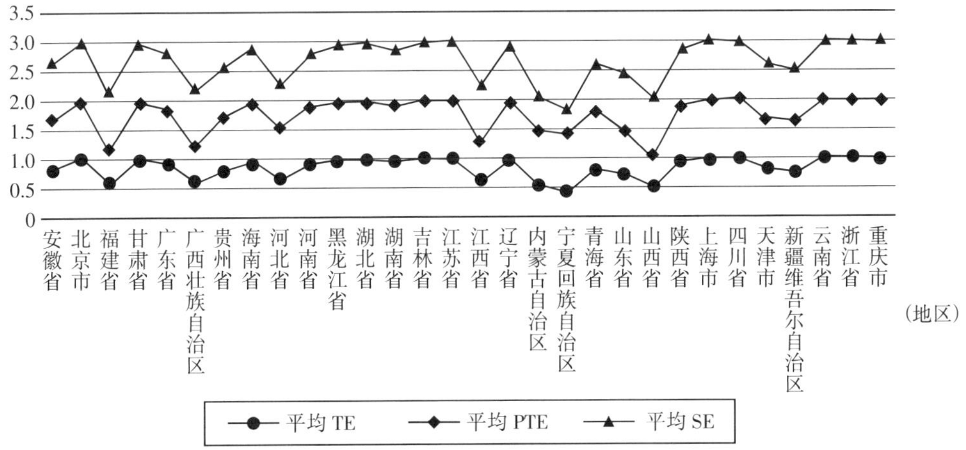

图 5-2　全国 30 个省（市、区）一阶段技术、规模效率值

表 5-4　全国 30 个省（市、区）二阶段技术、规模效率值

省（市、区）	平均 TE	平均 PTE	平均 SE
安徽省	0.668912	0.724402	0.920762
北京市	0.466808	0.567798	0.821402
福建省	1	1	1
甘肃省	0.609861	0.625356	0.976308
广东省	1	1	1
广西壮族自治区	1	1	1
贵州省	0.880234	0.884464	0.994
海南省	0.978134	1	0.978134
河北省	0.905299	0.984293	0.919333
河南省	0.77364	0.978804	0.786591
黑龙江省	0.265878	0.469194	0.576217
湖北省	0.637203	0.934005	0.677422
湖南省	0.905353	0.998348	0.906478
吉林省	0.974907	0.981512	0.992723
江苏省	0.910699	1	0.910699
江西省	0.904544	0.942546	0.959177
辽宁省	0.67789	0.936873	0.722148
内蒙古自治区	1	1	1
宁夏回族自治区	1	1	1
青海省	0.970404	1	0.970404
山东省	1	1	1
山西省	0.636929	0.682012	0.938738
陕西省	0.463222	0.739018	0.631061
上海市	1	1	1
四川省	0.53945	0.793632	0.681782
天津市	1	1	1
新疆维吾尔自治区	0.98463	1	0.98463
云南省	0.681089	0.806279	0.836744
浙江省	1	1	1
重庆市	0.887471	0.894803	0.991609

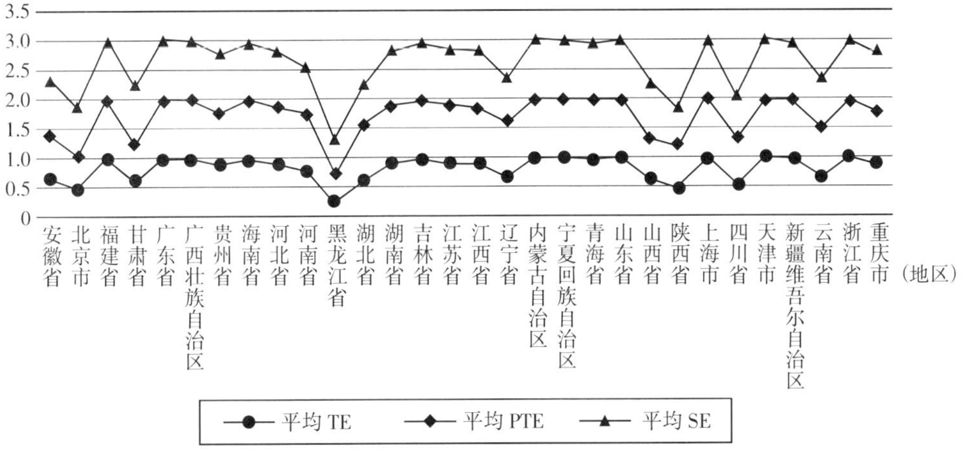

图 5-3 全国 30 个省（市、区）二阶段技术、规模效率值

第一阶段中，E1 值为 1，DEA 有效的有北京市、江苏省、上海市、四川省、浙江省、重庆市共 6 个地区，虽然甘肃省、海南省、宁夏回族自治区、吉林省、云南省、青海省 6 个地区综合效率不为 1，没有达到 DEA 有效，但其纯技术效率为 1，说明这几个省的绩效水平受企业规模的影响比较大，排除规模因素的影响后，投入产出相对绩效水平比较高。其余的决策单元的综合效率、纯技术效率和规模收益都不为 1，说明这些年既没有达到技术有效也没有达到规模有效，不仅科技投入的力度没有达到最大规模，而且对科技投入资源的使用也无效，使得投入产出效率低下。

第二阶段中，E2 值为 1，DEA 有效的有福建省、广东省、广西壮族自治区、内蒙古自治区、宁夏回族自治区、山东省、上海市、天津市、浙江省共 9 个地区，DEA 未达到有效，但是纯技术效率为 1 的有：青海省、新疆维吾尔自治区、江苏省、海南省，其余的决策单元的综合效率、纯技术效率和规模收益都不为 1。

两个阶段的 E 值都为 1，DEA 有效的仅有上海市、浙江省，除此之外两阶段纯技术效率都为 1 的地区有海南省、江苏省、宁夏回族自治区和青海省。

山西省两阶段纯技术效率分别为 0.52 和 0.68，略高于两阶段的 DEA 效率值，加强山西工业规模建设能有助于山西科技创新绩效提升。

第二节　山西省科技创新绩效评价

一、数据来源

在纵向对比山西省 10 年创新绩效 DEA 时，本书基本上采用了山西省统计局编撰的 2006~2015 年的《山西省统计年鉴》，山西省统计局及山西省科技厅共同编撰的 2006~2014 年的《山西省科技统计年鉴》，山西省统计局、国家统计局山西调查总队共同编撰的 2005~2014 年的《山西省国民经济和社会发展统计公报》，山西省统计局、山西省科技厅、山西省财政厅共同发布的 2005~2014 年的《山西科技经费投入统计公报》，国家统计局编撰的 2006~2015 年的《中国统计年鉴》。

基于数据的可获得性与 DMU 效率最优化处理，山西省 10 年两阶段 DEA 指标有所变化。一阶段投入指标采用：科技拨款占地方财政支出比重、R&D 经费支出、R&D 经费投入强度；一阶段产出指标采用：国内三项专利申请授权量、技术市场成交额；二阶段投入指标采用：国内三项专利申请授权量、技术市场成交额；二阶段产出指标采用：高技术产品出口值、高技术产业新产品销售收入。各指标变量数据来源如表 5–5 所示。

表 5–5　山西省指标变量数据来源

变量名称	数据来源
科技拨款占地方财政支出比重	2005~2014 年《山西科技经费投入统计公报》
R&D 经费支出	2005~2014 年《山西科技经费投入统计公报》
R&D 经费投入强度	2005~2014 年《山西科技经费投入统计公报》
国内三项专利申请授权量	2006~2015 年《中国统计年鉴》表 20–17
技术市场成交额	2006~2015 年《中国统计年鉴》表 20–23
高技术产品出口值	2006~2015 年《中国科技统计年鉴》表 5–17
高技术产业新产品销售收入	2006~2015 年《中国高技术产业统计年鉴》表 2–4–2

二、综合效率分析

整体来看，在 10 个决策单元中，两阶段效率值都为 1 达到 DEA 有效的仅有 1 个，说明这 1 年相对于其他年份来说，科技投入绩效水平较高，其规模和结构都是最佳的；其余年份总效率值小于 1，为非 DEA 有效的决策单元，占整体的 90%，说明山西省大部分年份科技投入绩效水平总体相对无效。山西省一阶段、二阶段综合效率分析如表 5-6、表 5-7、图 5-4 和图 5-5 所示。

表 5-6　山西省一阶段综合效率分析

年份	综合效率得分	技术效率得分（CRS）	纯技术效率得分（VRS）	规模效率得分	规模报酬（RTS）
2005	0.839476	0.839476	1	0.839476	递增
2006	0.707642	0.707642	1	0.707642	递增
2007	0.73196	0.73196	0.789299	0.927354	递增
2008	0.658831	0.658831	0.936558	0.70346	递增
2009	0.727912	0.727912	0.978811	0.74367	递增
2010	0.965559	0.965559	1	0.965559	递增
2011	0.963414	0.963414	1	0.963414	递增
2012	1	1	1	1	不变
2013	1	1	1	1	不变
2014	1	1	1	1	不变

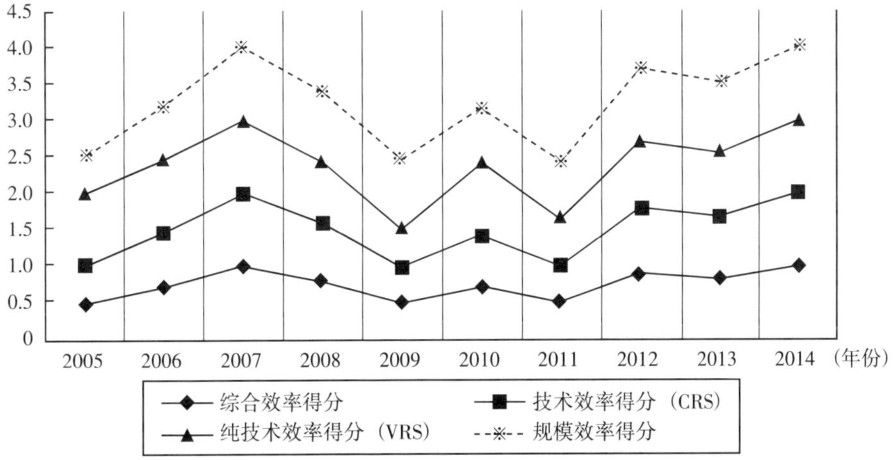

图 5-4　山西省一阶段综合效率分析

表 5-7　山西省二阶段综合效率分析

年份	综合效率得分	技术效率得分（CRS）	纯技术效率得分（VRS）	规模效率得分	规模报酬（RTS）
2005	0.505122	0.505122	1	0.505122	递增
2006	0.724565	0.724565	1	0.724565	递增
2007	1	1	1	1	不变
2008	0.798305	0.798305	0.841498	0.948672	递增
2009	0.495365	0.495365	0.510644	0.970078	递减
2010	0.721033	0.721033	1	0.721033	递减
2011	0.495594	0.495594	0.60863	0.814279	递减
2012	0.894887	0.894887	0.91229	0.980923	递减
2013	0.838456	0.838456	0.857888	0.97735	递减
2014	1	1	1	1	不变

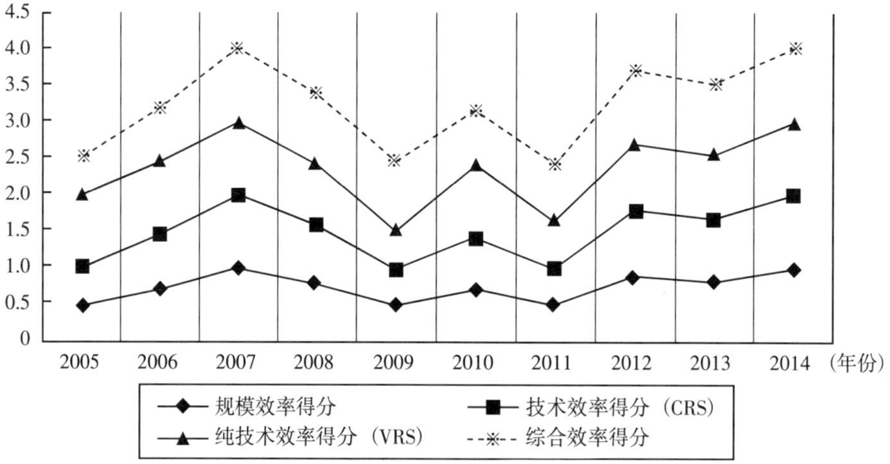

图 5-5　山西省二阶段综合效率分析

从具体的年份来看，10 年间，一阶段绩效水平呈现升—降—升的趋势。2005 年，绩效水平比较高，效率值达 0.84。从 2006 年开始又逐渐下滑，直到 2012 年重新达到 DEA 有效。产生这种趋势的原因可能是，在 2005 年，山西省科技投入强度比较小，产出规模也不大，使得这些年的绩效水平相对比较高。随着科技主导地位的不断显现，山西省的科技创新意识也不断增强，越来越重视依靠科技来推动经济发展，因此不断加大科技投入的力度，扩大投入的规模，但与之相应的产出水平在短期内并不会以相同的速度增长，导致了 2006 年之后几年的科技投入产出效率较低，并且在 2008 年前后科技投入产出的效率值达到最低。之后，随着山西省科技发展规划的深入执行，各种先进科学技术及科研成果的广泛运用，科技投入产出水平得以不断增加，绩效水平随之增长。

10 年间二阶段绩效水平呈现升—降波动不定的趋势。2005~2007 年，绩效水平逐渐升高，并最终于 2007 年达到 DEA 有效。从 2008 年开始又逐渐下滑，2009 年、2011 年两年 DEA 效率仅为 0.49 左右，达到最低，2012 年开始逐渐上升，直到 2014 年重新达到 DEA 有效。产生这种趋势的原因可能是，在 2007 年，山西省煤炭资源利用技术有所突破，外界对山西煤炭资源以及相关产品的需求较高，使得 2007 年的绩效水平相对较高。随着科技主导地位的不断显现，各种替代能源的出现，以及中国整体产能过剩大环境的影响，导致山西省之后几年的科技创新绩效较低。随着山西省的科技创新意识不断增强，科技投入的增加，科技产出成果的不断丰富，在 2014 年重新达到了科技创新 DEA 有效。

需要注意的是，DEA 方法只是效率相对有效性的评价，该方法得到的是各年使用创新投入资源的相对效率，其结果只表明各年创新资源投入和创新成果产出之间的比例关系。山西省科技投入与创新的综合效率达到有效，只说明这些年份的科技创新投入产出管理相对有效，并不意味着整体水平位于全国前列。从山西省科技投入现状来看，山西省科技投入与创新能力相对较低，只是在低投入的基础上达到了有效，与一些发达地区相比，还有不小的差距，整体水平还不高。因此，还需要不断促进高新技术产业结构升级，在保证科技投入与创新有效的基础上，加大对科技创新的投入，提高研发新产品的能力，不断挖掘潜力，发挥优势，加快发展，扩大产品在国际市场的竞争优势。同时，还应该具体问题具体分析，对于那些创新绩效不好的年份，必须搞清楚影响科技创新绩效的“瓶颈”在哪里，找出导致非有效的原因。对于确实因为投入不足而导致的创新绩效不高，就要想方设法加大投入；如果是因为管理、技术转化能力等原因造成的，那就不能盲目投入，而要从创新活动发展支撑体系中，着手去营造良好的环境以促进和推动创新活动更好地发展。这样在未来的发展中，通过各种合理有效的管理方法来进一步挖掘潜力，增加效率，以使其健康发展。

三、技术有效性和规模收益性分析

经济学中，技术效率表示各投入要素是否被有效地运用，衡量投入产出是否达到最佳，是否存在投入的冗余或者产出的不足，技术效率值越高表示对投入资源的使用越有效率。规模收益衡量的是投入和产出的增加状态，即如果增加投入，产出的变化会如何。规模收益递增是指增加科技投入，其产出将会以高于投入的速度增加。规模收益递减是指产出增加的速度低于投入增长的速度。从表5-6和表5-7中可以看出，阶段一中有3个，阶段二中有2个决策单元的综合效率、纯技术效率和规模收益都为1，既达到技术有效又达到规模有效，并且规模收益不变。其中，只有2014年一阶段和二阶段的科技投入和产出之间已经达到了最大规模、最优状态，继续增加科技投入只能使产出同比增加，而不会使产出增加更多。2012年和2013年的一阶段综合效率虽然为1，二阶段综合效率虽然没有达到DEA有效，但比较接近于1；2007年情况则与这两年相反，一阶段效率不为1，但是二阶段综合效率、纯技术效率都为1。2005年、2006年、2010年两个阶段综合效率不为1，没有达到DEA有效，但其纯技术效率为1，说明这3年的绩效水平受企业规模的影响比较大，排除规模因素的影响后，投入产出相对绩效水平比较高。其余的决策单元的综合效率、纯技术效率和规模收益都不为1，说明这些年既没有达到技术有效也没有达到规模有效，不仅科技投入的力度没有达到最大规模，而且对科技投入资源的使用也无效，使得投入产出效率低下。

一阶段中2012年、2013年及2014年的规模收益不变，其余年份的规模收益都是递增的，意味着大部分年份的科技投入并没有发挥其最大的效果，科技投入规模不足，还有较大的增长空间，如果继续加大科技投入，将会使产出增加更多，直到投入产出达到最优的状态。在以后的发展中，应不断发掘新的经济增长点，壮大创新规模，使其规模效率得以充分发挥。从技术有效性和规模收益分析可以看出，山西省在科技投入的力度及管理方面还存在一些问题。因此，必须加大对投入的管理，对科技投入量要做到稳中有升，控制好力度，更重要的是提高科技投入的使用效率，使投入的增加带来产出同比例的增加，两者呈同向发展。具体来看，对于技术效率较好而规模效率差一点的年份，则应在继续提高技术效率的基础上改变传统生产管理方式，建立有利于发挥规模生产的方式，促进规模效益的提高；对于规模效益略好于技术效率的年份，则重点要加强技术力量，推动创新系统的改造和升级。随着创新活动的深入，技术效率的提高也必然会促进生产方式的改变，进而带动规模效益的提高。

四、松弛因子分析

根据 DEA 模型理论，DEA 有效的决策单元的 S^-、S^+值均为零。输入指标的松弛变量不为零，表明所对应的决策单元的输入要素未发挥应有的作用；输出指标的松弛变量不为零，表示所对应的产出要素未能达到有效水平。对于科技投入绩效评价而言，总是希望用最少的投入去获得最大的产出。表 5-8、表 5-9 分别给出了山西省两个阶段投入和产出指标的 S^-、S^+值。

表 5-8　山西省一阶段松弛变量

$S1^-$	$S2^-$	$S3^-$	$S1^+$	$S2^+$
−0.57787	0	−0.43299	0	3.236027
−0.32435	0	−0.45397	0	4.006197
−0.42695	0	−0.43236	0	5.468812
−0.12283	0	−0.36728	0	1.82322
0	0	−0.44884	0	0.885751
0	0	−0.25279	0	5.64145
0	−18.6766	−0.23446	0	0
0	0	0	0	0
0	0	0	0	0
0	0	0	0	0

表 5-9　山西省二阶段松弛变量

$S1^-$	$S2^-$	$S1^+$	$S2^+$
−196.349	0	0	0
−150.52	0	0	0
0	0	0	0
0	−2.31089	0	0
0	−0.36627	0	0
−584.515	0	0	0
−388.972	0	0	0
−1620.79	0	0	0
0	−3.18693	0	6.600146
0	0	0	0

我们可以看到，一阶段投入指标中科技拨款占地方财政支出比重有欠缺，说明科技拨款有所不足，占地方财政支出比重偏低；R&D 经费投入强度不足；一阶段产出指标中技术市场成交额也存在很大的不足。尽管从 2012 年开始相对以前年份综合效率达到最优，各松弛因子值均为零，但科技创新投入产出与全国相比依旧很低。例如，2010 年山西省大中型工业企业 R&D 经费投入为 72.57 亿元，占全国 R&D 经费投入总量的 1.69%；新产品产值占工业总产值的比重及新产品销售收入占主营业务收入比重分别为 8.72%、7.75%，远远落后于全国平均水平的 21.96%和 21.7%。这说明，就整体而言，山西省科技创新投入利用率不高，投入没有得到应有的成效，创新性研究成果利用率不高，产出不足。二阶段投入指标中，国内三项专利申请授权量有所欠缺，所以尽管第一阶段满足 DEA 效率，结合第二阶段依旧体现出山西省专利发明方面的不足。

第三节　山西省各市创新绩效评价

一、数据来源

在横向对比评价山西省 11 个市创新绩效 DEA 时，本书基本上采用了山西省统计局编撰的 2014 年《山西省统计年鉴》，山西省以及各市 2014 年的《国民经济和社会发展统计公报》，2014 年《山西省科技经费投入统计公报》。

基于数据的可获得性与 DMU 决策单元最优化原则，山西省各市科技创新绩效采用一阶段 DEA 运算，投入指标采用：科技拨款占地方财政支出比重、R&D 经费支出、R&D 经费投入强度、R&D 人员数；产出指标采用：国内三项专利申请授权数、规模以上工业企业增加值增加率、区域 GDP 增加值。具体投入产出指标数据来源如表 5-10 所示（缺失数据按前后三市移动平均值估算）。

表 5-10 山西省各市指标变量数据来源

变量名称	数据来源
科技拨款占地方财政支出比重	山西省 2014 年《国民经济和社会发展统计公报》
R&D 经费支出	2014 年《山西省科技经费投入统计公报》
R&D 经费投入强度	2014 年《山西省科技经费投入统计公报》
R&D 人员数	2014 年《山西省科技经费投入统计公报》
国内三项专利申请授权数	各市 2014 年《国民经济和社会发展统计公报》
规模以上工业企业工业增加值增加率	各市 2014 年《国民经济和社会发展统计公报》
区域 GDP 增加值	2014~2015 年《山西省统计年鉴》表 19-1

二、各市分析

从表 5-11 和图 5-6 中可以看出，2014 年达到 DEA 有效的市有大同、阳泉、朔州、运城、忻州共 5 个，除此之外，其他 6 个市处于 DEA 无效状态，而且，除了临汾，剩下的太原、长治、晋城、晋中、吕梁 5 市都属于规模收益递减状态，这与山西省现在产能过剩，产业结构亟须调整的现状是相符的。规模收益递减，意味着投入要素增加一定比例，获得的产出小于该比例，此时的生产是低效率的。山西省普遍的科技创新规模收益递减，一方面体现了科技投入管理的缺乏效率，另一方面也体现了资源依赖对山西科技创新的制约，山西省是典型的资源型经济省份，一直没有走出资源过度依赖、增长大幅度剧烈波动的困局。经济发展“新常态”和严峻的现实都告诉我们，走出困局必须靠科技创新、全面创新，使资源型经济焕发新的活力。

表 5-11 2014 年山西省各市科技创新绩效

DMU	Score	Σλ	RTS
太原市	0.619439	8.619	Decreasing
大同市	1	1	Constant
阳泉市	1	1	Constant
长治市	0.958984	1.014	Decreasing
晋城市	0.740741	1.5	Decreasing
朔州市	1	1	Constant
晋中市	0.773688	1.729	Decreasing

续表

DMU	Score	Σλ	RTS
运城市	1	1	Constant
忻州市	1	1	Constant
临汾市	0.921197	0.909	Increasing
吕梁市	0.583785	1.075	Decreasing
全省	1	1	Constant

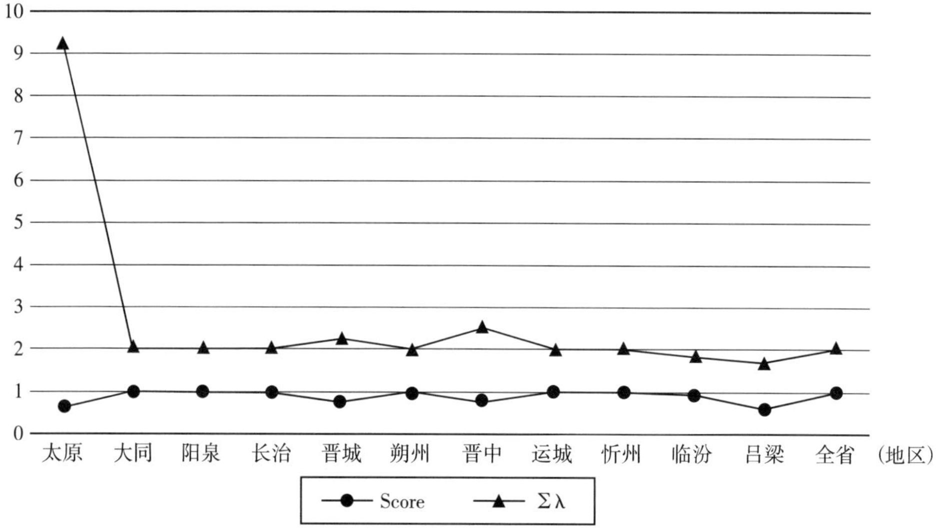

图 5-6　2014 年山西省各市科技创新绩效

三、松弛变量分析

山西省各市松弛变量如表 5-12 所示。

表 5-12　山西省各市松弛变量

DMU	$S1^-$	$S2^-$	$S3^-$	$S4^-$	$S1^+$	$S2^+$	$S3^+$
太原市	0	0	1.587	0	6485.033	165.264	0.532
大同市	0	0	0	0	0	0	0
阳泉市	0	0	0	0	0	0	0
长治市	0	2.609	0.044	0	31.607	7.378	0.036
晋城市	0.2	7.65	0.74	0	165	21.5	0.018
朔州市	0	0	0	0	0	0	0

续表

DMU	$S1^-$	$S2^-$	$S3^-$	$S4^-$	$S1^+$	$S2^+$	$S3^+$
晋中市	0	0	0.156	0	227.753	11.115	0.029
运城市	0	0	0	0	0	0	0
忻州市	0	0	0	0	0	0	0
临汾市	0	0	0.129	0	41.66	2.395	0.028
吕梁市	0.105	0	0	0	318.41	10.694	0.123
全省	0	0	0	0	0	0	0

（1）太原市。太原市科技拨款占财政支出比重（$S1^-$）与 R&D 经费投入强度（$S3^-$）都位居全省首位，分别为 4.38%、3.43%，是其他市的 3 倍以上；R&D 经费投入（$S2^-$）达 86.7 亿元，占全省的 57%；R&D 人员数（$S4^-$）达 4975 人，占全省的 72%。但是高投入并未带来与之相对应的高产出，由表 5-11 看出太原市的国内三项专利申请授权数（$S1^+$）、规模以上工业企业工业增加值增加率（$S2^+$）有很大缺口，导致太原市科技创新 DEA 效率仅约为 0.62，属于 DEA 无效，$\Sigma\lambda$ 更是高达 8.619。当然，这可能是因为指标选取不全面以及科技成果地域流动等因素的影响，但是依然可以反映出太原市科技创新规模报酬递减的问题，太原市的科技投入与管理水平不对应，这需要太原市加强科技投入管理，分化科研立项，在科研投入范围、项目、学科等方面寻求新突破。

（2）大同市。大同市的科技拨款占财政支出比重（$S1^-$）与 R&D 经费投入强度（$S3^-$）分别为 0.58%、1.02%，低于全省 1.76%、1.19%的水平，同时大同市 R&D 经费投入（$S2^-$）为 10.2 亿元，R&D 人员数（$S4^-$）169 人，均低于全省平均水平。然而大同市的科技创新产出水平较高，达到了 DEA 有效，这意味着一方面大同市的科研效率较高，需要继续坚持，发挥优势；另一方面大同市应该提高科技创新投入，扩大科研规模，提高科技创新产出。

（3）阳泉市。阳泉市的科技拨款占财政支出比重（$S1^-$）与 R&D 经费投入强度（$S3^-$）分别为 0.96%、0.63%，低于全省 1.76%、1.19%的水平，同时阳泉市 R&D 经费投入（$S2^-$）为 3.9 亿元，R&D 人员数（$S4^-$）为 46 人，低于全省平均水平。阳泉市的状况与大同市类似，同属于 DEA 有效的决策单元，都需要加大科研投入，扩大科研产出与规模，但是大同市需要增加政府科技拨款在财政支出中的比重，而阳泉市更需要增加 R&D 经费投入强度，与科研人员数。

（4）长治市。长治市的科技拨款占财政支出比重（$S1^-$）与 R&D 经费投入强度（$S3^-$）分别为 0.60%、1.08%，低于全省 1.76%、1.19%的水平，同时阳泉市 R&D 经费投入（$S2^-$）为 14.4 亿元，R&D 人员数（$S4^-$）为 240 人。由表 5-12 可以看出，长治市的 R&D 经费投入（$S2^-$）、R&D 经费投入强度（$S3^-$）并没有达到最优，国内三项专利申请授权数（$S1^+$）、规模以上工业企业工业增加值增加率（$S2^+$）有一些缺口，导致长治市科技创新的 DEA 效率为 0.96，未达到 DEA 有效，同时 $\Sigma\lambda = 1.04$，意味着长治市存在微弱的规模效率递减，这要求长治市在增加 R&D 相关投入的同时，要注重专利发明的产出与工业设施的完善。

（5）晋城市。晋城市的科技拨款占财政支出比重（$S1^-$）与 R&D 经费投入强度（$S3^-$）分别为 1.22%、1.13%，略低于全省 1.76%、1.19%的水平，同时晋城市 R&D 经费投入（$S2^-$）为 11.7 亿元，R&D 人员数（$S4^-$）为 63 人。由表 5-12 可以看出，晋城市的科技拨款占财政支出比重（$S1^-$）、R&D 经费投入（$S2^-$）、R&D 经费投入强度（$S3^-$）没有达到理想效果，国内三项专利申请授权数（$S1^+$）、规模以上工业企业工业增加值增加率（$S2^+$）没有达到合意水平，导致晋城市科技创新的 DEA 效率为 0.74，未达到 DEA 有效，同时 $\Sigma\lambda = 1.5$，意味着晋城市存在一定的规模效率递减，需要加强整体的科技创新投入与管理水平，提高科技专利的产出与科研成果的转化水平。

（6）朔州市。朔州市的科技拨款占财政支出比重（$S1^-$）与 R&D 经费投入强度（$S3^-$）分别为 0.68%、0.26%，远低于全省 1.76%、1.19%的水平，同时朔州市 R&D 经费投入（$S2^-$）为 2.7 亿元，R&D 人员数（$S4^-$）为 42 人，低于全省平均水平。朔州市的状况与大同市、阳泉市类似，同属于 DEA 有效的决策单元，都需要加大科研投入，扩大科研产出与规模，但是朔州市需要全面提高科技创新各类投入，尤其是 R&D 经费投入强度。

（7）晋中市。晋中市的科技拨款占财政支出比重（$S1^-$）与 R&D 经费投入强度（$S3^-$）分别为 0.89%、0.49%，低于全省 1.76%、1.19%的水平，同时晋中市 R&D 经费投入（$S2^-$）为 5.1 亿元，R&D 人员数（$S4^-$）为 347 人。由表 5-12 可以看出，晋中市的 R&D 经费投入强度（$S3^-$）未达到最优，国内三项专利申请授权数（$S1^+$）、规模以上工业企业工业增加值增加率（$S2^+$）有很大缺口，导致晋中市科技创新的 DEA 效率为 0.77，未达到 DEA 有效，同时 $\Sigma\lambda = 1.729$，意味着晋中市存在一定的规模效率递减，需要加强整体的科技创新投入与管理水平，提高科技专利的产出与科研成果的转化水平。

（8）运城市。运城市的科技拨款占财政支出比重（$S1^-$）与 R&D 经费投入强度（$S3^-$）分别为 0.77%、0.76%，低于全省 1.76%、1.19%的水平，同时运城市 R&D 经费投入（$S2^-$）为 9.1 亿元，R&D 人员数（$S4^-$）为 349 人，低于全省平均水平。运城市的状况与大同市、阳泉市、朔州市类似，同属于 DEA 有效的决策单元，都需要加大科研投入，扩大科研产出与规模，同时也需要全面提高科技创新各类投入，尤其是科技拨款在财政支出中的比重。

（9）忻州市。忻州市的科技拨款占财政支出比重（$S1^-$）与 R&D 经费投入强度（$S3^-$）分别为 0.4%、0.14%，远低于全省 1.76%、1.19%的水平，同时忻州市 R&D 经费投入（$S2^-$）为 1 亿元，R&D 人员数（$S4^-$）为 200 人，低于全省平均水平。忻州市的状况与大同市、阳泉市、朔州市、运城市类似，同属于 DEA 有效的决策单元，都需要加大科研投入，扩大科研产出与规模，但是忻州市需要全面提高科技创新各类投入，尤其是科技拨款在财政支出中的比重和 R&D 经费投入以及投入强度。

（10）临汾市。临汾市的科技拨款占财政支出比重（$S1^-$）与 R&D 经费投入强度（$S3^-$）分别为 0.49%、0.45%，远低于全省 1.76%、1.19%的水平，同时临汾市 R&D 经费投入（$S2^-$）为 5.5 亿元，R&D 人员数（$S4^-$）为 252 人。由表 5-12 可以看出，临汾市的 R&D 经费投入强度（$S3^-$）不足，国内三项专利申请授权数（$S1^+$）、规模以上工业企业工业增加值增加率（$S2^+$）有一定的不足，导致临汾市科技创新的 DEA 效率为 0.92，未达到 DEA 有效，同时 $\Sigma\lambda=0.909$，表示临汾市存在一定的规模效率递增，增加相应比例要素的投入能够得到更多的产出，这意味着作为唯一一个规模效率递增的决策单元，临汾市更需要提高科技创新投入与基础设施的建设。

（11）吕梁市。吕梁市的科技拨款占财政支出比重（$S1^-$）与 R&D 经费投入强度（$S3^-$）分别为 0.60%、0.18%，远低于全省 1.76%、1.19%的水平，同时吕梁市 R&D 经费投入（$S2^-$）为 2 亿元，R&D 人员数（$S4^-$）为 206 人。由表 5-12 可以看出，吕梁市的科技拨款占财政支出比重（$S1^-$）未达最优，国内三项专利申请授权数（$S1^+$）、规模以上工业企业工业增加值增加率（$S2^+$）和区域 GDP 增加值（$S3^+$）有很大的缺口，导致吕梁市科技创新的 DEA 效率仅为 0.58，是全省最低，未达到DEA有效，同时$\Sigma\lambda = 1.075$，意味着吕梁市存在微弱规模效率递减，需要加强整体的科技创新投入与管理水平，依靠科技创新提高全市的工业技术水平与区域产出。

本章小结

（1）通过以上分析，证实了DEA模型可以用于评价科技投入产出绩效，且使用效果较好。通过两阶段DEA运算，得出一阶段中，科技创新DEA有效的有北京市、江苏省、上海市、四川省、浙江省、重庆市共6个省、直辖市，而甘肃省、海南省、宁夏回族自治区、吉林省、云南省、青海省6个地区纯技术效率为1，二阶段中科技创新DEA有效的有福建省、广东省、广西壮族自治区、内蒙古自治区、宁夏回族自治区、山东省、上海市、天津市、浙江省共9个地区，纯技术效率为1的有青海省、新疆维吾尔自治区、江苏省、海南省。山西省两个阶段科技创新DEA效率以及纯技术效率均未达到1，属于科技创新绩效较低区域。在山西省十年两阶段DEA分析中，2012年之后几年，山西省达到了一阶段科技创新DEA有效，尤其是2014年更是第一阶段和第二阶段科技创新DEA均为有效，显示山西省科技创新绩效进入了良性发展阶段。

（2）通过全国30个省（市、区）2010~2014年5年横向科技创新绩效对比，表明山西省科技创新在全国所处位置、不足与相对优势，为山西省科技创新发展弥补弱项、发挥长处提供了一定的数据参考。通过2005~2014年10年纵向山西省科技创新绩效对比，指明山西省科技创新存在的具体问题——财政科技拨款不足、R&D投入强度不够、国内三项专利申请授权数未达到合意水平。通过山西省各市横向科技创新绩效对比，发现山西省存在科技创新的规模不经济，这无疑对山西省的科研基础设备、科研项目、科研方向提出了多样化、全面化的要求，也为山西省去产能提供了新思路。

第六章　影响山西省科技创新绩效的因素分析

第一节　影响科技创新绩效的因素分析

一、宏观因素

从宏观层面来看，科技创新在开展过程中必须由外界引进新的创新要素，这表明科技创新行为与所处的外部环境是密切相关的，科技创新环境直接影响着科技创新的实现和发展。科技创新环境是指约束和激励科技创新主体行为、保障科技创新得以实现的网络系统，它涵盖了资源、机制、市场、政策环境等诸多方面。

（一）政策环境

科技政策法规是在一定的时期内，国家、部门和地区有计划、有安排地指导、规定科学技术发展的准则和法律规则。其主要目的是促进科学技术发展，从而推动社会经济的发展。政策环境要素已经成为构成新阶段科技创新体系的重要内容，它对科技创新能力的提升，科技创新规划的执行，以及科技创新项目开发与人才引进计划提供根本保障，其中影响科技创新绩效的政策环境因素主要包括科技政策、金融政策和财税政策。

1. 科技政策

（1）科技政策的概念。科技政策属于国家或政府的一个分支政策，是用来引导、干预和控制所有科技活动大的方面，以这一外控制项作为中介，把国家经济军事的意志转化为科技主体的行为规范。科技政策是一个国家或地区为强化其科技潜力，达成其综合开发的目标和提高其地位而建立的组织、制度及执行方向的总和。

科技政策主要包括：科学技术发展的思想和方针；科技和创新发展的战略、设想、规划以及实施计划；基础科学研究和开发政策；应用研究和产业技术政策；创新管理政策、激励政策、教育政策以及技术市场政策。这五个方面的科技政策构成了完善的科技政策体系，彼此间相互联系、相互协调，进而从各个方面支撑科技活动和科技事业的发展。

（2）科技政策的功能。科技政策的功能是指其自身在实施和运行过程中，对于科技创新活动所表现出来的功效、影响和作用的集合体，主要包括引导功能、管理功能和控制功能三个方面。

1）引导功能。科技政策的引导功能也称为导向功能，是指对科技活动和创新活动发展方向的引导。科技政策的制定者依据当前科技事业发展现状、动态变化和趋势方向进行调研、评估和预测，提出下一段时期内科技和创新所要取得的成果和目标，然后围绕目标制定一系列战略、方针、规划和措施等，以确保科技事业向着预计的方向推进和发展。

此外，科技政策还具有教育指导的功用，有利于统一科技发展共识。与其他政策一样，科技政策包含特定的价值、规范和行为系统。价值系统向人们明示了在下一阶段政府鼓励和提倡的；规范系统向人们明示了哪些是受到鼓励的，哪些是不允许的或是受到限制的；行为系统则明示了哪些途径和行为是被鼓励和接受的。此外，在科技政策的制定过程中，广泛征求科技工作者和人民大众的意见，以及在政策实施后对科技工作者和民众的宣传有助于形成统一的思想，进而协调创新组织和人员的行动。

2）协调功能。科技政策的协调功能主要是指为实施科技政策目标而对与科技活动相关的人、财、物和信息进行重新配置和重组的过程。科技政策在不同时期具有不同的目标，只有持续不断地通过计划、组织和协调，才能使各项创新资源得到合理配置、有序流动和高效利用，进而促进新的科技政策目标的顺利实施。科技资源的协调功能，规范了科技资源重组过程中的有序性，降低了不确定性，能够切实有效地提高科技资源的使用效率，同时能够降低相关成本和提升科技和创新产出。

科技政策协调功能的有效发挥，首先要认识到科技活动过程中知识流动的规律把握知识创造、知识扩散和知识应用特性，协调好基础、应用和试验三项研究比例，并协调好科技和创新成果的扩散和应用。其次，创新系统是一个复杂的系统，包含不同的个人、企业、科研机构、中介组织和支撑系统等要素，需要根据各组织的不同特点和优势，最大限度地协调各科技资源的彼此关系，使其既有序竞争又密切合作相互协调，以实现政策目标和满足国家创新需要。

3）控制功能。科技政策的控制功能是指政策对科技和创新活动中组织和个人的行为进行促进或制约的作用，使其沿着科技政策导向前进，对偏离科技政策目标的情况、行为和因素进行限制、消除和调整。

科技政策对于科技创新的促进作用：一方面，通过培育创新环境，引导全社会的创新氛围，增强企业的创新意识，促进科技创新活动的有序健康发展。另一方面，通过优惠的政策和鼓励措施，强化创新投入以改变创新投入经费不足的问题，调动科技工作者的创新积极性和主动性，促进知识和技术创新成果扩散、传播和应用。制约作用方面主要是对某些创新行为进行约束，以避免科学技术发展给社会和经济造成负面影响。

（3）科技政策对科技创新绩效的影响。科技政策对于科技创新绩效的影响主要是通过科技创新主体来实现的。科技政策可以对区域的科技创新主体产生有效的激励作用，取决于科技政策的具体措施是否与创新主体的需求进行准确的匹配，同时还受到地区文化、经济富裕程度、风俗习惯等多方面因素的影响。因此，要了解科技政策如何与地区特点相结合，才能积极推动科技创新能力的提高以及经济快速发展，需要深入研究科技政策的作用机制。

科技政策的首要目标是推动技术进步以促进经济发展。科技进步的细分目标主要有两个方面：一方面是促进技术创新主体的技术能力大幅提高；另一方面是能够将所获得的新技术实现科技成果转化，实现经济利益的最大化，以补偿创新主体在研发过程中所消耗的资源。当创新主体通过一系列技术研发活动达到政策评审标准时，科技政策应当对技术创新主体予以一定程度的奖励措施，激励创新主体积极地投入更为充足的资源进行技术研发活动。创新主体由于高效率地利用人、财和物，产生新技术以及积极将科技成果产业化，并对取得的新技术向国家专利部门申请专利。

科技政策首先向创新主体展示比较具有诱惑力的奖励措施，这些奖励拥有足够的吸引力促进创新主体进行技术研发活动，但是创新主体为了获得这份奖励则必须通过“天桥”，即通过条件评审标准，即在投入与产出这两个方面所设立的标准。由于一系列科技政策组成科技政策体系，这使得创新主体在不同的发展阶段都能够获得持续的激励。创新主体希望获得未来的潜在收益以降低自身在技术创新活动中的成本以及风险，同时市场竞争使得创新主体必须投入资源进行技术创新，否则面临生存的困境，各种因素相互交织在一起，促使创新主体增加研发投入、引进优秀人才以及优化科研设施，努力实现资源利用效率的最优化和获得最佳的经济收益。创新主体通过投入产生新技术和专利，努力实现科技成果转化，使得投入能够获得丰厚的回报。当创新主体实现条件评审标准时，政府部门予以认定，并给予一定程度的政策性奖励，使得创新主体能够获得足够的经济收益来补偿在科技研发活动中所消耗的资源，同时能够为下一步研发工作提供一定的资金支持。

2. 金融政策

（1）金融政策的概念。金融政策是指中央银行为实现宏观经济调控目标而采用各种方式调节货币、利率和汇率水平，进而影响宏观经济的各种方针和措施的总称。一般而言，一个国家的宏观金融政策主要包括三大政策：货币政策、利率政策和汇率政策。

货币政策是中央银行调整货币总需求的方针策略，中央银行传统的货币政策工具包括法定准备金、贴现率、公开市场业务等，其政策一般是稳定货币供应和金融秩序，进而实现经济增长、物价稳定、充分就业和国际收支平衡。

利率政策是中央银行调整社会资本流通的手段。合理的存款利率政策有利于经营存贷业务的银行吸收储蓄存款，集聚社会资本；可以在一定程度上调节社会资本的流量和流向，从而导致产品结构、产业结构和整个经济结构的变化；可以用于刺激和约束企业的筹资行为，促进企业合理筹资，提高资本的使用效益。

一个国家的汇率政策对于国际贸易和国际资本的流动具有重要的影响。跨国公司、外商投资企业和经营进出口业务的其他企业在国际资金融通活动中，必须掌握汇率政策并有效地加以利用。

（2）促进科技创新的金融政策工具。政府在推动科技创新过程中，可以借助包括财税、金融、贸易以及市场准入等诸多政策工具。而且政府还应该针对高新技术企业的不同阶段特征采取相应的扶持政策，对其他科技创新主体也应该制定相应的激励措施，这样才能收到良好的政策效果。这些不同的科技创新扶植政策共同组成一国中长期的科技创新政策体系。一国科技金融政策是国家创新政策体系中的重要组成部分，金融政策对科技创新活动的促进功能主要借助信贷工具、资本市场、信用担保和风险投资等工具完成。

1）针对科技创新活动的信贷政策。科技创新活动具有高风险、高投入和高收益特征，仅仅依靠科技企业自身积累难以满足科技创新所需的巨大资金投入。从国际范围来看，商业银行对科技创新活动的资金投入是引领企业进行科技投入的关键和重要物资保障。近年来，我国高新技术产业总融资结构比例中，来自金融的融资比例已占到高科技产业总融资比例的 59% 左右，成为高新技术产业融资的重要支柱。

2）资本市场直接融资。多层次的资本体系是广大创新型中小企业发展的重要融资平台，对促进我国科技成果产业化和增强科技创新主体实力具有重要的意义。创新型企业由于固定资产等抵押物的不足以及当前风险担保的困难，如果仅仅依赖银行渠道的间接融资，发展往往受到很大限制，而资本市场有利于中小创新型企业实现融资、资源配置和产权交易等重要职能。

3）支持科技创新活动的风险投资。由于科技创新活动的高风险和高收益性，风险投资已是促进一国高新技术发展的重要力量。风险投资一般采用风险投资基金方式参与高新技术企业的运营，其运作包括融资、投资、管理、退出四个阶段，全过程参与高新技术项目的运作。

4）高新技术企业的资信评估和信用担保。高效的信用评级和信用担保机制是现代市场经济环境下中小企业发展的必备条件。大部分科技型中小企业一般不具备较大的资产规模，也不具备良好的历史经营业绩记录及银行认可的担保和抵押条件，往往难以提供足额、有效的抵押品、质押物或担保人，导致无法得到贷款，影响了中小企业的创新发展。对这部分企业而言，引进第三方担保尤为重要。政府担保虽然能提供一定的信用支持，但面对众多中小企业，政府担保的额度非常有限。

3. 财税政策

（1）财税政策的概念。财税政策是政府主要运用财政科技投入和税收优惠政策，通过直接调控和管理，从收入与支出两个方面来影响市场要素资源的分配。

财政政策是指为促进就业水平提高，减轻经济波动，防止通货膨胀，实现稳定增长而对政府财政支出、税收和借债水平所进行的选择，或对政府财政收入和支出水平所作的决策。财政政策作为一国调节宏观经济的政策措施，在合理配置创新资源、激励创新主体主动性等方面都起着重要的支持作用。财政拨款、税收支出、政府采购、政府风险投资及其配套措施，构成了科技创新系统中的财政要素，这些要素共同作用于科技创新体系。税收政策是政府根据经济和社会发展的要求而确定的指导制定税收法令制度和开展税收工作的基本方针和基本准则。

从作用机制上看，财政支出注重的是对行为主体的资金支持，能够充分体现政策导向，对于创新初始阶段起着其他政策工具所无法替代的支持作用。税收优惠政策注重以市场机制来配置资源，强调对创新行为的激励，但对于没有纳税能力的创新主体来说，激励效果具有一定局限性。

（2）促进科技创新的主要财政政策工具。从财政政策工具的角度来看，政府对企业技术创新的财政支持主要分为财政补助、政府购买和其他三种形式：

1）财政补助政策。财政补助政策属于政府的直接优惠政策，主要包括财政补贴、财政贴息和无偿转移支付等形式。中央政府主要通过国家各类科技计划（基金等）项目和各类企业研发中心、园区类、孵化器等创新载体建设项目实行无偿资助。地方政府也会设立相应的财政资助项目对企业进行各类无偿资助或补贴。采用财政贴息的项目主要有国家科技支撑计划项目贷款、技术改造专项贷款、科技型中小企业技术创新基金贷款、农业科技成果转化资金贷款等专项资金。

2）政府购买政策。政府购买主要体现为政府优先购买、政府收购和订购制度。国家机关、事业单位和团体组织在政府采购活动中，应当优先购买自主创新产品。对那些符合国家发展要求，并具有社会公益性的创新产品，实行政府大量购买，进行间接性的政策引导和支持。

3）其他政策。除了财政补助和政府购买政策外，财政支出政策还包括奖励、有偿资助和资本金投入等政策。如国家科技支撑计划项目可以实施偿还性资助的方式。对于风力发电设备产业，可以选择以奖代补的间接财税优惠政策。

（3）促进企业科技创新的主要税收政策工具。

1）税收减免政策。在企业技术创新活动的前提下，税收减免的实质是对于符合国家优惠政策条件的企业，在某些经济活动的一定期限内，减免或免除应纳税额的税收优惠政策减税，即减少应纳税额。免税，即免除所有应纳税额。因为税收减免政策属于直接的税收优惠政策，因此也是最重要的税收优惠政策形式。

2）费用扣除政策。费用扣除是指在征税对象全部数额中免予征收一定数额。

费用扣除额的确定，有比例扣除和定额扣除两种。比例扣除，所得越大，扣除的绝对额也越大。税收扣除不仅直接缩小了税基，在实行累进税制的条件下，还因税基的缩小而降低使用税率，因而直接或间接地减轻了税收负担。

3）投资抵免政策。目前很多发达国家均采用投资抵免税收优惠政策。投资抵免的实质是符合国家政策的前提下，对于研发创新投资的那部分资本支出，允许企业在纳税时从应纳所得额中进行扣除，相当于政府间接性地承担了企业的一部分研发成本支出，降低了企业技术创新的负担，引导企业加大技术创新力度。

4）加速折旧政策。加速折旧是指在固定资产耐用年限的初期计提较多的折旧费。采用加速折旧的税收优惠方式，会使企业在开始投资的几年内，增大成本，减少净利润，从而降低应纳税额，间接性地降低了企业创新投资的成本，加速了投资资金的回收效率，相当于减轻了企业的负担。通过加速折旧来加速企业收回投资，从而提高了资金的利用效率，极大地刺激了企业的技术创新，有助于推动高新技术产业的快速发展。

5）特定准备金政策。特定准备金作为一项税收优惠的方式，是指为使将来发生的费用或投资有资金来源，并在现实中得以使用，在计算纳税人应税所得额时，依据法定的标准，将特定准备金列为损失并从应税所得额中予以事先扣除。根据一国的实际需要而用法律规定的特定准备金通常有：投资准备金、技术开发准备金、出口损失准备金、国外市场开拓准备金、国外投资损失准备金等。

（二）金融环境

1. 金融环境对科技创新的作用

创新活动在本质上还是一种经济活动，不管是初期的创新投入还是后续创新成果进入实际投产过程，都需要大量资金的支持，许多企业都认为缺乏资金、资金来源渠道不畅、资金运行效率不高等原因已成为制约创新活动的“瓶颈”。因此，金融环境的完善与便利程度就会影响到资金的获取与创新生产活动的运行成本，进而作用于区域技术创新绩效。

（1）金融环境为科技创新提供的物质环境是创新的基础。

1）金融对科技转化为生产力的融资服务支持。在高新技术产业发展实践中，资金“瓶颈”问题是制约技术创新顺利进行的重要障碍。而金融体系的基本功能，就是为具有良好经济前景的项目筹融资。技术创新需要大量的资金支持，个别资本的积累无力对技术创新提供足够的资金支持。金融中介具备有效筹资的功能，并能利用这一功能为技术创新提供了大量资金。因此，利用金融安排动员储蓄、融通外部资金是必要的。金融市场能增强金融工具的流动性，满足持有多样化证券组合的需要，有效地分散风险，利用多种工具实现筹资的目的，优化资源配置，促进技术创新。这些工具包括：金融机构贷款、股票证券市场、企业债券市场、风险投资、民间私募等。

2）金融对技术创新活动提供信息服务支持。金融为经济体系中分析决策的主体提供价格信息、为各层次金融机构和政府机构提供企业信息，使信息能够有效地在各经济实体之间传递，使资金、生产资料和技术能够达到有效配置。

在科技创新条件下，企业要获得融资就必须通过金融系统传递有关技术创新的信息给投资者，以获得资金支持。众所周知，评估高技术项目的发展前景是困难的且要付出高成本的。投资者一方面可能没有时间、精力和能力去收集和整理有关信息；另一方面又不可能对没有一点可靠信息的项目进行投资。结果，高信息成本可能阻碍具有技术创新的项目的资本流向。

金融体系具有信息传递机制。在技术创新条件下，企业要获得融资就必须通过金融系统传递有关技术创新的信息给投资者，以获得资金支持，类似于风险分散机制，在资本市场中，企业的技术创新信息也是通过公开的信息披露传递给投资者的，此外证券的价格也传递着有关技术创新性质和前景的重要信息。

（2）金融环境为科技创新提供的人文环境是创新的催化剂。

1）金融活动塑造人们的新思维。现代金融的文化价值，通过资金融通活动对人们的影响而具体地展现出来。金融活动对人们的意识产生了积极的影响。

第一，金融活动强化人们的主体意识和平等精神。在发育完备的金融市场上，广大群众不但可以“随心所欲”地选购自己中意的金融商品，而且完全有条件成为企业资产所有者中的一员。金融市场赋予每个交易者的自由选择权和平等交易权，不但有利于增强交易者自身的主体意识和主人翁实感，而且有利于培养尊重对方权益的平等精神。

第二，金融活动激励人们的创新意识和开拓精神。规范化的市场融资，不但不排斥公平的、正当的竞争，而且要通过优胜劣汰的竞争来实现资金要素的优化配置。有竞争就必须承担一定的风险，而人们勇于竞争的奋斗精神在具备风险性和竞争性的金融活动中得到增强。

第三，金融活动鼓励创新创业行为。创业精神是一种稀缺的社会资源，它对创新的推动作用不言而喻。它是社会中一部分人所拥有的自然禀赋，这种自然禀赋可能是对未来市场的一种预见，也可能是永久潜藏的创业冲动，总之，与其他资源相比，它是一种更难以被发现和捕捉到的东西。与天才的禀赋一样，创业者的这种禀赋也可以被看作一种稀缺性资源。可以想象，如同天才在人群中的比例是上帝给定的一样，创业者的这种禀赋在熙熙攘攘的人群中一定也有个固定的概率分布。

2）金融培育创新的社会心理。就美国而言，从 1776 年独立一直到 1850 年左右，其金融发展基本是复制英国金融，也就是侧重发展银行、保险和债券市场。从 19 世纪初开始，美国将英国工业革命初期中推出的新技术很快地学过来。到 19 世纪 60 年代，新发明的铁路技术在美国被炒得热火朝天，铁路股票是大家都争相追买的证券。那次铁路股票泡沫不仅在美国老百姓间大大普及了股票文化，而且带来了许多金融财技，为 19 世纪末像 J.P.摩根这样的规模投资银行家的出现奠定了基础。19 世纪六七十年代的铁路股票泡沫之后，19 世纪 90 年代到 1910 年左右又是电话股票与钢铁股票泡沫，从 1910 年到 1929 年则是汽车股票泡沫，20 世纪 80 年代是大家熟悉的电脑股票热，20 世纪 90 年代是互联网泡沫期；等等。这 150 年的美国股市历史几乎是一部连续不断的股市泡沫史，背后当然是一部部财富创造的故事。它从根本上体现了美国金融跟当年英国金融的差别：美国的金融体系旗帜鲜明的特色是以股票市场为中心，还有就是由它的股权文化所引申出来的技术创新动力。

股票的未来收入折现能力和高流通性就是这样使美国的创业文化、创新文化以最快的速度发展。这样的金融环境真正可以称得上是创造了一个令社会崇尚和向往技术创新的环境。在这样的环境中，有能力进行技术创新的，有能力创办企业的，有能力提供资本的，有能力寻找下一个百度的，各尽其能。可以说，金融创造了一种聚合社会关注度和整合社会资源的机制。

3）金融功能孕育创新的文化环境。一个良好的金融环境对创新的激励不仅是在投资融资等方面，还表现在对建立创新文化的重要支持上。良好的金融环境，为众多创意的萌芽提供了资本的土壤，成就了众多创新者，由此塑造了社会认同创新，向往创新的文化环境。而这样一个环境，将使社会肯定金融的地位和作用，加强金融体系的完善，引导金融加大对创新的支持，而金融体系对创新项目投资的信心和支持力度也将越来越强。

首先，金融是创新的外在物质推动力。有了宽松合理的金融支持环境，任何的创新思维都不是空谈。有了金融的外在推动，在思想上解放了人的胆怯心理和怀疑态度。只要你去试，尝试的结果不知道，但尝试的过程是有保障的。

其次，金融文化是一种风险文化、进取文化。这些特点正是创新文化所需要的。从金融的文化价值可以看到金融文化所具有的创新内涵、积极向上的精神，求变、求发展的精神，勇于开拓、勇于接受实践检验的精神。对创新的人文环境来说，金融文化本身所具有的鼓励探索、允许失败的宽容精神和探索精神是具有重要意义的。金融不会也从来不为自己的业务范围设限，与任何一个行业打交道都不陌生。金融具有自我扩张的天性，它能不断发明新的交易方式，新的金融衍生工具，甚至衍生工具上的衍生工具，直至虚拟金融。这种不断探索和改变的精神与技术创新所需要的怀疑精神，对现有事物的挑战精神，不断进行创造性破坏的特质相吻合。

（3）金融为科技创新提供的制度环境是创新的保证。

制度主要是一种制约人们行为的社会规范，金融是一项信用体制下的人类活动。它自身对制度的依赖是非常高的。没有完善的制度，金融活动则无法展开。金融的这个特点不使其自身具有非常高的制度化规范化特征，也使得和金融发生联系的社会其他行业在与金融发生联系的同时也接受了金融体系的行业规范。此外，金融工具的不断创新，也使得需要新制度来解决自身问题的其他行业有了新的手段和能力建立或者改进现有的制度。

1）金融市场促进科技成果的商品化。现代科学技术革命的主要矛盾是科技进步与经济社会发展的矛盾，这个矛盾具体体现为科技进步的知识性品格与经济社会发展的价值性品格之间的辩证关系。在现代科技革命中，科技进步的知识性品格成为经济社会发展所追求的价值性品格的动因；经济社会发展的价值性品格也成为科技进步所追求的知识性品格动因。因此，现代科学技术革命的发展方向必然是知识的价值化和价值的知识化，科技的进步成为知识品格与价值品格的统一，经济社会发展也成为价值品格与知识品格的统一。

促进科技创新体系的有效运行，其核心是科技成果的商品化。企业的创新活动要从市场配置资源，在市场实现创新成果的商业化，从而实现创新效益。因此，企业创新活动能否开展，能否实现，取决于一定的市场环境，即市场秩序和市场结构。高度发达的市场体系，还能使企业创新成果的交易费用大大降低，提高效率。传统的企业技术创新大多是技术成果的自研自用，这种研发劳动创造出具有高技术含量、带有垄断性的商品，在市场交换中不仅实现其自身价值，而且会获得超额利润。但自研自用的传统技术创新是一种封闭式的创新，其缺陷是企业为保持对新技术的垄断，或者由于新发明与原有经营模式存在矛盾等原因，往往会把未使用的技术搁置起来。而这样做，企业既要承担高昂的研发费用，又要冒着新技术失效的风险。当代企业大多实行开放式创新，即将那些自己并不应用的研发成果向外转让，使之在市场交换中成为商品，不仅减少了技术创新成果被搁置而给企业带来的损失，而且通过出售研发产品，开辟了企业收入的新源泉。至于众多专门从事科技研发的中小公司以及个人独立的研发活动，更要立足于技术和商品专利的生产和交换而进行。

2）金融参与提供激励和监督机制。公司治理是企业获得外部融资之后的一种结果，当创新型企业受到资金制约，进而为了获得资本而放弃了一部分控制权，导致企业的所有权和控制权的分离。因此，公司治理模式基于企业融资模式的选择，监督经理人是金融市场和银行的另一项重要职能。

如果说，债券、票据等金融工具的创造使现代经济信用中的债权债务关系更加规范化，那么，股票这一金融工具的出现，则使社会经济的深层结构关系与所有权结构关系及其运动形式发生了深刻的变化。购买股票使成千上万的小额货币持有者均有条件成为生产资料的所有者，由此促使众多的社会公众能够从切身利益的角度来关注各个股份企业的经营状况和经济效益，从而对企业形成一种有效的激励机制和监督机制。

金融市场能够行使管理激励职能。金融市场可以通过多种方式行使对拥有企业控制权的经理人的激励职能。例如，证券所有权和控制权相分离的制度，证券所有者可以通过在证券市场上买入或者卖出这类证券来达到评判管理者业绩的作用。董事会的存在在于提供了一个成本相对较低的替换或者调整高级经理人的机制，是构成企业的一组契约的最高内部监督者。此外，经理人市场的存在于企业内部和外部的经理人市场内的竞争机制可以加强对企业管理者的约束和激励，因为经理人市场可以通过筛选、评价以及声誉传播等影响对经理人的任用。

3）金融系统对创新过程的风险分散。科技创新是一项既能带来高收益又具有高风险的活动。在科技创新过程中，企业、科研单位难以独自承担全部风险，为了降低技术创新风险，保证技术创新成功，必须采取措施分散和转移技术创新风险，实现技术创新风险在不同实体之间的合理配置。金融系统的一个重要作用就是减少、分散和转移风险。金融系统的存在，使得技术创新从研发、中试到商品化、产业化等整个过程中拥有不同优势的经济主体，通过某种形式的合约联合起来，为了获得各自及共同的利益，根据各自的优势对技术创新做出有益的贡献，这一方面降低了原有风险，另一方面共同分散了技术创新风险。

除了分散风险，金融系统更为重要的风险管理功能是风险降低，这主要是通过其专业的风险管理技能、优化的资产组合安排来实现的。此外，金融安排不仅可以降低技术创新风险，而且可以为技术创新的风险买卖、风险分享等提供各种金融工具，促进技术创新的顺利发展。通过金融系统的风险管理功能降低技术创新的不确定性和交易成本，将资金引导到效益更高的项目中，从而提高资金使用的效率，更好地发挥金融的投融资功能。

4）金融对资源的合理配置。通常人们认为银行和资本市场都是作为提供资金的一种“融资”手段而存在，但实际上，将资金分配给最有能力的人或者最有前景的项目来有效地使用，是比融资本身更重要的问题。

金融具有分配社会资源的功能，资源的配置首先表现为资金的配置，资金的配置是通过金融市场完成的。金融资源的配置效率，决定着一国技术创新的发展路径、质量和效果。

金融对科技价值的鉴别能够提高资源使用效率。技术创新过程实质是一个包括技术创新方向的筛选确定、创业合作伙伴的选择、战略联盟对象的确定、融资方式选择、技术创新调整等不断筛选择优的过程。金融体系的重要功能之一，就是项目的鉴别、筛选与监控。所以，金融环境支持创新的重要手段之一，就在于金融体系能够对技术创新项目进行优选，并监督资金的正确使用。

2. 科技金融

（1）科技金融的产生。金融和科技的依赖具有内生性，金融需要科技，没有科技的进步作为技术上的支持，金融就没有机会有大的发展。金融又是技术创新的决定性角色之一。从整个社会来看，金融业控制着商业，商业的需求是科技发展最根本的动力，从两者的直接关系来看，金融的直接支持是科技发展所必需的养分。金融与科技在经济层面、文化层面、社会变革层面相互交融，由此，产生了“科技金融”的概念。

科技金融是由政府、金融机构、市场投资者等各金融资源主体向从事知识创新、技术创新及其产业化的企业、高等院校和科研院所等各创新主体，提供各类资本、创新金融产品、金融支持政策与金融配套服务的系统性制度安排，以实现科技创新链与金融资本链的有机结合。各金融资源主体及其在科技创新融资过程中的行为活动共同组成的科技金融体系，是国家及地方科技创新体系和金融体系的重要组成部分。

（2）科技金融对于科技创新的作用。科技创新具有高投入、高风险、高收益及强正外部性等特征，其发展与区域科技金融提供的有效资本供给密切相关。区域科技金融发展对科技创新的作用主要体现在以下三方面：

1）区域科技金融为科技创新活动提供资金支持。在科技创新的知识创新、技术创新与产业化阶段存在不断放大的资金需求，有效的区域科技金融支持是科技创新进行的必要条件。财政科技投入以科技计划、创新补贴等方式为科技创新提供资金，银行通过科技信贷将个人与家庭的闲置资金导向创新领域，风险投资与资本市场投资者通过股权投资的方式将资金投向创新型企业。

2）区域科技金融通过审查机制实现对科技创新项目的筛选。政府财政与科技部门在科技资金配置过程中，通过项目指南、专家审查等方式筛选优先支持的创新项目；商业银行发放科技贷款之前需要对创新企业进行严格的审查，以降低信贷风险；资本市场投资者基于上市公司公告、财务报表等信息披露内容，选择优秀的创新企业投资；项目筛选机制是风险投资利润实现的关键，风险投资家根据自身的资本实力、投资策略、投资经验及对投资行业的战略判断，对投资项目进行筛选。

3）区域科技金融为科技创新提供事后监督管理。政府财政与科技部门在项目完成过程中，通过全过程管理，监督创新项目的完成进度、完成质量及经费使用情况；银行通过监测企业的现金流量状况、对企业进行跟踪调查和直接向企业派驻监事等途径对企业创新过程实施监控；资本市场投资者通过股价机制、董事会选举与公司控制权市场机制等方式对经理人实施激励约束；风险投资机构直接参与企业运营，利用其丰富的管理经验与社会网络，帮助企业制定发展策略与营销计划，并提供客户、供应商等多种资源，辅助企业创新成功。

（三）区域文化

1. 区域文化的概念

由于地理环境和自然条件不同，导致历史文化背景差异，从而形成了明显与地理位置有关的文化特征，这种文化就是区域文化。文化离不开地区的文化传统，使其存在下去的一个关键因素就是文化的传承。不同地区的人们依据其所在区域的地理环境等不同的因素进行着文化的传承，这样的文化传承就会产生不同的民俗风情，进而产生区域文化。

文化是一个复杂的综合体，包括知识、信仰、艺术、道德、法律、风俗，以及人类在社会里所得的一切能力与习惯。本书从文化观念、文化风尚、文化习俗三个方面对各区域文化进行描述。文化观念是指思想意识，也即表象或客观事物在人脑中形成的概括的印象。文化风尚是指在一定社会时期中社会上流行的风气和习惯，反映一定的社会风貌与时尚。文化习俗则是指漫长历史过程中积淀形成的，并留存、延续于当前的人们的习惯和风俗。

2. 区域文化各因素对科技创新的双重效应

（1）积极推动。正确的先进的文化观念对科技创新有积极的指导作用，良好的文化风尚和科学健康的文化习俗可以为科技创新提供良好的氛围和环境。以中国传统文化和现实文化发展为例，其中不乏鼓励创新的传统文化观念、文化风尚与文化习俗。

随着社会的发展和时代的进步，人们的文化素质得到了较大的提高，随之产生的文化观念也得到了进一步革新，人们普遍具有创新观念和创新意识。改革开放的中国还为科学技术发展提供了一个激励创新的良好的社会环境与氛围。经济水平的提高为科技创新提供必不可少的物质基础，创新型国家体系建设为科技创新提供政策支撑，全社会从上到下都营造着鼓励创新的氛围。这些都将有利于科技创新活动的开展。

总之，中国传统文化中主导刚健有为、自强不息、尚新的文化观念到现在也未有改变，它要求人们要发挥自己的主观能动性和独立性，以百折不挠的精神气质去战胜艰难险阻，发展或增益自己的知识、技能和道德。在这种思想的指导下，中国古代天文、历法、医药、军事等都取得了长足的发展，出现了令国人自豪的中国古代四大发明，创造了无与伦比的辉煌文明，并将在新的时代中继续谱写辉煌的乐章。这些都是创新思想观念和创造活动的最真的体现。

（2）消极窒碍。文化观念既然是在某种文化下的人们对于客观世界、自身以及人与客观世界关系的基本理解和看法，就势必存在正确与错误之分。在一定的文化背景下，能正确反映客观世界、自身以及人与客观世界关系的看法就表现为正确的文化观念，如果歪曲的不能客观地反映客观世界、自身以及人与客观世界关系的看法的就表现为错误的文化观念，其对人们的实践活动会起到错误的指导作用，当然就会阻碍科技创新的进一步发展。保守的不鼓励创新的文化风尚与落后闭塞的文化习俗都不能为科技创新营造良好的氛围与环境，并会对科技创新起到消极窒碍的作用。

在我国文化中存在诸多不利于科技创新的因素：文化观念中存在诸多阻碍科技发展的因素，不利于创造主体创新思想的培养和创新实践活动的开展；还缺少激励创新教育的优良风尚。在这种环境下，人们的自信心和创造力严重不足，主动性、独立性、自学性都比较差。这些都不利于培养人的独立意识及创新意识，创新实践活动就更无从谈起。因而当今社会应该为科技创新提供一个鼓励创新、勇于创新、善于创新的良好的文化环境；传统国民心理特点和习性对科技创新有负面影响。传统文化中封闭保守的心理不利于人们创新思想的培养。长期以来，中国人养成了封闭保守的心理特征，形成了务实心态、中庸的观念、懦弱的习性。在此种文化习俗中形成的人格心理特征都严重地限制了个体创新能力及主体性的自由发展，磨灭了人们的好奇心和创造动机，阻碍了创新思维和创造力的发展。

3. 区域文化各因素对科技创新影响的作用途径

科技创新活动的一般规律不光是心理规律，而且包含创造活动与社会、历史、文化等因素的规律性联系。每一科学发现和技术发明中都积淀着人的心理活动，文化诸因素就是渗透到心理活动诸成分，即动机、心智、动作、情绪、意志中，影响着科技创新主体活动的全过程。创造力是动机、心智、动作、情绪、意志诸心理成分在特定的心理环境和文化环境中的综合效应。

（1）对创造主体动机的激发。社会动机与科技创新行为之间的关系错综复杂，并不是简单对应关系。同一种社会动机可以产生不同的科技创新行为和科技创新成果。就其内在起因来看，则是由一种或多种动力所激发和驱使的，其中多种动力中社会文化环境对科技创新主体的动机影响最大。当良好的文化观念、文化风尚和文化习俗为主体所接受并纳入其观念系统和行为系统以后，潜藏于科技创新主体的心理深处，并形成良好的持续的科技创新动机，便会推动科技创新主体持续开展科技创新活动。如果是在错误的文化观念指导下、保守的封闭的文化风尚与落后的文化习俗的社会文化环境中形成的动机就不利于科技创新主体进行科技创新活动，会使创新动机遭到扼杀，严重阻碍科技创新。

（2）对创造主体心智的熏陶。文化诸因素对创新主体心智进行熏陶，并无时无刻地对生活在社会上的个体产生积极或消极的影响。当个体受到良好的教育和在良好文化环境的熏陶下，个人心智才会得到健康的成长。而且长期在创新文化背景的教育中，对于启迪创新思维模式，改善心智模式，增进主体的创新能力都有很大的促进作用。改善心智就是要求我们在创新的文化环境中改变固有的思维方式，改善固有的心智缺陷，培养良好的品质习惯，以开放的心态加强与人交流，以增强创新主体的学习和创新能力。因此，只有在科学的文化观念指导下，在良好的文化风尚与文化习俗构成的文化环境氛围中，才会促使心智朝有利于科技创新的健康的方向发展。

（3）对创造主体动作的引导。科技创造主体的动作对科技创新的影响，就是通过一定时期、一定地点的文化观念、文化风尚与文化习俗渗透到科技创新主体的思想意识里，从而影响着此种意识指导下的科技创新主体的科技创新的行为和活动。例如，在封闭守旧的封建社会环境中和改革开放的新中国社会环境中，科技的发展和科技创新取得的成果是远远不一样的。处于不同的文化观念指导和不同的文化环境与氛围中，现代人们就要比古代人们在科技创新活动上更具主动性和创造性。这也同样说明了，只有在开放的、鼓励创新的文化环境中，科技创造主体动作更具有执行力，并会取得更大的实践成果。

（4）对创造主体情绪的调适。情绪因素是创造力之不可剔除的有机成分，承担着科技创新心理活动的催化剂的角色。社会环境与氛围、家庭环境、学校环境、人际交往环境与氛围在对科技创新主体情绪有调适的作用，并在引导个人克服不良消极的情绪（如生气、害怕、困惑、孤独等）向健康积极的情绪（愉快、满意、喜悦、积极、乐观等）方向上发展起着很重要的作用。当整个社会的文化风尚到处充满着积极向上激情奋发的热情与氛围，也更有助于科技创新主体被感染着正面的积极的情绪，热情高涨地投入到工作实践中去，推动科技创新的巨大发展。

（5）对创造主体意志的锤炼。在科技创造的过程中就要时刻贯穿着创造者的意志力。意志的目的和要素，意志的良好的品质和精神，都会支撑着创造力，使之不在内外困难的境况袭击下崩塌和泯灭。意志使认识活动更加广泛深入，并调节着人的情绪情感，完善创造主体的自我修养。意志是创造活动不可或缺的有机成分，是支撑着科技创造活动源源不断的精神永动机。

二、微观因素

科技创新的系统主要包括以下几个方面：提供人才尤其是创新人才的教育单位；能够生产和提供创新成果的企业或企业群；进行实验、研究的科研部门；对创新活动构成社会影响的政府机构和单位等。在区域科技创新活动中，企业、高校、科研机构起着非常重要的作用，共同构成了科技创新的主体。本书将从三个主体出发，讨论影响区域科技创新的微观因素。

（一）企业

1. 企业在科技创新活动中的特点

企业是最重要的创新主体。市场经济作为竞争经济，遵循“创新则兴，不创新则亡”的市场法则。企业是市场经济的主体，不断地进行科技创新是其生存与发展壮大的有效途径。企业的科技创新产出体现为新产品与新技术，并转化为企业的利润。企业作为科技创新活动中的关键环节，不断地通过对已有科技创新资源的合理利用，不断地改进技术，将创新资源转化为技术成果，并将其推广开来，其在科技创新活动中的主要特点包括：

第一，企业的科技创新离不开以往的发展基础。企业所进行的科技创新活动始终受原有知识、经验、技术成果的影响。企业的科技创新活动缘于对新技术和经济效益的需要，无论是企业员工还是企业家，其所进行的科技创新活动都要发生在对这些的追求过程中。对于原有基础的运用和新设备、新知识的借鉴是企业进行科技创新活动的基本形式。

第二，企业的科技创新是在不断的量变中发生的。无论是新设备还是新的技术、知识的采用，都需要一个不断积累的过程。对于可能出现的巨大风险，企业的科技创新活动则往往更加谨慎。随着技术的不断提高，企业的科技创新也才循序渐进地发生着。

第三，企业的科技创新需要个体不断的进步和努力。企业作为科技创新的群体主体之一，它的发展离不开个体主体的努力。企业家应具备足够的知识和勇于挑战的精神。对于企业员工而言，在有业务知识的基础上，也应不断地学习，并勇于在工作中创新方法。企业的科技创新离不开企业家和企业员工的努力，只有个体的不断进步才有可能促成集体的飞跃进步。

第四，企业的科技创新千差万别，但也需要相互之间的支持和竞争。作为科技创新的主体，企业与企业之间、行业与行业之间都需要彼此之间的密切合作。科技创新活动需要全社会的共同努力，互相应用和借鉴是企业进行科技创新活动的推动力和必要因素。同时，企业与企业之间的竞争也是推动企业科技创新的重要催化剂之一。

2. 企业科技创新绩效的影响因素

（1）企业的资金实力和 R&D 投入。企业的资金实力，包括企业拥有的资金总量，以及企业除维持正常运转外拥有的可自主支配的资金的多少，决定了企业是否有技术创新的经济基础。当然，R&D 活动是技术创新活动的核心，不仅是技术创新的重要组成部分，而且是开发具有自主知识产权产品的最主要途径。所以，企业的 R&D 投入资金量对企业技术创新有着深远的影响。

（2）企业创新意识。企业的创新意识和创新动力决定了企业能否适应不断变化的环境。如果，企业仅仅依靠低成本战略进行价格大战，也就是说企业更多地倾向于扩大生产规模，为了适应不断变化的外部环境，注重提高生产能力、生产数量、销售数量。最后才考虑企业的产品更新换代，特别是那种自主技术的相关投资。那么，在自主技术创新上有突出表现的企业就会很少。为了摆脱来自低端市场的微利窘境，掌握核心技术加强技术创新、提升产业技术水平、发展高技术产业等方面是否不断有新的突破，对企业生存和增强发展的后劲至关重要。为此，中国多数企业已经意识到培养自主创新能力的重要性。

（3）技术创新人员实力。工业企业技术设备先进程度，企业开展科技活动的持续性，关键设备在国际同行业中的水平是技术创新能力的硬件。另外，从企业自身来看，在企业和技术创新人员之间，形成有予有取、互利共赢、健全协调的机制，形成整体合力，立足于全国甚至全球范围内展开技术创新，是技术创新得以实现的基础。

（4）信息影响因素。信息是企业技术创新活动的主体，来自外部环境，可以说，信息是决定企业创新力的基础，如何了解用户信息，了解市场行情，了解产品销路都是决定性因素。随着市场竞争的激烈，随着残酷的淘汰制，对于企业来说，其利润和其为用户提供的产品或服务有着密不可分的关系。自然界中诚然存在大量自然数据或信息，来自外部环境的如市场信息、用户信息等显得更为重要。也就是说，企业除了需要掌握一定的科技信息外，如何捕捉用户信息、了解并满足或超过用户所需，多渠道、多层次有目的地增加科技投入也很重要。

（二）高等院校与科研机构

1. 高等院校对区域科技创新的影响

高校作为教学与科研的综合体，拥有学术水平较高的教师队伍、创新思维活跃的研究生群体、先进的实验设备和丰富的图书馆、文献数据库等科研资源。作为基础研究的主要承担主体，高校的科技创新成果主要体现为论文和专利。科研院所是从事科研活动的组织管理形式，主要从事基础与应用研究、技术推广等创新活动。高等院校作为科技创新的主体之一，具有很强的科技创新能力，其中包括：

第一，知识研究和创新的能力。高等院校进行知识研究就有得天独厚的条件，高等院校拥有充足的资源和设备。知识的创新为的是发现和研究新的科学技术知识，寻找新的规律、发现并解决新的问题，建立新的理论和思想。在知识创新基础上，高等院校和全社会能够更加快速推动技术的创新和进步。高等院校在进行知识创新的同时，也实现了知识的传承和传播，这对整个社会的经济和文化发展都起到了巨大的推动作用。对于高等院校而言，科技创新能力的强弱直接决定着区域经济发展的快慢，这也正是高等院校实力强弱的最好体现。

第二，知识的传承和传播。高等院校有充足的科技创新人才，其中包括许多的专家学者，也包括许多富有创造力的年轻学生。高校的主要职责就是教书育人，因此，高等院校具有进行传播和推广科学文化知识的能力。同时也肩负着培养科技创新人才的任务。人才的培养直接关系着科技创新活动的可持续进行。高等院校为科技创新活动源源不断地输送人才，也使得科技创新不断发生，社会经济不断发展，社会不断进步。

高等院校是科技创新的原动力。高等院校在科技创新活动中既要进行科学研究，同时也要担负着教育传播的任务。高校可以充分利用科技资源和人才资源来进行科技创新活动，然后负责将理论联系到实践，开发和研究创新所产生的新产品，并将相关知识进行传播，为社会培养高素质的人才，进而促进区域乃至人类社会的经济、科技的快速发展。

2. 科研机构

科研机构是指科学研究与技术开发机构，是进行科学研究活动的基本单位，是科技活动的主要执行部门，是实现科学研究目标的重要组织保证。该机构有明确的研究方向和任务，有一定水平的学术带头人和一定数量的研究人员；有开展研究工作的基本条件，并能够长期有组织地从事研究与开发活动。从其工作的本质来看，该机构就是一个将一定的资源（如科技人力资源和研究开发资本等）投入，通过研发过程的知识溢出，转化为有价值的产出（如论文、专著、专利，产品、工艺和服务等），并将这些研究成果在社会实践中应用和检验的部门。

科研院所的创新成果包括科研数据、论文与专利等。科研院所一方面加强对科技创新成果的知识产权保护，另一方面及时向社会公开其创新成果，发挥其社会效益。

3. 高等院校与科研机构科技创新绩效的影响因素

（1）科研机构项目。科研机构项目主要从研发机构数、研究与发展课题数以及科技服务课题数三个方面来衡量。其中，研发机构数代表各地区从事高等院校科技创新活动的机构数量，一般而言，从事科技创新的机构数越多，在同等投入的情况下可能会带来更大的产出，会对高等院校的科技创新绩效起到促进作用。对于研究与发展课题数和科技服务课题数，是高等院校科技创新活动的主要研究对象，在同等人力和财力投入的情况下，课题数越多很可能会导致单位课题的人力财力投入越缺乏，从而导致总体效率的下降，对高等院校的科技创新绩效起到抑制作用。

（2）人力资源结构及素质。人力资源结构及素质主要反映的是各类研发活动人力资源的投入比重以及人员的素质构成情况。其中，研究与发展人员、成果应用及科技服务人员比重分别是指从事研究与发展工作和成果应用服务工作占本人教学、科研总时间 10%以上的教学科研人员，反映了人力资源对于科研的投入情况，比重越高使得高校的科技创新更有成果；而人力的素质主要通过科学家和工程师占人力投入的比重来反映，科学家和工程师是高校科技创新的主导力量，这一比重越大，同样会促进科技创新绩效。

（3）经费投入的来源及结构。高校科技创新的经费主要来源于国家政府、企业和自筹等其他形式。目前而言，政府拨款是高校科技创新经费的主要来源，政府大规模的支持可能会造成高校对于这部分经费的重视度不够，从而有可能存在政府拨款比重越高，高等院校科技创新绩效越低的情况。企业对利润的追求，使得企业对高校创新进行投入来促进科技创新绩效。

第二节 影响山西省科技创新绩效因素的实证分析

一、山西省科技创新绩效影响因素的分析方法

本书采用 DEA-TOBIT 两步法对影响山西省科技创新绩效的影响因素进行实证分析。

（一）Tobit 模型的基本原理

1. Tobit 模型概述

Tobit 模型是美国著名经济学家、诺贝尔经济学奖得主 James Tobin（1958）在研究耐用消费品需求时所提出来的一个经济计量学模型。模型的基本结构如下：

假设某一耐用消费品的支出为 y_i（因变量），自变量为 x_i，则耐用消费品支出 y_i 要么大于 y_0（y_0 表示耐用消费品的最低支出水平），要么等于零。因此，在线性模型假设下，耐用消费品支出和解释变量之间的关系为：

$$y_i=\begin{cases}y_t^*, & y_t^*>0\\ 0, & y_t^*\leqslant 0\end{cases}$$

$$y_t^*=\beta^T x_i+e_i,\quad e_i\sim N(0,\ \sigma^2)$$

其中，x_i 是（k+1）维的自变量向量，β^T 是（k+1）维的回归参数向量，y_t^* 是规模效率值向量。采用最大似然估计法对其进行估计，似然函数为：

$$L=\prod_{y_i=0}(1-F_i)\prod_{y_i>0}\frac{1}{\sqrt{2\pi}}\exp\left[-\frac{1}{2\sigma^2}(y_t-\beta^T x_i)^2\right]$$

$$F_i=\int_{-\infty}^{\beta^T x_i/\sigma}\frac{1}{\sqrt{2\pi}}\exp\left[-\frac{t^2}{2}\right]dt$$

Tobit 模型的一个重要特征是，自变量 x_i 是可观测的（x_i 为实际观测值），而因变量 y_i 只能以受限制的方式被观测到，因此该 Tobit 模型又称为删截回归模型（Censored Regression Model）。当 $y_i^*>0$ 时，取 $y_i=y_i^*>0$，称 y_i 为无限制观测值；而当 $y_i^*\leqslant 0$ 时，取 $y_i=0$，称 y_i 为受限观测值。即无限制观测值均为实际的观测值，而受限观测值均为 0。

更一般地，在模型任意有限点的左右两边同时截取，从而得到一般化的模型：

$$y_i=\begin{cases}c_t^-, & y_t^* \leqslant c_t^- \\ y_t^*, & c_t^- < y_t^* \leqslant c_t^+ \\ c_t^+, & y_t^* \geqslant c_t^+\end{cases}$$

$$y_t^*=\beta^T x_i+e_i,\quad e_i \sim N(0,\ \sigma^2)$$

2. 选取 Tobit 模型的原因

一般而言，回归分析的最常见方法便是最小二乘法，OLS 分析所得的估计系数可以直接地反映自变量对因变量的边际效应情况。但是在面临因变量观察值的数量是有界限的问题时，如本书作为因变量的高等院校科技创新效率是介于［0，1］之间的，这时再采用最小二乘的 OLS 法进行直接回归便会产生一些误差。

假设共有 n 个样本，其中 n_0 个样本为 $Y_i=0$，n_1 个样本为 $Y_i>0$。那么如果采用 OLS 的回归方法，n_0 个 $Y_i=0$ 的样本将全部被抛弃，回归的结果只是对剩余 n_1 个 $Y_i>0$ 的样本进行的分析。由此可见，其估计必然是有偏的，并且不满足一致性要求。Greene 曾更加具体地运用数学模型的方法论证了当因变量为 0~1 效率值时，若用普通的最小二乘法对模型进行回归，参数的估计值会产生向 0 偏向的情形，影响回归分析的准确性。

Tobit 回归模型便是专门针对观察数据集的某些指标对于某些个体被删失的回归问题而提出的。这种删失不是对观察个数的删失，而是对因变量观察值数量界限的删失，其并不是把数据从样本中删去，而是对现有删失数据时的普通回归模型进行适当的处理，从而得到最后的相对准确结果。但需要注意的是，Tobit 回归所得到的估计系数不能直接解释为相应自变量的边际效应，因为在 Tobit 分析里自变量的变化会引起两种效应：一是对观察到的 y 的均值的影响；二是影响 y 被观察到的概率。

综上所述，针对本书山西省科技创新绩效影响因素的实际情况，应该在第二阶段的时候运用 Tobit 分析而不是最小二乘的回归分析方法。

（二）DEA-Tobit 两步法的基本理论

为了充分了解系统效率的影响因素及其影响程度，Coelli（1998）在 DEA 分析法的基础上提出了一种新的效率评估方法，即两阶段法（Two-stage Method）。该方法在不考虑环境因素的前提下，在第一阶段首先利用 DEA 分析法求出研究对象的效率值，然后在第二阶段以第一阶段求得的效率值为因变量，利用 Tobit

模型来解决效率分布的问题并以此得出效率改进的方法和途径。

自从 Coelli 提出两阶段法以来，该方法被广泛运用于各国的金融、教育、工业等领域的效率分析及其影响因素研究中。与其他综合效率评价方法相比，DEA-Tobit 两阶段法具有操作简单、评价客观、适用范围广等优点。特别是在第二阶段，由于被解释变量只能以受限的方式被观察到，并且落在 0~1，因此采用 Tobit 模型能够弥补普通最小二乘法直接回归所出现的参数估计有偏以及不一致的不足，使得计算的结果更加趋于正态分布。基于此，本书决定使用 DEA-Tobit 两阶段法来分析影响山西省科技创新绩效的因素。

（三）DEA-Tobit 两步法的基本步骤

第一阶段：DEA 的效率模型。将投入产出数据，进行 DEA 分析。分析中给出的效率是由科研投入与管理和随机因素三者共同决定的，无法区分所得的效率高低是由管理不善造成的，还是由环境或其他随机因素造成的。

第二阶段：Tobit 回归分析。找到影响山西省科技创新绩效的变量，通过 Tobit 的回归方法，以第一阶段 DEA 计算得到的效率值作为因变量，以相关研究的影响因素为自变量，进行 Tobit 回归分析，在此基础上分析影响因素对效率值的影响方向和程度。

二、变量的选取及数据说明

为了准确测度山西省科技创新绩效的影响因素及其影响大小，对于其变量的指标体系，不仅要考虑构建指标体系的原则，而且要在前人研究的基础上，结合山西省的科技创新现状，并考虑到数据的可获得性。

经过查阅、积累和分析大量参考文献，提出了影响山西省科技创新绩效的五个因素的量化指标，但是这些因素与山西省科技创新绩效之间的相关性以及这些因素的分类问题有待于进一步考证，才能对其进行进一步的研究。本书选取区域市场环境、地方政府作用、R&D 经费支出、人力资源水平、科研机构项目作为影响山西省科技创新绩效的自变量，以前文所得的 DEA 效率作为因变量。具体的指标如表 6-1 所示。

表 6–1　山西省科技创新绩效影响因素的指标体系

影响因素	衡量指标
区域市场环境	①地区生产总值；②人均地区生产总值
地方政府作用	①地方政府财政支出；②地方政府用于科学技术支出总额
R&D 经费支出	①规模以上工业企业 ②研究与开发机构 ③高等学校
人力资源	①规模以上工业企业 ②研究与开发机构 ③高等学校
科研机构项目	①规模以上工业企业 R&D 项目 ②研究与开发机构 R&D 课题 ③高等学校 R&D 课题

（一）区域市场环境

科技创新活动是在特定的区域环境中进行的，其余内部诸多环境因素共同影响着山西省的科技创新绩效。本书选取地区生产总值和人均地区生产总值作为影响科技创新绩效的市场环境因素。具体数据如表 6–2 所示。

表 6–2　2005~2014 年山西省地区生产总值及人均地区生产总值

年份	地区生产总值（亿元）	人均地区生产总值（元/人）
2005	4230.53	12495.00
2006	4878.61	14106.00
2007	6024.45	17805.00
2008	7315.40	21506.00
2009	7358.31	21522.00
2010	9200.86	26283.00
2011	11237.55	31357.00
2012	12112.83	33628.00
2013	12665.25	34984.00
2014	12761.49	35070.00

资料来源：《国家统计年鉴》（2006~2015 年）。

（二）地方政府的作用

政府是全社会具有强制力的代表，在科技创新活动中掌握着丰厚资源，起着其他创新主体都无法取代的作用，政府是相关政策设计者，同时又是这些政策制度的执行者、协调者和组织者。本书选取山西省政府用于科学技术活动的支出作为地方政府作用的具体指标。具体数据如表 6–3 所示。

表 6–3　2005~2014 年山西省地方政府用于科学技术支出总额

单位：亿元

年份	地方财政一般预算支出	地方财政科学技术支出
2005	668.75	2.09
2006	915.57	2.49
2007	1049.92	15.80
2008	1315.02	17.64
2009	1561.70	17.61
2010	1931.36	20.12
2011	2363.85	27.17
2012	2759.46	33.32
2013	3030.13	62.06
2014	3085.28	54.26

资料来源：《国家统计年鉴》（2006~2015 年）。

（三）R&D 经费支出

R&D 经费支出是指调查单位用于内部开展 R&D 活动（基础研究、应用研究和试验发展）的实际支出。包括用于 R&D 项目（课题）活动的直接支出，以及间接用于 R&D 活动的管理费、服务费、与 R&D 有关的基本建设支出以及外协加工费等。本书从三个方面来考虑，即规模以上工业企业、研究与开发机构、高等学校，具体数据如表 6–4 所示。

表 6–4　2005~2014 年山西省 R&D 经费支出总额

单位：万元

年份	规模以上工业企业	研究与开发机构	高等学校	总计
2005	166933	37897	31446	236276
2006	250238	363388	40443	654069
2007	363895.8	119073	54419	537387.8
2008	488855	73973	50798.58	613626.58
2009	603933.5	94113.7	59483.11	757530.31
2010	675657.4	85345.2	62689.28	823691.88

续表

年份	规模以上工业企业	研究与开发机构	高等学校	总计
2011	895891	122670.2	71761.10	1090322.3
2012	1069589.7	115999.8	89089.93	1274679.43
2013	1237697.80	34558.90	123044.50	1395301.2
2014	1247027	122821.70	106856.16	1476704.86

资料来源：《国家统计年鉴》（2006~2015 年）、《中国科技统计年鉴》（2006~2015 年）。

（四）人力资源水平

科技创新活动需要人力资本的投入，只有充分发挥人力资源的利用效率，才能有效地提高区域科技创新绩效。R&D 人员指参与研究与试验发展项目研究、管理和辅助工作的人员，包括项目（课题）组人员，企业科技行政管理人员和直接为项目（课题）活动提供服务的辅助人员，反映投入从事拥有自主知识产权的研究开发活动的人力规模。具体数据如表 6–5 所示。

表 6–5　2005~2014 年山西省参与 R&D 活动人力资源水平

单位：人

年份	规模以上工业企业	研究与开发机构	高等学校	总计
2005	15442	4072	5407	24921
2006	24744	4336	6715	35795
2007	22306	4671	6926	33903
2008	31412	4376	6694	42482
2009	32703	6023	11322	50048
2010	32725	6371	12664	51760
2011	32476	6471	13690	52637
2012	31542	7009	14084	52635
2013	34024	9750	14215	57989
2014	35775	2016	11150	48941

资料来源：《国家统计年鉴》（2006~2015 年）、《中国科技统计年鉴》（2006~2015 年）。

（五）科研机构项目

科研项目即开展科学技术研究的一系列独特的、复杂的并相互关联的活动，这些活动有着一个明确的目标或目的，必须在特定的时间、预算、资源限定内，依据规范完成。项目参数包括项目范围、质量、成本、时间、资源等。本书从工业企业的 R&D 项目以及研究与开发机构和高等院校的 R&D 课题数目出发，来解释科研机构项目，具体数据如表 6-6 所示。

表 6-6　2005~2014 年山西省科研机构项目情况

单位：个

年份	规模以上工业企业 R&D 项目	研究与开发机构 R&D 课题	高等学校 R&D 课题	总计
2005	1000	1337	3872	6209
2006	1413	1459	4927	7799
2007	1648	1665	5036	8349
2008	1473	1787	5416	8676
2009	2044	940	6505	9489
2010	2149	935	7286	10370
2011	2348	1066	7970	11384
2012	2795	1144	8924	12863
2013	2885	727	9149	12761
2014	2726	776	9278	12780

资料来源：《国家统计年鉴》(2006~2015 年)、《中国科技统计年鉴》(2006~2015 年)。

通过 DEA 分析得到的结果如表 6-7 所示。

表 6-7　2005~2014 年山西省科技创新投入产出效率

年份	一阶段 DEA 效率	二阶段 DEA 效率
2005	0.839476	0.505122
2006	0.707642	0.724565
2007	0.73196	1
2008	0.658831	0.798305
2009	0.727912	0.495365
2010	0.965559	0.721033
2011	0.963414	0.495594
2012	1	0.894887
2013	1	0.838456
2014	1	1

三、山西省科技创新绩效的影响因素分析结果

在 DEA 分析的基础上，运用其分析得到的山西省科技创新效率值作为因变量，以前文所提到的影响因素指标作为自变量，运用 Eviews 统计分析软件进行 Tobit 回归分析，建立以下模型：

$$y=\beta_1x_1+\beta_2x_2+\beta_3x_3+\beta_4x_4+\beta_5x_5+\beta_6x_6+C$$

其中：y 为运用 Win Deap 软件计算出来的山西省科技创新从 2005~2014 年这 10 年的效率；

x_1 代表 10 年来区域市场环境中的地区生产总值；

x_2 代表 10 年来区域市场环境中的人均地区生产总值；

x_3 代表 10 年来山西省地方政府用于科学技术的支出总额；

x_4 代表 10 年来山西省规模以上工业企业、研究与开发机构和高等学校的 R&D 经费支出；

x_5 代表 10 年来山西省科技创新活动投入的 R&D 人员；

x_6 代表 10 年来山西省的科研机构项目，其中包括企业的 R&D 项目和研发机构的 R&D 课题。

（一）Tobit 模型初步回归分析

如表 6-8 所示，常数项(c)、山西省地方政府用于科学技术的支出总额（x_3）、山西省规模以上工业企业、研究与开发机构和高等学校的 R&D 经费支出（x_4）的 P 值大于 5%，未通过显著性检验，故去掉常数项（c），对模型进行初步优化。

表 6-8　以第二阶段 DEA 效率值为因变量的 Tobit 回归分析结果

变量	Coefficient	Std. Error	z-Statistic	Prob.
c	-0.202673	0.445894	-0.454533	0.6494
x_1	-0.001101	0.000439	-2.507011	0.0122
x_2	0.000359	0.000170	2.108319	0.0350
x_3	0.006728	0.004365	1.541529	0.1232
x_4	3.10E-07	6.07E-07	0.510065	0.6100
x_5	-3.46E-05	8.41E-06	-4.120353	0.0000
x_6	0.000278	0.000134	2.077818	0.0377

（二）第一次修正分析

如表 6-9 所示，去掉常数项（c）后，模型有所改进，但是山西省地方政府用于科学技术的支出总额（x_3）、山西省规模以上工业企业、研究与开发机构和高等学校的 R&D 经费支出（x_4）依然未通过显著性检验，对影响因素、进行相关性检验。

表 6-9　对 Tobit 回归的第一次修正结果

变量	Coefficient	Std. Error	z-Statistic	Prob.
x_1	-0.001127	0.000440	-2.560102	0.0105
x_2	0.000376	0.000168	2.242685	0.0249
x_3	0.006238	0.004273	1.459922	0.1443
x_4	4.82E-07	4.80E-07	1.003602	0.3156
x_5	-3.44E-05	8.48E-06	-4.060511	0.0000
x_6	0.000223	5.78E-05	3.864180	0.0001

如表 6-10 所示，影响因素 x_3、x_4 的相关性达到 0.91，接近于 1，故可以去掉对模型进行进一步优化。

表 6-10　变量间相关性的分析结果

协方差相关	x_3	x_4
x_3	355.1671	
	1.000000	
x_4	6640732	1.49E+11
	0.911893	1.000000

（三）第二次修正分析

如表 6-11 所示，去掉影响因素 x_4 之后，各个影响因素均通过了显著性为 5%的检验，模型整体拟合性较好。

表 6-11　对 Tobit 回归的第二次修正结果

变量	Coefficient	Std. Error	z-Statistic	Prob.
x_1	-0.000761	0.000259	-2.938030	0.0033
x_2	0.000241	0.000104	2.311235	0.0208

续表

变量	Coefficient	Std. Error	z-Statistic	Prob.
x_3	0.008521	0.003795	2.245715	0.0247
x_5	-3.07E-05	7.99E-06	-3.841804	0.0001
x_6	0.000260	4.68E-05	5.559159	0.0000

对山西省地方政府用于科学技术的支出总额（x_3）、山西省规模以上工业企业、研究与开发机构和高等学校的 R&D 经费支出（x_4）相关性的解释与去掉的依据是：

由于山西省目前规模以上工业企业有研发活动的仅占 8.2%，建立研发机构的企业只占 5.83%，规模以上工业企业自主 R&D 经费支出较少，同时研究与开发机构和高等学校的 R&D 经费支出主要来自政府科技拨款，从而导致了山西省的 R&D 经费支出主要依赖于山西省地方政府用于科学技术的支出，即山西省规模以上工业企业、研究与开发机构和高等学校的 R&D 经费支出（x_4）主要来自山西省地方政府用于科学技术的支出总额（x_3），从而在山西省的特殊条件下，可以去掉影响因素 x_4，构建相关回归结果分析。

对回归结果分析：

x_1（10 年来区域市场环境中的地区生产总值）的前置系数为负，意味着随着山西省 GDP 的增长，山西省对于科技创新的投入与管理并未得到同步的发展，甚至可能由于特殊原因——如科技投资领域落后与管理失当等——造成对科技创新绩效的阻碍。

x_2（10 年来区域市场环境中的人均地区生产总值）的前置系数为正，意味着随着山西人均收入的上升，带来了受教育水平等科研环境的改善，人们生活需求的提升促使社会科技创新的发展。

x_3（10 年来山西省地方政府用于科学技术的支出总额）的前置系数为正，意味着地方政府科技投入对科技创新绩效有着推进作用，增加对科技创新的投入，有助于山西走出困境，向科研大省、创新大省前进。

x_5（10 年来山西省科技创新活动投入的 R&D 人员）的前置系数为负，反映了山西省科技冗员问题，随着科研活动人员的增加，科技产出与成果并没有得到相应的提升，导致科技经费的浪费与科研效率的低下，这是山西省目前亟须解决的问题。

x_6（10 年来山西省的科研机构项目，其中包括企业的 R&D 项目和研发机构的 R&D 课题）的前置系数为正，意味着科研产出与科研课题数息息相关，增加 R&D 课题有助于促进山西省科技创新绩效的提升。

本章小结

区域科技创新绩效作为一种典型的复杂开放系统，系统内部的各微观组元之间，以及与外部的众多影响因素之间，都具有复杂的非线性作用特征。本章认为，影响区域科技创新绩效的因素主要包括两类：宏观因素和微观因素及关联因素。从宏观层面来看，科技创新环境直接影响着科技创新的实现和发展，进而对科技创新绩效产生一定的影响。科技创新环境又包括政策环境、金融环境及文化环境。在政策环境中，科技政策、金融政策以及财税政策从各自涉及的领域共同影响着科技创新绩效。金融环境为科技创新活动提供大量的资金，另外，科技金融也对科技创新绩效有着其独特的影响。区域文化通过文化观念、文化风尚、文化习俗三个方面对科技创新主体进行引导、熏陶等，会对科技创新产生双重效应。从微观层面来看，企业是最重要的创新主体，作为科技创新活动中的关键环节，不断地通过对已有科技创新资源的合理利用，不断地改进技术，将创新资源转化为技术成果。高等院校与科研机构作为基础研究的主要承担主体，其科技创新成果主要体现为论文和专利。科研院所是从事科研活动的组织管理形式，主要从事基础与应用研究、技术推广等创新活动。高等院校作为科技创新的主体之一，具有很强的科技创新能力。

本章运用两阶段的 DEA-Tobit 分析方法，对 2005~2014 年山西省的科技创新绩效的影响因素进行回归分析，研究得出以下结论：山西省对于科技创新的投入与管理并未得到同步发展；山西省人均收入的上升促使社会科技创新的发展；地方政府科技投入对科技创新绩效有着推进作用；山西省目前存在科技经费的浪费与科研效率低下的问题；增加 R&D 课题有助于促进山西省科技创新绩效的提升。

第七章　结论与政策建议

第一节　主要的研究结论及理论贡献

一、主要的研究结论

（一）对山西省科技创新投入产出分析研究结论

在两阶段全国对比分析中，山西省两个阶段的 E 值（DEA 综合效率）都处于较低效率区域，说明山西省在科技创新投入的规模与管理方面尚有欠缺，同时在科技产品转化为经济成果的过程中效率较低，尚需改进。山西省一阶段 5 年平均 DEA 效率 E1 值为 0.50，二阶段 5 年平均 DEA 效率 E2 值为 0.64，说明山西省在科技成果转化方面相对较好，在推进山西省科技创新改进时，不仅要弥补短板，提升科技创新投入的规模与管理水平，同时还要加强相对优势，积极推进科技成果转化的有效性与多样性，提高整体的科技创新绩效。山西省两阶段纯技术效率分别为 0.52、0.68，略高于两阶段的 DEA 效率值，说明加强山西省工业规模建设能有助于山西省科技创新绩效的提升。

在两阶段山西省 10 年 DEA 效率分析中，两阶段效率值都为 1，达到 DEA 有效的仅有 1 个（2014 年），说明这一年相对于其他年份来说，科技投入绩效水平比较高，其规模和结构都是最佳的；其余年份总效率值小于 1，为非 DEA 有效的决策单元，占整体的 90%，说明山西省大部分年份科技投入绩效水平总体相对无效。但是从具体年份 DEA 效率变动中可以看出，山西省的科技创新绩效正在好转，山西省的科技创新正处于良性发展阶段。

在对山西省 11 个市进行 DEA 效率分析后发现，山西省大部分地级市都属于规模收益递减状态，说明山西省现阶段产能过剩，产业结构亟须调整。山西省普遍的科技创新规模收益递减，一方面表明了科技投入管理的缺乏效率，另一方面也说明了资源依赖对山西科技创新的制约，要突破制约需要强化企业技术创新主体地位，全面提升企业创新能力，建立经济和科技一体化决策机制，真正形成开发一代、研发一代、储备一代的技术创新格局。

（二）对山西省科技创新绩效的影响因素分析结论

影响科技创新绩效的因素可以从宏观和微观两个方面进行讨论，宏观方面包括政策环境、金融环境以及区域文化氛围。政策环境为科技创新能力的提升、科技创新规划的执行以及科技创新项目开发与人才引进计划提供根本保障；金融环境的完善与便利程度会影响到资金的获取与创新生产活动的运行成本，进而作用于区域科技创新绩效；区域文化也对区域科技创新绩效起着不可忽视的重要作用，正确的、先进的文化观念对科技创新有着积极的指导作用，良好的文化风尚和科学健康的文化习俗可以为科技创新提供良好的氛围和环境。

通过 DEA-Tobit 模型回归分析，我们得出结论：山西省对科技创新的投入与管理尚未取得同步发展，可以通过增加政府对于科学技术的支出以及改善科研教育环境来促进其科技创新绩效。在科技创新人力资本方面，要加强人才的培养和引进。另外，可以通过增加 R&D 课题来促进山西省科技创新绩效提升。

二、理论贡献

方法上，使用两阶段 DEA 对山西省科技创新绩效投入产出进行分析，使用 DEA-Tobit 回归模型分析了山西省科技创新绩效的影响因素。

内容上，通过数据收集进行了山西省科技创新绩效的实证研究，得出投入—产出模型以及山西省科技创新绩效的影响因素模型，为促进山西省科技创新绩效提供了理论依据，为政府科技主管部门了解现状提供了信息参考，为其决策提供了方法。

第二节 提升山西省科技创新绩效的政策建议

为促进山西省科技创新绩效的提升，优化科技创新的政策环境，根据山西省科技创新存在的问题和绩效影响因素，结合省内科技创新建设的实际情况，本书提出了以下相应的政策建议。

一、统筹资金投入体系

（一）建立以企业为科技创新主体的资金投入机制

企业应在内部建立起市场、科研、生产一体化的技术创新机制，使企业成为技术创新的主体。建立现代企业制度，树立企业的技术创新主体地位，促进技术创新。改革科技体制，对科技系统组织进行结构调整，促进科研机构进入企业，加强企业技术创新主体的建设。

（二）建立企业和科研机构“自觉”投入的激励机制

由于科技创新具有高风险性，其从投入到产生创新收益的时间间隔长以及其效益具有外溢性等特征，为了克服技术创新的这些特征导致技术创新活动投资不足的局面，应该对创新的激励机制予以改善。

可以从企业制度、市场和国家三种角度出发，针对技术创新的风险性、收益期晚和非独占性，构建一个市场经济体系下激励技术创新的系统。从这一思路出发，技术创新激励的方式有三种：产权激励、市场激励和政府激励。产权激励通过确立创新者与创新成果的所有权关系来推动创新活动；市场激励通过市场力量来推动创新；政府激励应视作前两种激励机制不能有效发挥作用时而实施的辅助措施。以上三种激励机制互相作用，构成了一个创新的激励系统。

（三）广辟筹资来源，建立多元化的科技创新资金投入机制

首先应加强财政资金投入强度和提高企业自身的资金筹措能力；商业银行应适应知识经济时代的发展需要，主动研究科技资金的投放和运作规律，建立起科技信贷部，增大对市场成熟度较高的科技成果的贷款投入；应鼓励支持政策性银行进行科技风险投资；大力发展资本市场，除主板市场可放宽高科技企业上市条

件和增大高科技企业股票发行额度外，还要积极发展二板市场，为中小高科技企业开辟更宽的直接融资渠道；应在各级经济技术开发区内设立专门的科技启动资金或建立地方性的科技金融机构，增大各级开发区对成熟科技成果产业化的孵化与培植能力；应鼓励科技成果持有者折价入股，以灵活多样的方式与企业投资者广泛合作，共同分担成果产业化过程中的技术风险、市场风险与财务风险等；应鼓励和引导民间或海外资金参与竞争性领域内的科技开发与资金投入，形成对政府、企业、银行科技资金投入的有益补充。

（四）建立科技创新资金投入转化的优化投入机制

技术创新要获得成功，其资金投入要获得良好的回报，应主要从以下几方面入手：建立和完善技术创新成果的评审机制与技术创新项目的评估筛选机制；应建立和完善技术市场，使成果自主转让、让市场去检验和选择“有用”成果；应建立技术经纪人制度；要逐步改善技术创新投入分布上重基础开发研究、轻中间试验、转化投入的状况，鼓励各投资主体增大对科技成果中间试验、定型生产、规模经营等后续过程的资金投入量，保证技术创新成果的实现；要通过适当集中各部门和各投资主体的科技资金，用于重大科技成果的开发与商业化生产，防止一般技术成果的重复开发、低水平盲目投资等现象发生，提高技术创新资金的整体使用效益；应强化技术创新投入补偿机制的约束性，除国家基础产业和国家高科技尖端项目由国家无偿投入外，其他竞争性领域内的科技投入，必须按市场规律办事，自主投资、自主经营、自担风险。

二、扶持科技中介发展，增强科技中介机构活力

（一）建立有利于科技中介发展的政策和社会环境

当前，山西省的科技中介机构的发展仍处于起步阶段，在创新体系中属于尚待加强的薄弱环节。各有关部门和单位应从科技兴国的战略出发，大力扶持引导科技中介机构，在政策上、资金上予以倾斜，努力营造有利于科技中介机构发展的软、硬环境。

1. 完善科技中介的法律、政策环境

当前，国家和各地区已出台了一些与科技中介机构相关的政策，对中介机构的发展产生了很大影响。科技部已经联合有关部门研究制定了扶持生产力促进中心、科技企业孵化器、大学科技园、科技风险投资机构和科技评估机构等科技中

介机构发展的税收政策。山西省对科技中介机构的法规建设，要以国家和区域创新体系建设为出发点，将其作为国家和区域创新体系的重要组成部分。应借鉴国际惯例，结合山西省现阶段的实际情况，逐步建立系统的、配套的科技中介法律法规体系，这是规范科技中介组织行为的前提，也是其生存和发展的条件。

在科技中介法律、政策体系建设过程中，首先，要在逐步完善现有政策的基础上，明确各类机构的法律地位、权利义务、组织制度和发展模式，通过立法理顺政府与科技中介机构之间的关系，形成法律定位明确、政策扶持到位、监督管理完善的发展环境；从法律法规上切实保护科技中介服务机构的合法权益。其次，要出台优惠政策，对一些服务型的机构降低准入门槛，推动和引导民间资本参与科技中介机构建设，建立完善科技中介机构的服务体系；从山西省的实际出发，积极走向世界，与国际接轨，使山西省科技中介机构的发展走向法制化轨道。

2. 建立有利于科技中介发展的社会环境

要营造支持科技中介企业发展所需的宽松的社会环境。各级管理科技事务的政府部门，要继续指导和扶持市、县加快发展科技中介服务组织，拓宽科技成果转化渠道。每年有计划、有重点地集中部分专项资金帮助市、县培育、创建一批生产力促进中心、高新技术创业服务中心、工程技术服务中心以及科技评估和招投标机构等。要营造支持科技中介行业发展所需的市场环境，发挥政府对于科技中介服务体系建设的重要指导作用。加大宣传力度，通过多种传播媒介加强宣传，使各级管理部门和广大干部群众充分认识到科技中介服务体系是促进科技成果转化的重要环节。让科技中介服务产业在市场机制中找到它的生存点、立足点并得到发展。

完善各类科技中介行业协会组织，充分发挥行业协会的作用，逐步确立协会在行业中的威信和地位，充分发挥其服务、协调、代表等作用，通过高质量的服务来凝聚行业队伍，促进行业建设，推动同业交流，成为政府引导科技中介机构发展的得力助手和行业管理的中枢。由行业协会制定发展规划，完善和强化自律发展机制，维护同行业合法权益，制定行业规范，维护行业公平竞争，制定从业人员职业道德规范等，协助政府部门进行资格认定和人员培训等。科技管理部门要积极争取政府对行业协会开展行业自律给予充分授权和支持。使科技中介行业协会在政府有关部门的指导下，在坚持严格执业制度的基础上，研究制定规范的、符合国际惯例的科技中介服务程序、规章和计费方法，形成科技中介服务的行业标准，以此来规范科技中介机构及从业人员的行为。

（二）整合智力资源，造就高素质的科技中介队伍

科技中介服务业是智力产业，中介队伍的建设和发展是行业发展的关键。科技中介机构要发展，能力要提高，必须牢固树立“以人为本”的思想。人力资源是最重要的资源，科技中介从业人员要适应未来事业的发展，实现自身能力的提高，应具备相应的素质和能力。

1. 加强科技中介机构的人才开发

为加快山西省科技中介人才队伍的建设，政府有关部门应该通过促进机构重组和专项业务授权管理等方式帮助科技中介机构明确自己的定位和专业特长。对科技中介机构要建立资质审核制度，对从业人员要建立职业准入、持证上岗以及继续教育、定期培训等职业资格制度，对一些技术性的人才要增加经济、法律、金融、证券方面的业务培训。也可以派人学习国外的经验，既要学习国外科技中介机构先进的管理经验和专业化运作模式，也要学习国外政府在扶持、引导和管理方面积累的成熟经验。对国外比较完善的制度和规范，有条件的地方可以率先实施，并结合山西省的具体国情逐步加以改进和创新；可以高薪聘请国外人员讲课或在机构中担任职务，面对面地、更直接地向他们学习，真正学到最核心的经验、知识和技能。其中到国外进行研究培训的人员，政府要予以资助。

2. 建立完善的人才机制，创造有利于人才发展的环境

对政策的具体内容加以细化，使政策条款具有可操作性，使人员能进能出，岗位能上能下，收入有高有低，形成“爱才，惜才，用才”的创业环境，同时把员工的业绩和收入挂钩，使科技中介机构的工作岗位更具有吸引力，增强员工的归属感，做到以良好的机构形象吸引人才，以“以人为本”的管理理念培养人才，以创新的机制吸引优秀海外人才。各有关部门要为从事高新技术国际合作与交流的中外人员提供往来方便。在科技成果转化取得的收益中，企业、科研机构或高等学校应提取一定的比例，用于奖励项目完成人员和对此有贡献的人员。要适当增加从业人员的工资和福利水平，如医疗保险、养老保险、住房公积金等，留住人才。要以优厚条件吸引人才回国回省定居，并可采取客座研究、技术入股、合作开发、假期讲学、外商代理、专题咨询等多种方式引才引智，采取期权股等多种形式调动人，“以事业留人，以感情留人，以待遇留人”。要抓紧落实山西省委、省政府出台的引进人才的政策规定，采取灵活多样的形式拓宽引才引智

的途径。

三、完善政府的政策支持体系

（一）建立科技创新的风险补偿体系

政府部门在掌握科技创新客观规律的基础上，系统思考、整体规划，逐步建立起完善、规范、公平、符合国际规则的科技协同创新风险补偿体系。在国家科技协同创新风险补偿体系的大框架与整体支持下，充分发挥各级地方政府的积极性和主动性，突出各地特色和特点，因地制宜地建立各地区的科技协同创新风险补偿体系。

（二）出台相关的财政优惠政策

出台完善的支持协同创新的政策措施，形成产业政策布局、财政政策引导、税收政策优惠、贷款政策倾斜、上市政策开放、私募政策补充六大主体政策协同体系。产业政策和税收政策主要是针对企业的科技协同创新，财政政策主要是针对高校和科研机构的科技协同创新，贷款政策和上市政策主要是针对中小企业和高新企业的科技协同创新，私募政策主要是注重规范民间资金流动，促进和维护中小企业和高新企业健康发展。

（三）促进政策与科技创新主体的契合

在政策设计时要注重破除体制中无人管理的空白区、交叉管理的混乱区域以及限制发展的禁区，完善科技协同创新的法律法规，从宏观指导和实践操作上推动区域科技创新发展。抓紧制定出台实施细则，使各项优惠政策足额落实到位。建议科技部门、财政部门等联合制定协同创新项目的优惠政策实施细则并狠抓落实，全方位支持区域科技协同创新活动，真正使企业成为协同创新投入的主体、协同创新活动的主体和创新成果转化应用的主体。政策制定的目的：一是要鼓励支持高校、科研院所与企业合办研发机构，共同解决山西省经济社会发展的难点、重点和“瓶颈”问题，争取和企业共同承担国家重大专项研究，争取国家和相关部委支持。二是鼓励支持高校、科研院所建立产学研战略联盟，全方位与企业和企业集团合作，成为企业技术开发中心和人才培训中心，企业也是学校培养博士、硕士合作基地、项目基地和本科生实训基地。三是鼓励和推广创新团队自办公司或入股参股公司，营造良好的创新环境，形成一批产学研合作，产业资本、知识资本、金融资本密切结合的上市公司。

（四）加强创新意识

政策制定之后还要加大宣传力度，加强对企业的培训，让企业充分了解、掌握国家政策内容，并用好用足支持企业协同创新的政策；同时要转变地方政府观念，充分认识到大力帮助企业开展协同创新的长远意义，快速开发出企业不能单独完成的重大新产品、新技术，增强企业的核心竞争力，给予其税收优惠，地方收税减少只是暂时的，从长远来看，企业做大做强做优了，会多缴税、缴足税，地方财政收入会增加更快、更多，这样就会减少政策执行的阻力。

四、搭建多方联动的组织体系

（一）加强组织领导，规划协同创新

我国区域科技协同创新是一项系统工程，其建设需要由政府牵头，做好统筹规划才能聚合各部门的优势资源，形成部门联动的组织体系架构。建议山西省政府要成立区域科技协同创新主管部门，全面规划和领导山西省区域科技协同创新的工作。首先，由主管部门出台区域科技协同创新的整体规划，包括指导思想、规划原则、发展目标、实施步骤、考核办法、激励政策等。开展重点项目试点，重点区域试点，重点行业试点，重点学科试点。其次，由主管部门负责组织各部门，就区域科技协同创新整体规划拿出具体措施和部门联动方案，形成区域科技协同创新的系列改革举措和优惠配套政策。最后，由主管部门召开重点高校、重点企业、科研机构和金融部门联动会议，商讨区域科技协同创新具体任务和明确分工，制定切实可行的政策和制度，解决资金筹措的难题，突破技术攻关的“瓶颈”，搭建人才互动的平台，消除分歧，达成共识，凝聚力量，实现区域科技协同创新的规模效应和示范效应。

（二）要加快推进协同创新在重点行业领域的应用

重点扶持装备机械制造业、轨道交通制造业、汽车及零部件制造业、电子信息产业、有色冶金与新型材料制造业、生物医药与食品加工业、风能光能发电与核能业、飞机及部件制造业等新兴支柱产业。使协同创新成为新产业和支柱产业的发动机、加速器。规划与年度计划的编制要落实到区域和产业，落实到项目和产业链，如果有可能，还要落实到参与协同的企业和科研单位，落实到资金和配套的政策，落实到牵头负责人员、单位。

（三）加强建设工程技术开发平台

一要加强对现有国家级工程技术研究中心的指导、帮助和提高，制定相应的管理办法，对其技术与产业的发展方向、目标提出要求，结合企业产业技术与行业发展方向开展协同创新。二要加强对企业和高校合办的研发机构帮助、指导，同时支持高校在企业建博士后工作站，通过合作研发，解决技术难题、开发新产品，培养技术人才，提高企业的核心竞争力。对荣获国家级工程技术研究中心，对牵头制定国际、国家标准的单位、个人按有关规定给予奖励。每两年要进行考核评价，对做出贡献的工程技术中心和人员给予奖励。

加快国家级创新型科技园建设，打造世界领先的创新协同平台。要求各创新园区组织力量编制创新科技园规划方案、建设方案、投资方案等，把握机遇，争取发挥更大的作用。

五、规范创新利益分配

在科技成果产业化之前，积极引导和鼓励教师及时申请专利，有效地保护高校教师的知识产权，为协同创新的顺利合作消除了潜在隐患，激发其积极性和创造性。按照共同分享、收益分享、公平分享、公开分享和公正分享的五大原则，规范区域科技协同创新的利益分配模式，主要包括个人与组织、组织与组织之间的利益分配模式。

（一）要解决好技术利益分享问题

技术入股、知识入股无疑是解放科技人员的积极性和创造性的根本条件和关键动力，要建立完善公平、公正的技术入股、知识入股的评估体系，规范知识产权管理，提升创新人员积极性。

（二）要解决好产权利益分享问题

在组织与组织之间的合作中，分清知识产权的归属和定价，实行高校和科研机构委托代理、企业商业化产业化运营的合作模式，共同协商好知识产权收益的分享细则。

（三）要解决好投资利益分享问题

通过规范的机构核资定价，以企业的经营管理和产业化为主体，实现技术商业化、产权效益化和投资市场化，吸引各方面资金投入到科技创新中来。

（四）要建立完善好风险分摊体制机制

激励企业、高校、科研结构和金融部门的协同积极性。通过聘请第三方独立的管理部门开展收益分享后评价来实行对参与科技协同创新主体的经济效益的监督和检测，有利于改进科技协同创新的方式和途径，并对以后开展相关的科技协同创新项目提供成熟的经验和科学的建议。

六、构建科技创新人才培养体系

（一）进一步树立“人才强省”的观念

要进一步解放思想，树立新的人才观念，增强人才培养的自觉性。第一，牢固树立“人人皆为有用之才，人人皆可成才”、人力资源是第一资源、人才是科技创新的关键因素。第二，树立政府宏观调控、运用市场经济手段抓人才环境建设的观念，确立人才的市场化、社会化意识，用市场这只“看不见的手”来改善人才环境、配置人才资源、提高人才待遇、发挥人才作用。第三，利用各种媒体加强舆论宣传工作，宣传山西省科技创新人才政策，宣传科技创新人才在山西经济发展中的突出贡献和重要作用。

（二）优化山西省科技创新人才的成长环境

第一，加速经济体制改革，建立现代企业制度，充分发挥企业的创新主体作用，重视科技创新人才的重视，使科技创新人才的价值得到充分发挥。第二，要加大科技投入，为科技创新人才营造较好的工作环境，为发展创业提供良好的工作条件。第三，进一步完善和落实山西省人才政策，努力形成公开、平等、竞争、择优的人才环境，建立和完善能上能下、充满活力、促进科技创新人才脱颖而出的机制。第四，要营造有利于科技创新的文化氛围，宽松、和谐、生动活泼的人文环境，让科技创新人才活跃在平等发展的空间和自由的学术气氛之中。

（三）完善山西省科技创新人才的机制

第一，健全和完善科技创新人才激励机制：制定适应市场经济要求的科技创新人才激励政策法规，建立多元化的分配激励机制，加强对科技创新人才的精神激励。第二，建立健全创新人才评价机制：在考核内容上重点考核工作实绩，兼顾市场风险防范能力和发展潜力；在考核评价方式上，要改变目前内部多部门共同参与的评价方法。第三，健全和完善科技创新人才培训机制：在岗位分析和绩效考核的基础上进行培训需求调查，要把培训同科技人员职业生涯发展结合起来。第四，建立人才流动的市场机制：建立科技创新人才市场体系，政府要制定相关政策引导科技创新人才到社会需要的地方工作。

七、营造良好的科技协同创新组织氛围

组织氛围是区域科技创新主体所共同认可的一种集体意识，良好的组织氛围是自由、真诚、平等的，它能够凝聚并激发协同创新主体的创新潜能，同时，主体成员之间是相互认可、相互信任、相互主动学习的，每一个成员在得到他人承认的同时，都能积极地贡献自己的力量。

要营造良好的协同创新组织氛围，首先，从协同创造组织文化建设入手，提高协同创造主体成员的工作激情，形成一个共同的工作价值观，进而同心协力，实现组织的目标。其次，要鼓励不同协同主体之间相互信任、相互帮助和相互尊重，营造出信任、真诚、主动的沟通氛围，实现协同创新组织的每一个主体都能够充分表达自己的意见和建议。最后，要营造宽松的工作氛围，努力尝试构建学习型组织，实现组织内部良好的学习风气，要相互鼓励，同时督促组织主体之间加强学习，在协同创新过程中，针对存在的问题进行针对性的沟通交流，共享知识，不断学习。

八、建设多层次沟通协调体系

科技协同创新的一个关键环节是如何让企业信任高校和科研机构的实力。单个的人难以取得企业的信任。这需要学校组织团队主动出击，或者需要政府、科技中介牵线搭桥做担保，赢得企业的信任，才能成功实现与企业的协同创新合作。

首先，要着力加强政府在区域科技协同创新中的沟通协调力度，并做到明确责任、规范程序、细化规则，确保政府协调到位而不越位，减少权力垄断和腐败的滋生。充分利用市场机制，组织和引导专业技术力量发展科技中介组织，为区域科技协同创新提供全方位的科技代理、咨询、评估、推介、交易等中介服务，强化科技中介的服务主体意识，提升协同效率。

其次，要建立科学规范的知识产权运行机制，从战略发展的高度来开发知识产权，使得知识产权的运行既符合知识创新、传播、吸收和存储的原则和规律，又符合产权的认证、评价和保护的相关法律规范，更符合社会组织运行机制内在的组合原则和规范，在运行的过程中还要体现组织体系、管理制度、激励措施和

利益分配的协同性。

最后，要推行市场化和独立化的谈判制度和仲裁制度，建设好第三方的独立调节机构和仲裁组织。建设一批规模化的优秀仲裁委员会，抓好仲裁员队伍建设，做好科技协同创新中的各项仲裁工作尤其是知识产权侵权纠纷仲裁工作，进一步实现仲裁工作的正规化、科学化和现代化。

参考文献

国外参考文献

[1] Arundel A., Kabla J.. What Percentage of Innovation Are Patented Experimental Estimates in European Firms [J]. Research Policy, 1998 (27): 127-142.

[2] Asheim B.T., Isaksen A.. Regional Innovation Systems: The Integration of Local "Sticky" and Global "Ubiquitous" Knowledge [J]. The Journal of Technology Transfer, 2002, 27 (1): 77-86.

[3] Autio E.. Evakuation of RTD in Regional Systems of Innovation [J]. European Planning Studies, 1998, 6 (2): 131-140.

[4] Baument Pellitero M.. Analyzing Regional Innovation Systems through a Multi-perspective Econometric Approach: The Spanish Case [J]. Economic Research, 2005 (10): 7-9.

[5] Bengt-ake Lundvall, Jesper Lindgaard. Christensen Extending and Deepening the Analysis of Innovation Systems with Empirical Illustrations from the DISKO-project [Z]. Paper for KRUID Conferenceon National Innovation Systems, Industrial Dynamics and Innovation Policy, Rebild, June 9-12, 1999.

[6] Cooke P. and Schienstock G.. Structural Competitiveness and Learning Region [J]. Enterprise and Innovation Management Studies, 2000, 1 (3): 265-280.

[7] Cooke P., Clifton N.. Social Capital, and Small and Medium Enterprise Performance in the United Kingdom, Entrepreneurship in the Modern Space-economy: Evolutionary and Policy Perspectives [R]. Tinbergen Institute, Keizersgracht 482, Amsterdam, 2002.

[8] Cooke P., Hans Joachim Brazyk H. J., and Heidenreich M.. Regional Inno-

vation Systems: The Governance in the Globalized World [M]. London: UCL Press, 1996.

[9] Cooke P.. Regional Innovation Systems, Asymmetric Knowledge and the Legacies of Learning [R]. The Learning Region: Foundations, State of the Art, Future, 2007.

[10] Cooke P.. Regional Innovation Systems: Competitive Regulation in the New Europe [J]. Geoforum, 1992 (23): 365–382.

[11] David Doloreux, Saeed Parto. Regional Innovation Systems: Current Discourse and Unresolved Issues [J]. Technology in Society, 2005 (27): 133–134.

[12] Dosi G. et al.. Technical Change and Economic Theory [M]. London: Printer, 1998.

[13] E. Brouwer A.. Kleiniknecht Alfred. Innovative Output and a Firm's Propensity to Patents: An Exploration of CIS Micro Data [J]. Research Policy, 1999 (28): 615–624.

[14] Faggian A., Mc Cann P.. Human Capital, Graduate Migration and Innovation in British Regions [J]. Cambridge Journal of Economics, 2009, 33 (2): 317–334.

[15] Fiorenza Belussi, Alessia Sammarra, Silvia Rita Sedita. Learning at the Boundaries in an "Open Regional Innovation System": A Focus on Firms Innovation Strategies in the Emilia Romagna Life Science Industry [J]. Research Policy, 2010 (39): 710–721.

[16] Freeman C.. Networks of Innovators: A Synthesis of Research Issues [J]. Research Policy, 1991 (20): 10–15.

[17] Freeman C.. The "National System of Innovation" in Historical Perspective [J]. Cambridge Journal of Economics, 1995, 19 (1): 5–24.

[18] Freeman, Luc Soete. Developing Science, Technology and Innovation Indicators: What We Can Learn from the Past [J]. Research Policy, 2007, 38 (4): 583–589.

[19] Hagedoon J., Cloodt M.. Measuring Innovative Performance: Is There an Advantage in Using Multiple Indicators? [J]. Research Policy, 2003 (32): 1365–

1379.

[20] Harrison B.. Industrial District: Old Wine in New Bottles [J]. Regional Studies, 1992 (4): 469-483.

[21] Iammarino S.. On the Definition of Regional System of Innovation (RSI): An Application to the Italian Case [R]. Conference on "Regionalization of Innovation Policy", Berlin (Germany), 2004.

[22] Jaffe A. B., Trajtenberg M., Henderson R.. Geographic Localization of Knowledge Spillovers as Evidenced by Patent Citations [J]. Quarterly Journal of Economics, 1998 (63): 577-598.

[23] Kirat T., Lung Y.. Innovation and Proximity: Territories as Loci of Collective Learning Processes [J]. European Urban and Regional Studies, 1999, 6 (1).

[24] Klein J-L.. Mondialisation et Etta-nation: La Restrict Nation Territorially due Stememonde [Z]. 1998.

[25] Lundavall B.. National Systems of Innovation: Towards a Theory of Innovation and Interactive Learning [M]. London: Printer Publishers, 1992.

[26] Lundvall B-A.. Innovation as an Interactive Process: From Use-producer Interaction to the National System of Innovation [A]. In Dosi G. et al (eds). Technical Chmge and Economic Theory [C]. Printer Publishers, 1998.

[27] Maria A.. The Evaluation of Regional Innovation and Cluster Policies: Looking for New Approaches [J]. Conference Paper on "Decentralization and Evaluation", Lausanne. 2000 (23): 13-26.

[28] Mauro S., Paulo O.. An Analysis of the Supple and Demand of Specialized Technical Services in the Landline Region Envisaging the Strengthening of the Technological Competencies and the Structuring of A Regional Innovation System [R]. International Conference on Technology and Innovation, 2000.

[29] Michael F.. Measuring the Quality of Regional Innovation Systems: A Knowledge Production Function Approach [J]. International Regional Science Review, 2002 (25): 86-101.

[30] Mikel Buesa, Joost Heijs. Regional Systems of Innovation and the Knowledge Production Function: The Spanish Case [J]. Tech innovation, 2006 (26):

463–472.

[31] Nasierowski W., Axcelus F. J.. On the Efficiency of National Innovation System [J]. Socioeconomic Planning Sciences, 2003 (37): 215–314.

[32] Naulaers C. & Reid. Innovative Regions: A Comparative Review of Rethondes of Evaluating Regional Innovation Potential [J]. Brussels: European Commission, 2001 (6): 12–17.

[33] Nelson R. R.. National System of Innovation: A Comparative Study [M]. Oxford: Oxford University Press, 1993.

[34] Nelson R.. Regional Invention System: Technical Innovation and Dimensions [J]. Research Policy, 1996 (13): 47–49.

[35] Nelson R.. Understanding Technical Change as an Evolutionary Process [M]. North–Holland, 1987.

[36] Peter F. Drucker, Technology, Management and Society [M]. 上海：上海财经大学出版社，《德鲁克文集》（三卷），1970.

[37] Rosemberg N.. Inside the Black Boxes [M]. London: Cambridge University Press, 1982: 159.

[38] Rothwell R.. The Changing Nature of the Innovation Process: Implication for SMEs [A]. In: Oaakey, R. (Ed.). New Technology Based Firms in the 1990s [M]. London: Paul Chapman Publishing, 1994.

[39] Rothwell Roy, Zegveld Walter. Reindustrialization and Technology [J]. Logman Group Limited, 1986, 4 (4): 318.

[40] Storper M., The Regional World [M]. New York: Guilford Press, 1997: 16–17.

[41] Vesa Harmaakorpi. Building a Competitive Regional Innovation Environment—The Regional Development Platform Method as a Tool for Regional Innovation Policy [D]. Helsinki University of Technology, 2004: 25.

[42] Roberts T., Mcgreevy P., Valenzuela M.. Human Capital, Graduate Migration and Innovation in British Regions [J]. Cambridge Journal of Economics, 2009, 33 (2): 317–334.

[43] Niosi J. Regional Systems of Innovation: Market Pull and Government

Push [A]. In J. A. Holhrook and D. Wolfe. Knowledge, Clusters and Regional Innovation [C]. Montreal, Me Gill-Qnecn's University Press, 2000.

[44] Simmie J.. Innovative Cities [M]. Spon Press, 2001.

国内参考文献

[1] 白俊红，江可申，李蜻. 中国区域创新系统创新效率综合评价及分析 [J]. 管理评论，2009，21 (9)：3-9.

[2] [美] 彼得·德鲁克. 创新与企业家精神 [M]. 北京：企业管理出版社，1989：35-112.

[3] 曹丽娟，彭佑元. 互联网项目创业投资决策影响因素实证研究 [J]. 科技管理研究，2014 (19)：181-185.

[4] 常运琼. 区域创新网络建设的实证研究 [J]. 科技管理研究，2010 (22)：28-31.

[5] 陈宏光. 浙江省市级科技政策对产学研合作创新绩效的影响研究 [D]. 杭州：杭州电子科技大学硕士学位论文，2013.

[6] 陈建华. 基于区域自主创新的财政科技投入体系构建 [D]. 福州：福建师范大学硕士学位论文，2009.

[7] 陈凯华，官建成，寇明婷，康小明. 网络 DEA 模型在科技创新投资效率测度中的应用研究 [J]. 管理评论，2013 (12)：3-14，68.

[8] 陈亚华. 技术创新的金融环境及其构建政策审思 [D]. 上海：东华大学硕士学位论文，2010.

[9] 池仁勇，唐根年. 基于投入与绩效评价的区域技术创新效率研究 [J]. 科研管理，2004，25 (4)：23-27.

[10] 仇娟东，何风隽. 基于 DEA 模型的宁夏科技创新体系建设研究 [J]. 宁夏大学学报（人文社会科学版），2010 (1)：167-171.

[11] 戴静兰. 基于 DEA 方法的江苏省技术创新效率研究 [D]. 南京：南京理工大学硕士学位论文，2009.

[12] 丁生喜，王晓鹏. 青海省区域创新环境对科技创新绩效影响的实证分析 [J]. 科技管理研究，2016 (5)：71-75.

[13] 杜军，朱建新，冯志军. 基于二阶段 DEA 模型的区域科技创新效率的

实证分析［J］. 学术交流，2009（11）：96–98.

［14］范慧慧. 基于层次模糊综合评判的南京市科技投入绩效实证研究［J］. 科技管理研究，2009（4）：79–81.

［15］范叙春. 企业集群背景下的区域创新网络研究——对浙江模式的另一种思考［D］. 杭州：浙江师范大学硕士学位论文，2004.

［16］冯之浚. 国家创新系统的理论与政策［M］. 北京：经济科学出版社，1999：32–35.

［17］复海钧. 中国高新区发展之路［M］. 北京：中信出版社，2001.

［18］盖文启. 创新网络——区域经济发展新思维［M］. 北京：北京大学出版社，2002：46–50.

［19］高燕楠. 高校科技创新效率及影响因素的实证研究［D］. 天津：南开大学硕士学位论文，2010.

［20］高阳，胡明铭，徐姝. 中部区域创新系统与创新绩效评价研究［J］. 湖南商学院学报，2006，13（2）：44–46，49.

［21］高勇，钱省三. 区域创新网络形成的机理研究［J］. 科技管理研究，2006（5）：166–168.

［22］官建成，何颖. 基于 DEA 方法的区域创新系统的评价［J］. 科学学研究，2005（2）：265–272.

［23］官建成，刘顺忠. 区域创新系统测度的研究框架和内容［J］. 中国科技论坛，2003（3）：24–27.

［24］郭孝芝. 山西省科技创新政策效果评估研究［D］. 太原：太原理工大学硕士学位论文，2015.

［25］何立春. 企业科技创新与财税政策激励机制研究［J］. 经济研究参考，2014（47）：20–23.

［26］贺灵，单汨源，邱建华. 创新网络要素及其协同对科技创新绩效的影响研究［J］. 管理评论，2012（8）：58–68.

［27］［美］亨利·埃茨科威兹. 三螺旋［M］. 周春彦译. 北京：东方出版社，2005.

［28］胡凯. 我国区域科技创新绩效分析——基于 2000~2009 年的面板数据［J］. 科技进步与对策，2012（12）：31–36.

[29] 胡义东，仲伟俊. 高新技术企业技术创新绩效影响因素的实证研究 [J]. 中国科技论坛，2011 (4)：80-85.

[30] 胡志坚，苏靖. 区域创新系统理论的提出与发展 [J]. 中国科技论坛，1999 (6)：20-23.

[31] 黄鲁成. 关于区域创新系统研究内容的探讨 [J]. 科研管理，2000 (2)：43-48.

[32] 姜照华，包晓巍，张文雷. 全球化、信息化条件下的自主创新规律 [J]. 科技管理研究，2008 (12)：1-3.

[33] [美] 兰斯·戴维斯. 经济发展理论 [M]. 北京：经济学译丛，1971.

[34] 李朝晖. 中国传统文化对科技组织创新能力的影响 [D]. 南宁：广西大学硕士学位论文，2008.

[35] 李文元. 科技中介机构功能完善和体系构建研究 [D]. 苏州：江苏大学博士学位论文，2008.

[36] 李英. 吉林化纤技术创新绩效影响因素分析 [D]. 长春：吉林大学硕士学位论文，2012.

[37] 李远. 创新环境及其政策的出发点——兼论增强区域的全球化竞争力 [J]. 经济地理，1999 (3)：8-13.

[38] 梁瑞敏，高鹏. 山西省科技创新绩效评价研究——基于 DEA 模型的动态研究 [J]. 科技和产业，2014 (9)：125-129.

[39] 梁瑞敏，彭佑元. 基于网络 DEA 的山西省区域科技创新绩效评价研究 [J]. 科技管理研究，2014 (18)：112-116.

[40] 刘嘉宁. 成渝经济区新兴产业科技创新绩效理论及实证研究 [J]. 软科学，2013 (9)：24-27.

[41] 刘金芬. 促进企业技术创新的财税政策研究 [D]. 北京：首都经济贸易大学硕士学位论文，2014.

[42] 刘清平. 长沙市区域创新体系优化研究 [D]. 湖南：湖南师范大学硕士学位论文，2010：1-17.

[43] 刘曙光，田丽琴. 区域创新发展的模式与国际案例研究 [J]. 世界地理研究，2001 (1)：20-23，19.

[44] 刘文智. 河北省科技创新系统创新绩效评价研究 [D]. 秦皇岛：燕山大

学硕士学位论文，2009.

[45] 刘展，屈聪. 基于因子分析和 DEA 模型的科技创新投入产出效率研究——以河南省为例 [J]. 河南科学，2014 (10)：2132-2137.

[46] 刘志华. 区域科技协同创新绩效的评价及提升途径研究 [D]. 长沙：湖南大学博士学位论文，2014.

[47] 柳卸林. 21 世纪的中国技术创新系统 [M]. 北京：北京大学出版社，2000.

[48] 柳卸林. 区域创新体系成立的条件和建设的关键因素 [J]. 中国科技论坛，2003 (1)：18-22.

[49] 卢文泽，彭佑元. 中部六省高技术产业 R&D 绩效评价研究——基于两阶段序列 DEA 模型 [J]. 重庆理工大学学报（社会科学版），2014 (5)：47-51.

[50] 罗利元，陈义龙，张丰超. 网络是创新的有效载体——中关村区域创新网络分析 [J]. 未来与发展，1999 (2)：5-7.

[51] 罗守贵，甄峰. 区域创新能力评价研究 [J]. 南京经济学院学报，2000 (3)：31-35.

[52] 罗亚非，李敦响. 我国中部 6 省和京、沪、粤区域技术创新绩效比较研究 [J]. 科技进步与对策，2006 (1)：18-21.

[53] 彭佑元，程燕萍，梅文文，陈红斌. 资源型产业与非资源型产业均衡发展机理——基于合作创新的演化博弈模型分析 [J]. 经济问题，2016 (2)：80-85.

[54] 彭佑元，孙国辉，石薛桥. 中部六省科技创新能力评价 [J]. 科技与经济，2011 (2)：15-19.

[55] 彭佑元，唐艳华. 政府投资项目评价体系的选择与设计 [J]. 生产力研究，2007 (8)：56-57，67.

[56] 彭佑元，王婷. 基于网络 DEA 的科技创新型企业投资效率评价分析 [J]. 工业技术经济，2016 (1)：83-91.

[57] 彭佑元，颜实. 不同行业投资项目评价核心指标体系选择 [J]. 工业技术经济，2009 (12)：144-147.

[58] 彭佑元. 北京利用外资与区域产业结构变动的灰色关联分析 [J]. 科技和产业，2012 (3)：64-70.

[59] 彭佑元. 基于密切值模型的中部六省科技创新能力评价 [A]. 中国科学

技术协会，中国工程院，山西省人民政府编. 2007 年促进中部崛起专家论坛论文集 [C]. 北京：中国科学技术出版社，2007：607-611.

[60] 彭佑元. 企业投资项目评价指标体系选择——以湖南邵阳罗城冶炼厂投资项目为例 [J]. 技术经济，2009 (1)：31-36.

[61] 齐善鸿，吴思. 中国创新战略演进及其趋势分析——基于三螺旋创新模型的架构 [J]. 中国科技论坛，2007 (7)：3-6.

[62] 任胜刚，关涛. 区域创新系统内涵、研究框架探讨 [J]. 软科学，2006 (4)：90-94.

[63] 沈能，宫为天. 我国省区高校科技创新效率评价实证分析——基于三阶段 DEA 模型 [J]. 科研管理，2013 (S1)：125-132.

[64] 石定寰. 国家创新系统：现状与未来 [M]. 北京：经济管理出版社，1999.

[65] 孙国会. 基于 DEA 模型的山西区域创新体系创新效率的实证研究 [J]. 吉林工程技术师范学院学报，2011 (4)：42-43.

[66] 孙红兵，向刚. 基于 DEA 的城市创新系统创新效率评价分析 [J]. 科技进步与对策，2011，28 (12)：130-135.

[67] 汤静. 基于 DEA 模型的江苏各区域科研机构绩效评价研究 [D]. 南京：南京理工大学硕士学位论文，2013.

[68] 唐厚兴，梁威. 区域创新系统创新绩效分析与评价 [J]. 科技和产业，2005，5 (6)：11-15.

[69] 汪少华，汪佳蕾. 浙江产业集群高级化演进与区域创新网络研究 [J]. 科学学研究，2007 (6)：1244-1248.

[70] 王博. 基于新型网络 DEA 模型的高技术产业创新活动效率研究 [D]. 合肥：中国科学技术大学博士学位论文，2014.

[71] 王核成，宁熙. 硅谷的核心竞争力在于区域创新网络 [J]. 经济学家，2001 (5)：125.

[72] 王焕祥，孙斐. 区域创新系统的动力机制分析 [J]. 中国科技论坛，2009 (1)：36-40.

[73] 王缉慈. 创新的空间——企业集群与区域发展 [M]. 北京：北京大学出版社，2001 (5)：107-110.

[74] 王俊涛. 山西省高新技术产业技术创新效率评估 [D]. 太原：太原理工

大学硕士学位论文，2014.

[75] 王彦梅. 贵州省科技创新人才培养对策研究 [D]. 贵阳：贵州大学硕士学位论文，2007.

[76] 王泽华. 科技创新的关键环节：科技投入绩效评价方法研究 [J]. 云南行政学院学报，2007（2）：39-42.

[77] 魏玲. 文化观念、文化风尚与文化习俗对科技创新的影响研究 [D]. 合肥：合肥工业大学硕士学位论文，2009.

[78] 温小霓，李俊霞. 科技创新与经济增长之间的关系研究 [J]. 西安电子科技大学学报（社会科学版），2015（6）：58-67.

[79] 翁明丽，席群. 基于数据包络法的高等院校绩效评价研究——以 211 院校为例 [J]. 科学经济社会，2013（4）：75-81.

[80] 吴慈生，张本照. 区域创新系统的激发演化机理 [M]. 北京：经济科学出版社，2007：26，31.

[81] 吴慈生，赵曙明. 从区位比较优势到区域竞争优势——区域创新系统理论的演化述评及对经济增长方式的思考 [J]. 现代管理科学，2005（9）：7-12.

[82] 吴贵生. 区域创新体系与区域经济的互动发展 [J]. 重庆商学院学报，2002（4）：3.

[83] [美] 熊彼特. 经济发展理论 [M]. 何畏等译. 北京：商务印书馆，1990.

[84] 许继琴. 产业集群与区域创新系统 [M]. 北京：经济科学出版社，2006：138-143.

[85] 寻晶晶. 我国区域技术创新绩效的空间差异及影响因素研究 [D]. 长沙：湖南大学博士学位论文，2014.

[86] 严红. 区域创新网络理论与成渝经济区创新网络建设研究 [D]. 成都：西南财经大学博士学位论文，2008.

[87] 杨开忠. 构建特色区域创新体系的三种途径 [J]. 人民论坛，2006（4）：17-19.

[88] 杨艳萍. 区域科技资源配置能力的综合评价 [J]. 统计与决策，2007（6）：68-70.

[89] 杨志江. 区域创新绩效评价研究方法及其应用研究 [D]. 桂林：广西师范大学硕士学位论文，2007.

［90］袁健红，龚天宇，郭进芳. 中小企业创新政策效应评价［J］. 东南大学学报（哲学社会科学版），2012，14（4）：41-45.

［91］张宏彦. 基于科技创新导向的金融支持政策研究［J］. 科技进步与对策，2012（14）：98-101.

［92］张捷雷. 黑龙江省高校科技创新团队发展建设影响因素探析［D］. 哈尔滨：哈尔滨工业大学硕士学位论文，2013.

［93］张旭军，张爱国，胡宝民. 科技型中小企业创新影响实证研究——以河北省为研究对象［J］. 技术经济与管理研究，2012（3）：44-47.

［94］张亚丽. 吉林省科技创新环境优化研究［D］. 长春：长春工业大学硕士学位论文，2011.

［95］张永安，耿喆，王燕妮. 区域科技创新政策对企业创新产出的作用机理研究——基于 CAS 理论 Multiple Agent 思想［J］. 科学学与科学技术管理，2015（10）：32-40.

［96］张玉臣，吕宪鹏. 高新技术企业创新绩效影响因素研究［J］. 科研管理，2013（12）：58-65.

［97］赵黎明，冷晓明. 城市创新系统［M］. 天津：天津大学出版社，2002：1-3.

［98］赵琳. 区域文化对科技创新主体的影响［D］. 哈尔滨：哈尔滨理工大学硕士学位论文，2013.

［99］赵慕兰. 历史的创举：历史科技工业园区研究［M］. 北京：海潮出版社，1997：43.

［100］赵怡，司文晴. 基于 DEA 的工业企业科技投入与创新绩效评价研究——以山西省为例［J］. 高等财经教育研究，2013（3）：88-94.

［101］郑海涛. 产业集聚影响企业技术创新绩效的机理研究——基于广东产业集群案例和 458 家企业数据的实证研究［J］. 中国科技论坛，2011（10）：55-62.

［102］郑建华. 新时期我国科技政策演变的价值取向研究［D］. 重庆：重庆大学硕士学位论文，2012.

［103］朱海就. 区域创新能力评估的指标体系研究［J］. 科研管理，2004（3）：30-35.

［104］朱乔，盛昭翰. 数据包络分析模型与规模收益分析［J］. 系统工程学报，

1993（2）：54-60.

［105］朱兆斌. 推动高校科技创新和学科建设的产学研合作模式探索与研究［J］. 研究与发展管理，2012（1）：112-117.

［106］邹再进. 对区域创新系统内涵的再认识［J］. 云南财贸大学学报（社会科学版），2006（3）：77-78.

［107］姜照华，包晓巍，张文雷. 全球化、信息化条件下的自主创新规律［J］. 科技管理研究，2008（12）：1-3.

［108］张序萍，刘中文，张峰. 区域技术创新能力的指标筛选及评价研究［J］. 经济研究导刊，2010（30）：136-138.

［109］李柏洲，苏屹. 区域科技创新能力评价体系的优化及实证分析［J］. 情报杂志，2009，28（8）：80-83.

［110］王茶香，陶嫒嫒. AHP 法在区域科技创新能力中的应用［J］. 南通航运职业技术学院学报，2005，4（1）：28-31.

［111］唐炎钊. 区域科技创新能力的模糊综合评估模型及应用研究——2001年广东省科技创新能力的综合分析［J］. 系统工程理论与实践，2004（2）：37-43.

［112］杨大楷，冯体一. 长江三角洲区域科技创新能力实证研究［J］. 上海财经大学学报，2008，1（6）：80-88.

［113］郑雨苹，张良强，郑建锋. 福建省区域科技创新能力实证评价与分析［J］. 科技管理研究，2010（20）：59-63.

［114］方秀文. 广东省区域科技创新能力综合分析与评价［J］. 中国科技论坛，2001（5）：25-30.

［115］万君康，陈安平. 武汉市区域科技创新能力分析［J］. 武汉理工大学学报，2006，28（2）：63-66.

参考网址

［1］山西省高新技术产业“十二五”规划［EB/OL］. http：//jlxzx.net/Article/ShowArticle.Asp.ArticleID=102.

［2］山西统计信息网［EB/OL］. http：//www.stats-sx.gov.cn/html/2008117398.html.

［3］中国国家统计局［EB/OL］. http：//www.stats.gov.cn/tjsj.

附　录

附表 1-1　2010 年全国 30 个省（市、区）各指标数据

一阶段投入 地区	R&D 机构数（个）	科技拨款占地方财政支出比重（%）	R&D 经费支出（亿元）	R&D 经费投入强度	R&D 人员全时当量（人年）
北京市	370	0.065842658	821.8	5.82	193718
天津市	56	0.031414700	229.6	2.49	58771
河北省	75	0.010512991	155.4	0.76	62305
山西省	172	0.010416990	89.9	0.98	46279
内蒙古自治区	97	0.009410537	63.7	0.55	24765
辽宁省	167	0.021560599	287.5	1.56	84654
吉林省	119	0.010699856	75.8	0.87	45313
黑龙江省	182	0.012289520	123.0	1.19	61854
上海市	136	0.061168411	481.7	2.81	134952
江苏省	147	0.030596514	857.9	2.07	315831
浙江省	99	0.037844429	494.2	1.78	223484
安徽省	111	0.022407404	163.7	1.32	64169
福建省	96	0.019058391	170.9	1.16	76737
江西省	115	0.009495736	87.2	0.92	34823
山东省	229	0.020353112	672.0	1.72	190329
河南省	124	0.013077147	211.2	0.91	101467
湖北省	153	0.012028371	264.1	1.65	97924
湖南省	129	0.012964189	186.6	1.16	72637
广东省	186	0.039553627	808.7	1.76	344692
广西壮族自治区	126	0.010786760	62.9	0.66	33987
海南省	30	0.012845197	7.0	0.34	4893
重庆市	28	0.010471873	100.3	1.27	37078

续表

一阶段投入 / 地区	R&D 机构数（个）	科技拨款占地方财政支出比重（%）	R&D 经费支出（亿元）	R&D 经费投入强度	R&D 人员全时当量（人年）
四川省	171	0.008151352	264.3	1.54	83800
贵州省	75	0.010208834	30.0	0.65	15087
云南省	105	0.009375194	44.2	0.61	22552
陕西省	116	0.011379790	217.5	2.15	73218
甘肃省	107	0.007413891	41.9	1.02	21661
青海省	25	0.005488945	9.9	0.74	4858
宁夏回族自治区	22	0.010701874	11.5	0.68	6378
新疆维吾尔自治区	109	0.011882248	26.7	0.49	14382

附表 1-2　2010 年全国 30 个省（市、区）各指标数据

一阶段产出（二阶段投入） / 地区	出版科技专著（种）	专利申请授权量（项）	技术市场成交额（亿元）	国外主要检索工具（SCI、EI、CPCI-S）收录科技论文数（篇）
北京市	7373	33511	15795367	15836251
天津市	1060	11006	1193390	1205456
河北省	778	10061	192931	203770
山西省	712	4752	184911	190375
内蒙古自治区	409	2096	271464	273969
辽宁省	2609	17093	1306811	1326513
吉林省	1028	4343	188090	193461
黑龙江省	1304	6780	529123	537207
上海市	3217	48215	4314374	4365806
江苏省	2165	138382	2493406	2633953
浙江省	1649	114643	603478	719770
安徽省	1489	16012	461470	478971
福建省	768	18063	356569	375400
江西省	659	4349	230479	235487
山东省	1881	51490	1006769	1060140
河南省	1768	16539	272002	290309
湖北省	2529	17362	907218	927109

续表

一阶段产出（二阶段投入） 地区	出版科技专著（种）	专利申请授权量（项）	技术市场成交额（亿元）	国外主要检索工具（SCI、EI、CPCI-S）收录科技论文数（篇）
湖南省	1656	13873	400940	416469
广东省	2177	119343	2358949	2480469
广西壮族自治区	551	3647	41362	45560
海南省	310	714	32651	33675
重庆市	1031	12080	794410	807521
四川省	1446	32212	547393	581051
贵州省	297	3086	77191	80574
云南省	757	3823	1008827	1013407
陕西省	1347	10034	1024140	1035521
甘肃省	589	1868	430845	433302
青海省	79	264	114051	114394
宁夏回族自治区	105	1081	9972	11158
新疆维吾尔自治区	209	2562	45188	47959

附表 1–3　2010 年全国 30 个省（市、区）各指标数据

单位：亿元

二阶段产出 地区	高技术产品出口贸易额	高技术产业新产品销售收入	区域 GDP 增加值	规模以上新产品销售收入
北京市	15156	13607777	1960.55	24955308
天津市	14689	8481937	1702.61	31704983
河北省	3643	701062	3158.78	13062233
山西省	476	478459	1842.55	5970902
内蒙古自治区	193	85620	1931.75	5261434
辽宁省	5452	2185478	3244.78	21610398
吉林省	262	317110	1388.83	16541690
黑龙江省	176	292694	1781.60	5519335
上海市	83935	11761955	2119.53	61808136
江苏省	126898	25619005	6968.18	93872085
浙江省	15007	6956994	4731.96	62826183

续表

二阶段产出 地区	高技术产品出口贸易额	高技术产业新产品销售收入	区域 GDP 增加值	规模以上新产品销售收入
安徽省	540	841827	2296.51	19971178
福建省	13033	8074863	2500.59	19853442
江西省	2827	1175791	1796.08	7620428
山东省	18041	11133363	5273.27	89056730
河南省	700	1323861	3611.90	18287436
湖北省	3765	2781652	3006.51	23301606
湖南省	667	1486141	2978.27	23501254
广东省	178863	60464340	6530.50	113016974
广西壮族自治区	602	199155	1810.69	9515760
海南省	161	15401	410.29	940477
重庆市	830	1469500	1395.57	24780319
四川省	3999	1385860	3034.20	14357774
贵州省	73	581453	689.48	3106451
云南省	194	261031	1054.43	2328834
陕西省	1951	1586068	1953.68	8682771
甘肃省	97	170318	733.19	3442373
青海省	1	215	269.16	170695
宁夏回族自治区	49	178064	336.34	1012001
新疆维吾尔自治区	95	30638	1160.42	2559793

附表 2-1　2011 年全国 30 个省（市、区）各指标数据

一阶段投入 地区	R&D 机构数（个）	科技拨款占地方财政支出比重（%）	R&D 经费支出（亿元）	R&D 经费投入强度	R&D 人员全时当量（人年）
北京市	370	0.056412026	936.6	5.76	217255
天津市	58	0.033496073	297.8	2.63	74293
河北省	75	0.009391105	201.3	0.82	73025
山西省	170	0.011493961	113.4	1.01	47355
内蒙古自治区	95	0.009437276	85.2	0.59	27604
辽宁省	166	0.022325486	363.8	1.64	80977

续表

一阶段投入 地区	R&D 机构数（个）	科技拨款占地方财政支出比重（%）	R&D 经费支出（亿元）	R&D 经费投入强度	R&D 人员全时当量（人年）
吉林省	112	0.009619664	89.1	0.84	44815
黑龙江省	179	0.011893002	128.8	1.02	66599
上海市	134	0.055812694	597.7	3.11	148500
江苏省	148	0.034299197	1065.5	2.17	342765
浙江省	98	0.037448700	598.1	1.85	253687
安徽省	107	0.023321294	214.6	1.40	81087
福建省	97	0.018415234	221.5	1.26	96884
江西省	116	0.008411584	96.8	0.83	37517
山东省	227	0.021715010	844.4	1.86	228608
河南省	121	0.013318992	264.5	0.98	118041
湖北省	152	0.013746057	323.0	1.65	113920
湖南省	130	0.011917881	233.2	1.19	85783
广东省	185	0.030379596	1045.5	1.96	410805
广西壮族自治区	124	0.011098975	81.0	0.69	40135
海南省	31	0.012621983	10.4	0.41	5397
重庆市	30	0.009742281	128.4	1.28	40698
四川省	171	0.009786264	294.1	1.40	82485
贵州省	73	0.009638126	36.3	0.64	15886
云南省	105	0.009660022	56.1	0.63	25092
陕西省	114	0.009898288	249.4	1.99	73501
甘肃省	109	0.007380362	48.5	0.97	21332
青海省	25	0.003886425	12.6	0.75	5006
宁夏回族自治区	22	0.011148730	15.3	0.73	7358
新疆维吾尔自治区	111	0.011569322	33.0	0.50	15451

附表 2-2　2011 年全国 30 个省（市、区）各指标数据

一阶段产出（二阶段投入）／地区	出版科技专著（种）	专利申请授权量（项）	技术市场成交额（亿元）	国外主要检索工具（SCI、EI、CPCI-S）收录科技论文数（篇）
北京市	7511	40888	18902752	61302
天津市	938	13982	1693819	9271
河北省	793	11119	262471	6523
山西省	602	4974	224825	2475
内蒙古自治区	446	2262	226719	732
辽宁省	2878	19176	1596633	15370
吉林省	1002	4920	262614	8292
黑龙江省	1549	12236	620682	12093
上海市	2991	47960	4807491	29588
江苏省	2238	199814	3334316	28730
浙江省	1686	130190	718968	16337
安徽省	1208	32681	650337	7655
福建省	679	21857	345712	5143
江西省	628	5550	341861	3351
山东省	1646	58844	1263778	14354
河南省	1803	19259	387602	7107
湖北省	2278	19035	1256876	17684
湖南省	1664	16064	353901	11620
广东省	2174	128413	2750647	14779
广西壮族自治区	521	4402	56377	1847
海南省	341	765	34584	309
重庆市	987	15525	681453	6257
四川省	1410	28446	678330	12715
贵州省	321	3386	136483	799
云南省	937	4199	117144	2621
陕西省	1323	11662	2153664	17947
甘肃省	632	2383	526386	4277
青海省	58	538	168443	148
宁夏回族自治区	105	613	39447	155
新疆维吾尔自治区	362	2642	43783	865

附表 2-3　2011 年全国 30 个省（市、区）各指标数据

单位：亿元

地区 \ 二阶段产出	高技术产品出口贸易额	高技术产业新产品销售收入	区域 GDP 增加值	规模以上新产品销售收入
北京市	13354	14895753	2138.35	34803252
天津市	17381	7950951	2082.82	38311448
河北省	3876	813807	4121.50	18992289
山西省	588	294792	2036.69	8609925
内蒙古自治区	392	65230	2687.88	5188902
辽宁省	5829	3583401	3769.43	29599589
吉林省	258	732061	1901.25	24075631
黑龙江省	163	462673	2213.40	5586813
上海市	93082	9957527	2029.71	77721952
江苏省	130342	48961827	7684.79	137552098
浙江省	15539	11409257	4596.54	107495792
安徽省	942	2586786	2941.32	31826110
福建省	13445	11015207	2823.06	31138914
江西省	3940	1434234	2251.56	9418710
山东省	15488	15364345	6191.93	109198091
河南省	5755	1363879	3838.67	25501566
湖北省	4321	3220194	3664.65	30994175
湖南省	857	3146183	3631.60	37595209
广东省	202117	73603509	7197.22	146943021
广西壮族自治区	871	453743	2151.02	12260904
海南省	313	67690	458.16	1350545
重庆市	5892	3834280	2085.79	30280328
四川省	11389	5915429	3841.20	21003174
贵州省	67	600096	1099.68	4442117
云南省	203	398973	1668.94	3808209
陕西省	2068	2118593	2388.82	9657071
甘肃省	129	206422	899.62	5026884
青海省	4	3298	320.01	86513
宁夏回族自治区	68	161546	412.56	1385912
新疆维吾尔自治区	149	94443	1172.58	2561510

附表 3-1　2012 年全国 30 个省（市、区）各指标数据

地区 \ 一阶段投入	R&D 机构数（个）	科技拨款占地方财政支出比重（%）	R&D 经费支出（亿元）	R&D 经费投入强度	R&D 人员全时当量（人年）
北京市	379	5.425447	1063.4	5.95	235492.9
天津市	58	3.567210	360.5	2.80	89609.4
河北省	76	1.096691	245.8	0.92	78532.5
山西省	170	1.207444	132.3	1.09	47028.5
内蒙古自治区	97	0.805770	101.4	0.64	31818.5
辽宁省	165	2.220911	390.9	1.57	87180.1
吉林省	111	1.010135	109.8	0.92	49960.7
黑龙江省	180	1.186884	146.0	1.07	65117.7
上海市	136	5.865849	679.5	3.37	153361.3
江苏省	148	3.660354	1287.9	2.38	401919.7
浙江省	101	3.988084	722.6	2.08	278109.5
安徽省	105	2.423615	281.8	1.64	103046.9
福建省	95	1.858848	271.0	1.38	114492.2
江西省	117	0.910727	113.7	0.88	38152.0
山东省	225	2.116601	1020.3	2.04	254012.8
河南省	118	1.391004	310.8	1.05	128322.5
湖北省	151	1.446734	384.5	1.73	122748.3
湖南省	130	1.170014	287.7	1.30	100031.5
广东省	184	3.339400	1236.2	2.17	492326.9
广西壮族自治区	123	1.434129	97.2	0.75	41267.8
海南省	31	1.323095	13.7	0.48	6786.9
重庆市	30	0.979559	159.8	1.40	46122.0
四川省	170	1.089668	350.9	1.47	98010.3
贵州省	79	1.051758	41.7	0.61	18732.1
云南省	103	0.914364	68.8	0.67	27817.2
陕西省	111	1.051058	287.2	1.99	82428.4
甘肃省	107	0.785870	60.5	1.07	24289.7
青海省	25	0.619568	13.1	0.69	5181.0
宁夏回族自治区	21	1.111618	18.2	0.78	8072.9
新疆维吾尔自治区	112	1.213544	39.7	0.53	15671.0

附表 3-2　2012 年全国 30 个省（市、区）各指标数据

一阶段产出（二阶段投入） 地区	出版科技专著（种）	专利申请授权量（项）	技术市场成交额（亿元）	国外主要检索工具（SCI、EI、CPCI-S）收录科技论文数（篇）
北京市	1710	50511	2458.50300	57008
天津市	59	19782	232.32750	8445
河北省	91	15315	37.81781	4699
山西省	80	7196	30.60877	2709
内蒙古自治区	18	3084	106.09620	816
辽宁省	88	21223	230.66480	13936
吉林省	104	5930	25.11798	8475
黑龙江省	86	20268	100.44730	11141
上海市	229	51508	518.74730	27672
江苏省	137	269944	400.91410	27946
浙江省	130	188463	81.30786	16149
安徽省	36	43321	86.15921	7620
福建省	60	30497	50.09199	5078
江西省	48	7985	39.77961	2899
山东省	196	75496	140.01530	13491
河南省	118	26791	39.94347	6521
湖北省	175	24475	196.39220	15181
湖南省	78	23212	42.24198	11699
广东省	152	153598	364.93840	14331
广西壮族自治区	45	5900	2.523828	2032
海南省	30	1093	0.566614	368
重庆市	35	20364	54.018790	6525
四川省	182	42218	111.243800	12119
贵州省	15	6059	9.674277	767
云南省	152	5853	45.477850	2425
陕西省	77	14908	334.815300	17320
甘肃省	103	3662	73.061900	4537
青海省	88	527	19.298920	128
宁夏回族自治区	7	844	2.913547	184
新疆维吾尔自治区	122	3439	5.385263	932

附表 3-3 2012 年全国 30 个省（市、区）各指标数据

单位：亿元

二阶段产出 地区	高技术产品出口贸易额	高技术产业新产品销售收入	区域 GDP 增加值	规模以上新产品销售收入
北京市	190.195600	1315.2740	1627.470	3317.63100
天津市	189.766300	1156.4670	1586.600	4460.10100
河北省	31.059170	153.7199	2059.250	2457.66300
山西省	19.223600	46.1825	875.280	928.39120
内蒙古自治区	0.831598	10.4792	1520.699	581.49460
辽宁省	50.891500	349.6976	2619.730	3193.60200
吉林省	2.540256	99.3409	1370.410	2157.79700
黑龙江省	2.694166	57.6704	1109.580	565.50680
上海市	905.853700	848.4068	986.030	7399.90600
江苏省	1315.553000	5868.9820	4947.950	17845.42000
浙江省	148.029700	1357.4710	2346.480	11283.97000
安徽省	16.714640	389.8078	1911.401	3731.85400
福建省	140.107700	1210.6270	2141.600	3291.15200
江西省	32.843420	203.0687	1246.060	1287.13400
山东省	144.444500	1762.1220	4651.395	12913.18000
河南省	163.153300	137.3208	2668.280	2576.20300
湖北省	47.148950	475.3622	2618.190	3698.41200
湖南省	13.830000	369.4690	2484.667	4768.97900
广东省	2213.610000	8519.5530	3857.638	15402.85000
广西壮族自治区	15.944770	59.6971	1314.232	1236.92800
海南省	5.143343	10.2459	332.880	134.46770
重庆市	149.315100	200.8123	1398.230	2429.92000
四川省	174.813500	589.5644	2846.120	2095.97700
贵州省	1.221204	76.3092	1150.360	383.27640
云南省	5.498686	36.9872	1416.350	446.81600
陕西省	26.407660	221.3523	1941.380	871.58510
甘肃省	1.359325	30.5916	629.834	595.42330
青海省	0.150776	0.3896	223.100	10.37728
宁夏回族自治区	0.852162	11.7828	239.080	185.62870
新疆维吾尔自治区	2.091438	0.2253	895.260	276.02410

附表 4-1　2013 年全国 30 个省（市、区）各指标数据

一阶段投入 / 地区	R&D 机构数（个）	科技拨款占地方财政支出比重（%）	R&D 经费支出（亿元）	R&D 经费投入强度	R&D 人员全时当量（人年）
北京市	380	5.622748572	1185.0	6.08	242175
天津市	58	3.640690331	428.1	2.98	100219
河北省	76	1.128450889	281.9	1.00	89546
山西省	164	2.048142350	155.0	1.23	49035
内蒙古自治区	97	0.858178833	117.2	0.70	37280
辽宁省	164	2.289331941	445.9	1.65	94885
吉林省	109	1.356125962	119.7	0.92	48008
黑龙江省	178	1.146111786	164.8	1.15	62660
上海市	136	5.689604967	776.8	3.60	165755
江苏省	143	3.880133622	1487.4	2.51	466159
浙江省	101	4.055964128	817.3	2.18	311042
安徽省	108	2.521326189	352.1	1.85	119342
福建省	93	1.975455818	314.1	1.44	122544
江西省	116	1.334812052	135.5	0.94	43512
山东省	224	2.229655544	1175.8	2.15	279331
河南省	116	1.433165555	355.3	1.11	152252
湖北省	149	1.766126252	446.2	1.81	133061
湖南省	132	1.182292818	327.0	1.33	103414
广东省	186	4.101032226	1443.5	2.32	501718
广西壮族自治区	120	1.694096761	107.7	0.75	40664
海南省	31	1.367226305	14.8	0.47	6962
重庆市	31	1.262224206	176.5	1.39	52612
四川省	169	1.117367127	400.0	1.52	109708
贵州省	78	1.111696537	47.2	0.59	23888
云南省	101	1.039674474	79.8	0.68	28483
陕西省	111	1.037266309	342.7	2.14	93494
甘肃省	107	0.855468620	66.9	1.07	25047
青海省	25	0.683116398	13.8	0.65	4767
宁夏回族自治区	21	1.158364191	20.9	0.81	8234
新疆维吾尔自治区	111	1.299151867	45.5	0.54	15822

附表 4-2　2013 年全国 30 个省（市、区）各指标数据

地区 \ 一阶段产出（二阶段投入）	出版科技专著（种）	专利申请授权量（项）	技术市场成交额（亿元）	国外主要检索工具（SCI、EI、CPCI-S）收录科技论文数（篇）
北京市	7378	62671	2851.72	60784
天津市	900	24856	276.16	10180
河北省	1039	18186	31.56	5660
山西省	608	8565	52.77	2875
内蒙古自治区	532	3836	38.74	1080
辽宁省	2167	21656	173.38	14875
吉林省	1047	6219	34.72	9364
黑龙江省	1414	19819	101.77	11557
上海市	2787	48680	531.68	28597
江苏省	3011	239645	527.50	30599
浙江省	1697	202350	81.50	17540
安徽省	1172	48849	130.83	8498
福建省	734	37511	44.69	5705
江西省	568	9970	43.06	3498
山东省	1855	76976	179.40	14726
河南省	2049	29482	40.24	7512
湖北省	2461	28760	397.62	16786
湖南省	1443	24392	77.21	12679
广东省	1973	170430	529.39	16057
广西壮族自治区	710	7884	7.34	2297
海南省	507	1331	3.87	473
重庆市	1133	24828	90.28	7623
四川省	1307	46171	148.58	13846
贵州省	422	7915	18.40	803
云南省	800	6804	42.00	3064
陕西省	1343	20836	533.28	18496
甘肃省	843	4737	99.99	4646
青海省	120	502	26.89	193
宁夏回族自治区	128	1211	1.43	227
新疆维吾尔自治区	301	4998	3.00	1109

附表 4-3　2013 年全国 30 个省（市、区）各指标数据

单位：亿元

二阶段产出 / 地区	高技术产品出口贸易额	高技术产业新产品销售收入	区域 GDP 增加值	规模以上新产品销售收入
北京市	203.54	1584.4620	1621.1600	3672.76600
天津市	192.89	1822.8710	1476.2800	5569.68900
河北省	28.11	199.4115	1726.4000	2916.02600
山西省	32.28	47.3710	489.4100	1027.27300
内蒙古自治区	1.10	18.1415	951.8012	628.50400
辽宁省	54.30	385.2562	2231.2200	4093.17700
吉林省	3.86	133.6505	1042.2200	703.18780
黑龙江省	2.96	65.5479	691.3500	582.50230
上海市	887.10	795.0113	1420.4000	7688.38300
江苏省	1279.65	6154.2990	5103.5300	19714.21000
浙江省	142.76	1818.7700	2903.1600	14882.10000
安徽省	28.26	419.9537	1826.8190	4379.08100
福建省	155.27	1223.2980	2057.8600	3440.10000
江西省	34.42	278.3578	1389.6200	1682.93100
山东省	173.94	1819.1970	4671.0850	14284.18000
河南省	207.26	1980.8750	2556.5500	4791.44700
湖北省	52.09	556.3646	2418.0400	4654.47800
湖南省	16.60	761.6784	2347.4430	5724.63200
广东省	2564.31	9768.7740	5096.0520	18013.74000
广西壮族自治区	19.42	90.6869	1342.8980	1586.60400
海南省	5.71	14.3249	290.9200	160.12020
重庆市	248.36	152.2376	1247.0900	2696.11300
四川省	192.17	730.9076	2387.9700	2475.87600
贵州省	1.54	88.2589	1154.5900	368.32000
云南省	20.19	52.4205	1411.4400	443.38100
陕西省	47.39	218.3206	1591.5300	1015.47900
甘肃省	2.42	29.5040	617.8060	618.52750
青海省	0.24	1.0065	207.5100	12.54299
宁夏回族自治区	1.29	14.0505	223.7700	279.64160
新疆维吾尔自治区	3.31	2.2573	854.9300	353.33180

附表 5-1 2014 年全国 30 个省（市、区）各指标数据

一阶段投入 / 地区	R&D 机构数（个）	科技拨款占地方财政支出比重（%）	R&D 经费支出（亿元）	R&D 经费投入强度	R&D 人员全时当量（人年）
北京市	392	6.248190	1268.8	5.95	245384.2
天津市	60	3.778556	464.7	2.96	113335.0
河北省	77	1.097214	313.1	1.06	100945.9
山西省	163	1.758673	152.2	1.19	48954.5
内蒙古自治区	97	0.847169	122.1	0.69	36435.2
辽宁省	166	2.141919	435.2	1.52	99585.7
吉林省	111	1.251180	130.7	0.95	49774.1
黑龙江省	178	1.149024	161.3	1.07	62647.7
上海市	138	5.327373	862.0	3.66	168173.4
江苏省	144	3.860749	1652.8	2.54	498801.4
浙江省	102	4.031150	907.9	2.26	338398.2
安徽省	104	2.778457	393.6	1.89	129318.7
福建省	102	2.038286	355.0	1.48	135865.6
江西省	118	1.503335	153.1	0.97	43469.2
山东省	217	2.048957	1304.1	2.19	286351.6
河南省	119	1.347722	400.0	1.14	161444.0
湖北省	138	2.725089	510.9	1.87	140740.9
湖南省	132	1.183486	367.9	1.36	107431.9
广东省	189	2.997277	1605.4	2.37	506861.8
广西壮族自治区	121	1.722230	111.9	0.71	41208.4
海南省	30	1.230291	16.9	0.48	7514.4
重庆市	27	1.154827	201.9	1.42	58354.4
四川省	172	1.202953	449.3	1.57	119676.3
贵州省	79	1.251552	55.5	0.60	23969.0
云南省	110	0.972289	85.9	0.67	30523.0
陕西省	113	1.132114	366.8	2.07	97138.4
甘肃省	107	0.832582	76.9	1.12	27122.4
青海省	24	0.771098	14.3	0.62	4730.7
宁夏回族自治区	21	1.165476	23.9	0.87	9500.1
新疆维吾尔自治区	109	1.215870	49.2	0.53	15661.6

附表 5-2 2014 年全国 30 个省（市、区）各指标数据

地区 \ 一阶段产出（二阶段投入）	出版科技专著（种）	专利申请授权量（项）	技术市场成交额（亿元）	国外主要检索工具（SCI、EI、CPCI-S）收录科技论文数（篇）
北京市	7475	74661	3137.19	72672
天津市	800	26351	388.56	11893
河北省	1043	20132	29.22	6028
山西省	663	8371	48.46	3701
内蒙古自治区	503	4031	13.94	1358
辽宁省	2250	19525	217.46	17256
吉林省	990	6696	28.58	10917
黑龙江省	1383	15412	120.28	13162
上海市	2910	50488	592.45	34191
江苏省	3300	200032	543.16	38340
浙江省	1516	188544	87.25	20051
安徽省	1253	48380	169.83	10635
福建省	732	37857	39.19	7003
江西省	622	13831	50.76	3901
山东省	2193	72818	249.29	17617
河南省	2048	33366	40.79	8214
湖北省	2765	28290	580.68	19979
湖南省	1664	26637	97.93	14922
广东省	2015	179953	413.25	19338
广西壮族自治区	683	9664	11.58	2805
海南省	397	1597	0.65	570
重庆市	1171	24312	156.20	8089
四川省	1529	47120	199.05	16711
贵州省	526	10107	20.04	1129
云南省	983	8124	47.92	3946
陕西省	1409	22820	640.02	21948
甘肃省	869	5097	114.52	5697
青海省	87	619	29.10	214
宁夏回族自治区	178	1424	3.18	350
新疆维吾尔自治区	334	5238	2.82	1471

附表 5-3 2014 年全国 30 个省（市、区）各指标数据

单位：亿元

二阶段产出 地区	高技术产品出口贸易额	高技术产业新产品销售收入	区域 GDP 增加值	规模以上新产品销售收入
北京市	187.500800	1865.11200	1530.02	4247.0010
天津市	199.423100	1879.17700	1284.92	5665.1110
河北省	27.537160	271.06420	978.20	3334.0330
山西省	37.629560	61.66878	96.24	924.6772
内蒙古自治区	3.454782	14.35887	853.69	557.3230
辽宁省	51.215860	360.52100	1413.36	4036.9620
吉林省	3.542969	129.81330	756.74	1659.9930
黑龙江省	3.362855	77.73457	584.47	527.2813
上海市	890.638200	946.27020	1749.55	8446.9640
江苏省	1293.636000	6998.81600	5334.95	23540.9300
浙江省	154.990900	2068.04700	2416.45	16507.8600
安徽省	61.168670	542.33120	1619.41	5280.8810
福建省	150.432300	1177.36700	2187.27	3511.7050
江西省	52.534880	321.42300	1304.44	1756.3830
山东省	205.904700	1939.97700	4196.27	14555.8200
河南省	221.557000	2364.18800	2746.94	5168.9500
湖北省	63.107790	670.12730	2587.39	5274.5890
湖南省	24.004890	871.73500	2415.65	6310.3690
广东省	2310.558000	10857.47000	5335.06	20313.3200
广西壮族自治区	28.783120	82.16326	1222.99	1348.4220
海南省	3.324913	12.54736	323.16	148.2605
重庆市	310.843100	458.45350	1479.34	3610.7820
四川省	210.458000	996.25860	2144.59	2711.2960
贵州省	3.481176	106.17970	1179.53	408.3736
云南省	14.462120	55.94681	982.28	518.2591
陕西省	80.372200	302.85950	1484.49	1126.7650
甘肃省	2.483043	41.64500	506.13	719.3529
青海省	0.137235	1.12620	181.26	8.5659
宁夏回族自治区	4.150261	17.90311	174.53	191.2824
新疆维吾尔自治区	4.549082	1.89011	829.62	483.7892

附表 6 山西省 2005~2014 年各指标数据汇总

投入、产出指标 / 年份	科技拨款占地方财政支出比重（%）	R&D 经费支出（亿元）	R&D 经费投入强度	专利申请授权量（项）	技术市场成交额（亿元）	高技术产品出口值（亿元）	高技术产业新产品销售收入（亿元）
2014	3.07	152.2000	1.19	8371	48.46	37.63000	61.66878
2013	2.37	155.0000	1.22	8565	52.77	32.28231	47.37095
2012	1.54	132.3000	1.09	7196	30.61	19.22000	46.18250
2011	1.15	113.3900	1.01	4974	22.48	5.88000	29.47920
2010	1.18	89.9000	0.98	4752	18.49	4.76000	47.84590
2009	1.09	80.8563	1.10	3227	16.21	4.16000	20.66920
2008	1.08	62.6000	0.86	2279	12.84	3.60000	26.85850
2007	1.18	49.2500	0.82	1992	8.27	1.93280	35.31130
2006	0.88	36.3400	0.74	1421	5.92	1.90000	13.35920
2005	0.98	26.3000	0.64	1220	4.80	1.10000	7.40750

附表 7 山西省各市各指标数据汇总

投入、产出指标 / 地区	科技支出占地方财政一般预算支出的比重（%）	R&D 经费支出（亿元）	R&D 占 GDP 比重（%）	R&D 人员数（人）	专利申请授权量（件）	规模以上工业企业工业增加值增加率（%）	GDP 增加值
太原	4.38	86.7	3.43	4975	1023	0.80	118.217600
大同	0.58	10.2	1.02	169	679	8.60	34.068900
阳泉	0.96	3.9	0.63	46	483	4.20	4.790622
长治	0.60	14.4	1.08	240	739	5.10	–2.520700
晋城	1.22	11.7	1.13	63	321	5.00	3.885728
朔州	0.68	2.7	0.26	42	324	4.50	–23.001200
晋中	0.89	5.1	0.49	347	528	7.20	19.071900
运城	0.77	9.1	0.76	349	867	4.30	61.484900
忻州	0.40	1.0	0.14	200	387	6.70	25.567900
临汾	0.49	5.5	0.45	252	487	3.00	–10.704500
吕梁	0.60	2.0	0.18	206	115	–5.60	–127.30200
全省	1.758673	152.2	1.19	6889	8731	3.00	103.559600

附表 8 一阶段全国 30 个省（市、区）5 年 DEA 效率得分

年份 DMU	2014	2013	2012	2011	2010	5 年平均值
安徽省	0.780549	0.736276	0.750138	0.923205	0.921436	0.822321
北京市	1	1	1	1	1	1
福建省	0.595274	0.573680	0.528428	0.553025	0.617353	0.573552
甘肃省	1	1	1	1	0.905022	0.981004
广东省	1	0.902292	0.769678	0.924868	1	0.919368
广西壮族自治区	0.693392	0.743203	0.409934	0.514323	0.632591	0.598689
贵州省	1	0.905154	0.639430	0.736355	0.689512	0.794090
海南省	1	1	0.689929	1	1	0.937986
河北省	0.684049	0.727136	0.497836	0.711842	0.654955	0.655164
河南省	1	1	0.597403	1	1	0.919481
黑龙江省	1	1	1	1	0.880486	0.976097
湖北省	1	1	0.918377	1	1	0.983675
湖南省	0.891147	0.974380	0.918418	0.958420	0.937539	0.935981
吉林省	1	1	1	1	0.980962	0.996192
江苏省	1	1	1	1	1	1
江西省	0.738012	0.566221	0.505221	0.633990	0.634592	0.615607
辽宁省	0.943102	0.988866	0.884424	1	1	0.963278
内蒙古自治区	0.512491	0.597951	0.485389	0.483372	0.52718	0.521277
宁夏回族自治区	0.541119	0.372913	0.262415	0.388276	0.506996	0.414344
青海省	0.874984	0.906698	1	0.722648	0.510473	0.802961
山东省	0.647555	0.773311	0.702406	0.701984	0.796496	0.724350
山西省	0.514362	0.458929	0.439667	0.466504	0.637835	0.503459
陕西省	1	1	1	1	0.692358	0.938472
上海市	1	1	1	1	1	1
四川省	1	1	1	1	1	1
天津市	0.912761	0.882391	0.817365	0.757982	0.633233	0.800746
新疆维吾尔自治区	0.844841	0.682321	1	0.689737	0.548792	0.753138
云南省	1	0.991822	1	1	1	0.998364
浙江省	1	1	1	1	1	1
重庆市	1	1	1	1	1	1

附表 9　二阶段全国 30 个省（市、区）5 年 DEA 效率得分

DMU \ 年份	2014	2013	2012	2011	2010	5 年平均值
安徽省	0.628252	0.595411	1	0.57161	0.549288	0.668912
北京市	0.350946	0.37377	0.445417	0.636999	0.526907	0.466808
福建省	1	1	1	1	1	1
甘肃省	0.677411	0.624253	0.553546	0.572942	0.621154	0.609861
广东省	1	1	1	1	1	1
广西壮族自治区	1	1	1	1	1	1
贵州省	1	1	1	0.717455	0.683716	0.880234
海南省	1	1	1	0.915676	0.974996	0.978134
河北省	1	0.823286	0.782803	1	0.920408	0.905299
河南省	1	1	0.756365	0.546233	0.565601	0.77364
黑龙江省	0.234185	0.209784	0.233294	0.263132	0.388996	0.265878
湖北省	0.861583	0.701632	0.611826	0.528903	0.482071	0.637203
湖南省	1	1	1	0.851161	0.675604	0.905353
吉林省	1	0.874537	1	1	1	0.974907
江苏省	0.856615	0.757749	1	0.991453	0.94768	0.910699
江西省	0.921812	1	0.814845	0.805764	0.980297	0.904544
辽宁省	0.885801	0.822899	0.70659	0.51112	0.463041	0.67789
内蒙古自治区	1	1	1	1	1	1
宁夏回族自治区	1	1	1	1	1	1
青海省	1	1	0.936515	0.915505	1	0.970404
山东省	1	1	1	1	1	1
山西省	0.57921	0.565837	0.596517	0.692728	0.750351	0.636929
陕西省	0.503232	0.500559	0.46687	0.445893	0.399557	0.463222
上海市	1	1	1	1	1	1
四川省	0.563164	0.652865	0.489017	0.555439	0.436764	0.53945
天津市	1	1	1	1	1	1
新疆维吾尔自治区	1	1	0.923152	1	1	0.98463
云南省	0.637544	1	0.710808	0.701632	0.355463	0.681089
浙江省	1	1	1	1	1	1
重庆市	1	0.798043	0.991029	0.8273	0.820981	0.887471